Das Verhältnis der EG-Fusionskontrollverordnung
zu Artikel 85 und 86 des EWG-Vertrages

Europäische Hochschulschriften

Publications Universitaires Européennes
European University Studies

Reihe II

Rechtswissenschaft

Série II Series II
Droit
Law

Bd./Vol. 1453

PETER LANG
Frankfurt am Main · Berlin · Bern · New York · Paris · Wien

Stefan Kurz

Das Verhältnis der EG-Fusionskontrollverordnung zu Artikel 85 und 86 des EWG-Vertrages

PETER LANG
Europäischer Verlag der Wissenschaften

Die Deutsche Bibliothek- CIP-Einheitsaufnahme

Kurz, Stefan:

Das Verhältnis der EG-Fusionskontrollverordnung zu Artikel 85 und 86 des EWG-Vertrages / Stefan Kurz. - Frankfurt am Main ; Berlin ; Bern ; New York ; Paris ; Wien : Lang, 1993
(Europäische Hochschulschriften : Reihe 2, Rechtswissenschaft ; Bd. 1453)
Zugl.: Bonn, Univ., Diss., 1993
ISBN 3-631-46654-4

NE: Europäische Hochschulschriften / 02

D 5
ISSN 0531-7312
ISBN 3-631-46654-4

Printed in Germany 1 2 3 4 6 7

Meinen Eltern

VORWORT

Die vorliegende Arbeit hat im Wintersemester 1992/93 der Rechts- und Staatswissenschaftlichen Fakultät der Rheinischen Friedrich-Wilhelms-Universität Bonn als Dissertation vorgelegen. Das Manuskript wurde im September 1992 abgeschlossen; bis März 1993 erschienene Literatur konnte in den Fußnoten berücksichtigt werden.

Mein besonderer Dank gilt meinem Doktorvater, Herrn Prof. Dr. Wolfgang Kartte, für die Betreuung, sowie ihm und Herrn Prof. Dr. Ulrich Huber für die Begutachtung der Arbeit.

Herrn Prof. Dr. Wulf-Henning Roth, Herrn Direktor beim Bundeskartellamt Dr. Herbert Sauter, Herrn Ministerialdirektor Prof. Dr. Ernst Niederleithinger und Herrn Ministerialrat Thomas Janicki danke ich für anregende Diskussionen und Hintergrundinformationen.

Bonn, im Mai 1993 Stefan Kurz

GLIEDERUNG

GLIEDERUNG 9
ABKÜRZUNGSVERZEICHNIS 21
LITERATURVERZEICHNIS 273

EINLEITUNG 25

1. Kapitel: DIE WETTBEWERBSPOLITISCHE NOTWENDIGKEIT DER EUROPÄISCHEN FUSIONSKONTROLLE 29

I. Wettbewerbspolitische Beurteilung von Kartellen und Zusammenschlüssen 29
1. Kartelle und abgestimmte Verhaltensweisen 30
2. Unternehmenszusammenschlüsse 30
3. Mischformen 34
4. Ergebnis 35

II. Bedeutung der Unternehmenskonzentration im Gemeinsamen Markt 36
1. Statistische Entwicklung 36
2. Die Notwendigkeit einer europäischen Fusionskontrolle aus wettbewerbspolitischer und integrationspolitischer Sicht 38

III. Ergebnis 41

2. Kapitel: EUROPÄISCHE FUSIONSKONTROLLE UNTER ARTIKEL 85 UND 86 EWGV 43

I. Problemstellung 43

II. Reichweite einer Fusionskontrolle gemäß Art. 86 EWGV 44
1. Vorgeschichte 44
2. Art. 86 EWGV - Continental Can-Urteil 45

a) Bedeutung des Urteils 45
b) Analyse 46
3. Art. 86 EWGV - Tatbestand 49
a) Unternehmen als Normadressaten 49
b) Marktbeherrschung 51
aa) Erfordernis der vorherigen Marktbeherrschung 51
(1) Rechtsprechung 52
(2) Monopolisierung des Marktes stets unzulässig ? 53
(3) Marktbeherrschung als solche mißbräuchlich ? 54
(4) Stellungnahme 55
bb) Marktabgrenzung 57
cc) Kriterien der Marktbeherrschung 60
(1) Begriff 60
(2) Marktanteil 61
(3) Substitutionswettbewerb 62
(4) potentieller Wettbewerb 62
(5) Vertikale Integration 63
(6) Sonstige Kriterien der Unternehmensstärke 63
(7) Gesamtbetrachtung 63
(8) Insbesondere: Oligopolistische Marktbeherrschung 64
c) Mißbrauch 65
aa) Allgemeines 65
bb) Horizontaler Zusammenschluß 66
cc) Vertikale und konglomerate Zusammenschlüsse 68
d) Erfordernis von Kausalität oder Verschulden ? 69
e) Zwischenstaatlichkeit 70
4. Rechtsfolge 71
5. Praxis der Zusammenschlußkontrolle nach 1973 73
6. Stellungnahme zur Reichweite des Art. 86 EWGV 74

a) Rechtsdogmatische Einwände gegen eine Zusammenschlußkontrolle aus Art. 86 EWGV 74
aa) Wortlaut 74
bb) Entstehungsgeschichte 76
(1) Spaak-Bericht 76
(2) Der EGKS-Vertrag 77
(3) Die Rechtslage in den Mitgliedstaaten 77
(4) Folgerung 78
cc) Art. 86 EWGV als Instrument der Marktverhaltenskontrolle 78
b) Rechtspolitische Einwände gegen eine Zusammenschlußkontrolle aus Art. 86 EWGV 80
aa) Rechtsfolge des Art. 86 EWGV: Reine Verbotsnorm 80
bb) Präventivkontrolle nicht möglich 81
cc) Erfordernis des Erwerbs durch einen Marktbeherrscher 83
dd) Das Problem der Entflechtung 85
ee) Keine obligatorische Fusionskontrolle 85
7. Folgerung 86

III. Reichweite einer Fusionskontrolle gem. Art. 85 EWGV ... 88
1. Vorgeschichte 88
2. Art. 85 EWGV - Philip Morris-Urteil 89
a) Bedeutung des Urteils 89
b) Die für die Anwendbarkeit des Art. 85 EWGV auf Zusammenschlüsse wesentlichen Aussagen ... 90
3. Art. 85 EWGV - Tatbestand 93
a) Normadressaten 94
b) Verbotene Maßnahmen 94
c) Wettbewerbsbeeinträchtigung 96
aa) Begriff 96
bb) Wettbewerbsbeschränkung - zwischen wem ? 96
cc) Spürbarkeit der Wettbewerbsbeschränkung . 98
d) Zwischenstaatlichkeit 98

e) Bezwecken oder Bewirken 98
f) Insbesondere: Wettbewerbsbeschränkung bei der Gründung von Gemeinschaftsunternehmen ...99
4. Rechtsfolgen des Art. 85 EWGV 103
5. Meinungsstand zur Reichweite des Art. 85 EWGV bei Zusammenschlüssen 105
a) Art. 85 Abs. 1 EWGV uneingeschränkt auf Zusammenschlüsse anwendbar 106
b) Art. 85 Abs. 1 EWGV eingeschränkt auf Zusammenschlüsse anwendbar 107
c) Art. 85 Abs. 1 EWGV nicht auf Zusammenschlüsse anwendbar 110
6. Kommissionspraxis zu Art. 85 EWGV nach 1987 113
7. Stellungnahme 114
a) Dogmatische Einwände gegen eine Zusammenschlußkontrolle gem. Art. 85 EWGV 114
aa) Wortlaut.... 114
bb) Entstehungsgeschichte 116
cc) Art. 85 EWGV als Instrument der Marktverhaltenskontrolle.... 116
dd) Eingriffskriterium ungeeignet.... 119
b) Rechtspolitische Einwände gegen eine Zusammenschlußkontrolle gem. Art. 85 EWGV 120
aa) Freistellung ungeeignet.... 120
(1) Allgemeines 120
(2) Erfordernis positiver Wirkungen 120
(3) Möglichkeit der Ausschaltung des Wettbewerbs.... 121
(4) Unerläßlichkeit der Wettbewerbsbeschränkung 122
(5) Zwingende Befristung.... 123
(6) Praktische Probleme 125
(7) Ergebnis.... 126
bb) Nichtigkeitsfolge ungeeignet.... 127
(1) Problem 127

(2) Übertragbarkeit der Regelung für Altkartelle ? 128
(3) Rettung durch die Regeln über die fehlerhafte Gesellschaft ? 129
(4) Ergebnis 130
cc) Börsenerwerb nicht erfaßt 131
dd) Nur horizontaler Anteilserwerb erfaßt 133
8. Folgerungen 133

IV. Ergebnis 136

3. Kapitel: ERSCHEINUNGSFORMEN DER DOPPELKONTROLLE 137

I. Fragestellung 137

II. Die "gemeinschaftsweite Bedeutung" eines Zusammenschlusses als Grenze des Anwendungsbereichs der Verordnung 138
1. Fallgruppenbildung durch Umsatzschwellen 138
2. Die Schwellenwerte im einzelnen 140
a) Weltumsatz 140
b) Gemeinschaftsweiter Umsatz 140
c) "Zwei-Drittel-Klausel" 140
3. Kritik 141
a) Umsatzschwellen als maßgebliches Merkmal 141
b) Höhe der Schwellenwerte 142
c) Absenkung der Schwellenwerte 144

III. Befugnisse nationaler Behörden aus Art. 88 EWGV 146
1. Anwendungsbereich des Art. 88 EWGV 146
a) Bedeutung des Art. 88 EWGV 146
b) Die "Behörden" i.S.d. Art. 88 EWGV 147
2. Anwendbarkeit des Art. 88 EWGV bei Zusammenschlüssen ohne gemeinschaftsweite Bedeutung 147
3. Anwendbarkeit des Art. 88 EWGV parallel zur Fusionskontroll-VO 148

a) Vorrang des Art. 21 Abs. 2 FKVO ? 148
b) Ausschluß des Art. 88 EWGV auf Grund von Art. 87 EWGV ? 149
c) Ergebnis 151
4. Konfliktfälle 151
a) Kommission gegen nationale Behörde 151
b) Nationale Behörden gegeneinander 153
5. Mehrfachkontrollen 153

IV. Befugnisse der Kommission aus Art. 89 EWGV 154
1. Bedeutung und Anwendungsbereich des Art. 89 EWGV 154
2. Anwendbarkeit des Art. 89 EWGV bei Zusammenschlüssen ohne gemeinschaftsweite Bedeutung 155
a) Anwendbarkeit des Art. 89 EWGV bei nachträglicher Abschaffung bestehender Durchführungsverordnungen 155
b) Bindung der Kommission an die Protokollerklärung zu Art. 22 FKVO ? 156
c) Ergebnis 157
3. Anwendbarkeit des Art. 89 EWGV parallel zur Fusionskontroll-VO 158
4. Ergebnis 160

V. Befugnisse nationaler Gerichte 160

VI. Klagemöglichkeiten Dritter ? 162
1. Art. 173 Abs. 2 EWGV 163
a) Allgemeines 163
b) Insbesondere: Konkurrenten 164
2. Art. 175 Abs. 3 EWGV 165

VII. Folgerungen 165
1. Gefahr von Wertungswidersprüchen 165
2. Erfordernis der Rechtssicherheit 166

4. Kapitel: **DER AUSSCHLIESSLICHKEITSANSPRUCH DER FUSIONSKONTROLLVERORDNUNG** 169

I. Die Kollisionsregelung der Verordnung - Art. 22 FKVO 169
1. Methodische Vorgehensweise 169
2. Auslegung des Art. 22 FKVO 169
a) Wörtliche Auslegung 170
b) Systematische Auslegung 171
c) Die Entstehungsgeschichte des Art. 22 FKVO .. 173
aa) Ausgangslage und Zielsetzung 173
bb) Frühere Entwürfe der Verordnung 174
cc) Alternativen 176
dd) Folgerungen 176
3. Abweichende Stellungnahmen in der Literatur 177
4. Ergebnis 179

II. Art. 87 EWGV als Rechtsgrundlage der Verordnung 180
1. Die Fusionskontrollverordnung als Sekundärrecht 180
2. Bedeutung des Art. 87 EWGV als Ermächtigungsgrundlage 181

III. Art. 235 EWGV als Rechtsgrundlage der Verordnung .. 183
1. Funktion und Bedeutung des Art. 235 EWGV 184
2. Bedingungen der Anwendbarkeit des Art. 235 EWGV 185
a) Ziele der Gemeinschaft 186
aa) Bedeutung des Merkmals 186
bb) Begriff 186
cc) Zielkonkurrenzen 188
b) Im Rahmen des Gemeinsamen Marktes 189
c) Fehlen der erforderlichen Befugnisse im Vertrag 190
aa) Grundsatz der Subsidiarität 190
bb) Art. 235 EWGV als Bestimmung zur "Lückenfüllung" ? 191
cc) Alternative Anwendung des Art. 235 EWGV 192

dd) Kumulative Anwendung des
Art. 235 EWGV 192
d) Erforderlichkeit der Regelung 194
aa) Grundlagen 194
bb) Die Erforderlichkeit der
Fusionskontroll-VO 196
e) Ergebnis 198
3. Rechtsfolge des Art. 235 EWGV: "Erlaß geeigneter Maßnahmen" 199
a) Der Wortlaut: Objektive Eignung 199
b) Meinungsstand zur Reichweite des
Art. 235 EWGV 200
aa) Extensive Auffassung 200
bb) Abgrenzungskriterien 202
cc) Restriktive Auffassung 204
c) Systematische Auslegung I: Abgrenzung zwischen Art. 235 und Art. 236 EWGV 206
aa) Bedeutung des Art. 236 EWGV 206
bb) Vertrags"änderung" als
Abgrenzungskriterium ? 207
cc) Zwischenergebnis 209
d) Systematische Auslegung II: Vergleich mit
Art. 95 Abs. 1 EGKSV 209
aa) Inhalt und Bedeutung des Art. 95 EGKSV 210
bb) Tatbestandlicher Vergleich mit
Artt. 235, 236 EWGV 211
cc) Insbesondere: Art. 4 lit. c EGKSV
und Beihilfenpraxis 213
dd) Rechtsprechung des EuGH 215
ee) Folgerungen 216
e) Zur bisherigen Anwendung des
Art. 235 EWGV 217
f) Bedenken gegen die Zulässigkeit von
Vertragsdurchbrechungen 219
aa) Prinzip der begrenzten Ermächtigung 219

bb) Die Kompetenzverteilung zwischen Gemeinschaft und Mitgliedstaaten 221
cc) "Sekundärrecht kann Primärrecht nicht verdrängen." 223
dd) Der Verfassungscharakter des EWG-Vertrages.. 223
ee) Das Demokratiedefizit der Gemeinschaft . 224
g) Folgerungen 225
4. Ergebnis 226

5. Kapitel: DIE KONFORMITÄT DER FUSIONSKONTROLLVERORDNUNG MIT DEM ZIEL DES ART. 3 LIT. f EWGV 227

I. Zusammenschlüsse mit gemeinschaftsweiter Bedeutung. 227
1. Der Eingriffstatbestand - Art. 2 Abs. 3 FKVO 227
2. Wettbewerb als Leitmotiv 228
3. Eingreifkriterien im einzelnen 230
a) Marktbeherrschung 230
aa) Marktabgrenzung 231
bb) Kriterien der Marktbeherrschung........... 232
b) Entstehung oder Verstärkung einer marktbeherrschenden Stellung 235
c) Wettbewerbsbehinderung.......................... 236
aa) Abwägungskriterium ?........................ 236
bb) Verhaltenskriterium ? 237
cc) Leerformel ohne eigene Bedeutung ?...... 237
dd) Quantitatives Kriterium ?.................... 237
ee) Zeitliches Kriterium 238
d) Ansatzpunkte für industriepolitische Rechtfertigung 239
aa) Die "Entwicklung" des Wettbewerbs im Gemeinsamen Markt 240
bb) Katalog des Art. 2 Abs. 1 FKVO nicht erschöpfend 240

cc) Berücksichtigung des Wettbewerbs von außerhalb der Gemeinschaft ansässigen Unternehmen ... 241
dd) Interessen der Zwischen- und Endverbraucher ... 242
ee) Entwicklung des technischen und wirtschaftlichen Fortschritts ... 243
(1) Erklärungen der Kommission ... 243
(2) Auslegungsmerkmal bei Zweifelsfällen ? ... 244
(3) Abwägungskriterium ? ... 244
(4) Stellungnahme ... 245
4. Ergebnis ... 247
5. Ausblick ... 249

II. Zusammenschlüsse ohne gemeinschaftsweite Bedeutung 250
1. Das "Lochproblem" ... 250
a) Minderung der Kontrollstandards ? ... 250
b) Art. 87 Abs. 2 lit. e EWGV ... 251
2. Wettbewerbsschutz durch nationales Recht ? ... 252
3. Ersatz durch Art. 22 Abs. 3 FKVO ... 253
a) Bedeutung und Reichweite des Art. 22 Abs. 3 FKVO ... 253
aa) Grundsatz: Öffnung der Fusionskontroll-VO für Zusammenschlüsse ohne gemeinschaftsweite Bedeutung ... 253
bb) Begrenzung auf unbedingt erforderliche Maßnahmen ... 254
cc) Antragserfordernis ... 254
b) Pflichten für die Mitgliedstaaten aus Art. 22 Abs. 3 FKVO ? ... 255
c) Entstehungsgeschichte und rechtspolitische Funktion der "Niederländischen Klausel" ... 256
aa) Interessenlage der Mitgliedstaaten ... 256
bb) Bewußtes Vermeiden einer Weiteranwendung der Artt. 85, 86 EWGV ... 257

cc) Folgerungen 257
d) Ergebnis 258
4. Bindungen der Mitgliedstaaten durch das Gemeinschaftsrecht im übrigen 259
a) Art. 30 EWGV 259
b) Art. 59 EWGV 260
c) Artt. 100 ff EWGV 260
d) Zwischenergebnis 261
5. Insbesondere: Bindungen aus Artt. 3 lit. f, 5, 85, 86 EWGV 261
a) Stellenwert des Art. 5 EWGV in der Rechtsprechung des Europäischen Gerichtshofs 262
b) Einzelne Pflichten der Mitgliedstaaten 264
aa) Handlungspflichten 264
bb) Unterlassungspflicht 265
c) Bindungen der Mitgliedstaaten bei der Beurteilung von Zusammenschlüssen ohne gemeinschaftsweite Bedeutung 266
d) Umfang der Verpflichtung im einzelnen 270
6. Ergebnis 270

III. Abschließende Würdigung 271

ABKÜRZUNGSVERZEICHNIS

a.A.	anderer Ansicht
a.a.O.	am angegebenen Ort
Abg.	Abgeordneter
ABl.	Amtsblatt der Europäischen Gemeinschaften
Abs.	Absatz
a.E.	am Ende
AG	Die Aktiengesellschaft, Zeitschrift für das gesamte Aktienwesen
AktG	Aktiengesetz
allg.	allgemein
Anm.	Anmerkung
Art.	Artikel (*sg.*)
Artt.	Artikel (*pl.*)
Aufl.	Auflage
AWD	Außenwirtschaftsdienst
BB	Der Betriebs-Berater
Bd.	Band
Beil.	Beilage
Benelux-Staaten	Belgien, Niederlande, Luxemburg
BGB	Bürgerliches Gesetzbuch
BGH	Bundesgerichtshof
BGHZ	Entscheidungen des Bundesgerichtshofes in Zivilsachen
BKartA	Bundeskartellamt
BR-Drs.	Drucksache des Deutschen Bundesrates
BT-Drs.	Drucksache des Deutschen Bundestages
CahDE	Cahiers de droit européen
CEE	Communauté Economique Européenne
CMLR	Common Market Law Review
CR	Computerrecht
DB	Der Betrieb
ders.	derselbe

Dir. com. int.	Diritto del commercio internazionale
Diss.	Dissertation
DPCI	Droit et pratique du commerce international
Drs.	Drucksache
DVBl.	Deutsches Verwaltungsblatt
E	Entwurf
EAG	Europäische Atomgemeinschaft
EAGV	Vertrag zur Gründung der Europäischen Atomgemeinschaft
ECLR	European Competition Law Review
ECU	European Currency Unit
EG	Europäische Gemeinschaften
EGKS	Europäische Gemeinschaft für Kohle und Stahl
EGKSV	Vertrag zur Gründung der Europäische Gemeinschaft für Kohle und Stahl
EGV	Vertrag zur Gründung der Europäischen Gemeinschaft i.d.F. vom 7.2.1992
ELR	European Law Review
EP	Europäisches Parlament
EuGH	Gerichtshof der Europäischen Gemeinschaften
EuGHE	Entscheidungen des Gerichtshofs der Europäischen Gemeinschaften (amtliche Sammlung)
EuR	Europarecht
EuZW	Europäische Zeitschrift für Wirtschaftsrecht
EWG	Europäische Wirtschaftsgemeinschaft
EWGV	Vertrag zur Gründung der Europäischen Wirtschaftsgemeinschaft
EWS	Europäisches Wirtschafts- und Steuerrecht
f	folgende (Seite)
F.A.Z.	Frankfurter Allgemeine Zeitung
ff	folgende (Seiten)
FIW	Forschungsinstitut für Wirtschaftsverfassung und Wettbewerb
FKVO	Fusionskontroll-Verordnung
Fußn.	Fußnote

FS	Festschrift
GA	Generalanwalt
GD	Generaldirektion
GewArch	Gewerbearchiv
GG	Grundgesetz für die Bundesrepublik Deutschland
Giur. it.	Giurisprudenza italiana
GU	Gemeinschaftsunternehmen
GWB	Gesetz gegen Wettbewerbsbeschränkungen
h.L.	herrschende Lehre
h.M.	herrschende Meinung
Hrsg., hrsg.	Herausgeber, herausgegeben
i.d.F.	in der Fassung
i.e.	id est
insbes.	insbesondere
i.S.d.	im Sinne des
i.V.m.	in Verbindung mit
IWB	Internationale Wirtschaftsbriefe
JuS	Juristische Schulung
JW	Juristische Wochenschrift
JZ	Juristenzeitung
KG	Kammergericht
KomE	Entscheidung der Kommission der Europäischen Gemeinschaften
Mio.	Million
Mrd.	Milliarde
m.a.W.	mit anderen Worten
m.w.N.	mit weiteren Nachweisen
NJW	Neue Juristische Wochenschrift
OLG	Oberlandesgericht
Rdnr.	Randnummer
Rec. Dal. Sir.	Recueil Dalloz Sirey
Rev.	Revue
RevMC	Revue de Marché Commun
RG	Reichsgericht
RIDE	Revue internationale de droit économique

Riv. dir. eur.	Rivista di diritto europeo
RIW	Recht der Internationalen Wirtschaft
Rs.	Rechtssache
Rspr.	Rechtsprechung
RTDCom	Revue trimestrielle de droit commercial et de droit économique
RTDE	Revue trimestrielle du droit européen
SH	Sonderheft
Slg.	Sammlung
str.	streitig
Tz.	Teilzahl
UAbs.	Unterabsatz
Urt.	Urteil
v.	vom
verb.	verbunden
vgl.	vergleiche
VO	Verordnung
Vor	Vorbemerkung
WiR	Wirtschaftsrecht
WRP	Wettbewerb in Recht und Praxis
WRV	Weimarer Reichsverfassung
WuW	Wirtschaft und Wettbewerb
WuW/E	Entscheidungssammlung der WuW
WVRK	Wiener Vertragsrechtskonvention
ZaöRV	Zeitschrift für ausländisches öffentliches Recht und Völkerrecht
ZGR	Zeitschrift für Unternehmens- und Gesellschaftsrecht
Ziff.	Ziffer
ZHR	Zeitschrift für das gesamte Handelsrecht und Wirtschaftsrecht
zit.	zitiert
ZRP	Zeitschrift für Rechtspolitik

EINLEITUNG

Daß der Rat der Europäischen Gemeinschaften am 21.12.1989 nach 16jähriger Diskussion endlich eine EG-Fusionskontrollverordnung[1] verabschiedet hat, ist nicht nur auf eine besorgniserregende Konzentrationsentwicklung und die Erkenntnis zurückzuführen, daß funktionierender Wettbewerb im Rahmen des Binnenmarktes eine zentrale Stellung einnimmt. Entscheidend beflügelt wurde das Zustandekommen der Verordnung durch die von der Kommission angedrohte und vom Europäischen Gerichtshof unterstützte Anwendung der Wettbewerbsregeln des EWG-Vertrages auf Zusammenschlüsse. Über die Bedeutung und Reichweite der Urteile "Continental Can"[2] und "Philip Morris"[3] ist viel gerätselt und gestritten worden, ohne daß eine Klärung erreicht werden konnte.

Diese Rechtsunsicherheit stand in krassem Gegensatz zu dem Bedürfnis der Unternehmen nach Rechtssicherheit durch ein möglichst einfaches und ex ante berechenbares Kontrollverfahren, das innerhalb absehbarer Zeit zu einer unanfechtbaren Entscheidung über ein Zusammenschlußvorhaben führt. Die Fusionskontroll-VO stellt ein solches Verfahren zur Verfügung. Sie sucht zudem den Grundsatz des "one-stop-shopping" durch eine ausschließliche Zuständigkeit der Kommission gem. Art. 21 Abs. 1 FKVO und den Anwendungsvorrang der Verordnung vor nationalem Recht gem. Art. 21 Abs. 2 FKVO sicherzustellen, sowie eine Weiteranwendung der Artt. 85, 86 EWGV auf Zusammenschlüsse durch Art. 22 Abs. 1, 2 FKVO auszuschließen.

Fraglich ist, ob dies gelungen ist. Immerhin handelt es sich bei Artt. 85, 86 EWGV um primäres, bei der Fusionskontroll-VO hingegen um sekundäres Gemeinschaftsrecht. Daher sollen nach ganz herrschender Meinung

---

1) Verordnung (EWG) Nr. 4064/89 des Rates über die Kontrolle von Unternehmenszusammenschlüssen, ABl. Nr. L 257, S. 14, vom 21.9.1990.

2) EuGHE 1973, 215 ff.

3) EuGHE 1987, 4487 ff.

in der Literatur Artt. 85, 86 EWGV trotz des nunmehr bestehenden systematischen Instrumentariums unverändert weiterhin eine Fusionskontrolle erlauben.

Angesichts der mit einem Zusammenschluß verbundenen erheblichen Investitionen wäre aber eine Rechtslage unerträglich, die die Unternehmen einer unbefristeten Kontrolle durch die Kommission und verschiedene nationale Behörden und Gerichte aussetzt, welche neben der Fusionskontroll-VO auch noch Artt. 85, 86 EWGV und nationales Recht anwenden und dabei mit divergierenden Entscheidungen chaotische Verhältnisse schaffen.

Kommission wie Mitgliedstaaten waren sich zwar einig, daß solche Doppel- und Mehrfachkontrollen nicht stattfinden sollten. Jedenfalls das Problem unmittelbarer privatrechtlicher Folgen von Artt. 85 und 86 EWGV kann aber nicht dadurch gelöst werden, daß zwischen Kommission und Mitgliedstaaten Einigkeit darüber besteht, daß die Wettbewerbsregeln des Vertrages nach Einführung der Fusionskontroll-VO auf Zusammenschlüsse, die unter die Verordnung fallen, nicht mehr angewendet werden. Ein Gentlemen's Agreement auf der Ebene der Exekutive kann die Gerichte nicht binden.

Die vorliegende Untersuchung versucht eine dogmatisch konsistente Klärung des Verhältnisses zwischen den Artt. 85, 86 EWGV und der Fusionskontroll-VO. Dazu ist darauf einzugehen, wie sich die Verordnung über Artt. 85 bis 90 EWGV hinausgehend systematisch in die Gemeinschaftsrechtsordnung insgesamt einfügt. Dies hängt von den Ermächtigungsgrundlagen ab, auf die sie gestützt ist. Zwar nennt der Rat mit Artt. 87 und 235 EWGV kumulativ zwei Ermächtigungsgrundlagen, stellt aber weder deren Verhältnis, noch deren Reichweite, noch die daraus zu ziehenden Konsequenzen klar.

Im Hinblick darauf wird durch Auslegung der Artt. 85 und 86 EWGV zunächst festzustellen sein, ob der EWG-Vertrag in Artt. 85, 86, 87 EWGV "die erforderlichen Befugnisse" für die Schaffung einer europäischen Fusionskontrolle enthält und daran anschließend, welche Erscheinungsformen von Doppelkontrollen auf der Ebene des Gemeinschaftsrechts praktisch denkbar sind.

Daraus ergibt sich auch, welches Gewicht der Generalermächtigung des Art. 235 EWGV zukommt. Auf der Grundlage einer Auslegung und Einordnung des Art. 235 EWGV in das System der Handlungsermächtigungen der Gemeinschaft ist die Reichweite der Ermächtigung aus Art. 235 EWGV zu ermitteln. Von zentraler Bedeutung ist die Frage, ob und - wenn ja - inwieweit auf Grund von Art. 235 EWGV materielle Abweichungen von Regelungen des EWG-Vertrages zulässig sind und ob der Art. 22 der Fusionskontroll-VO, mit dem der Rat Doppelkontrollen im Gemeinschaftsrecht ausschließen wollte, von Art. 235 EWGV gedeckt ist.

Aus den dabei gewonnenen Erkenntnissen kann die Frage beantwortet werden, ob die Fusionskontroll-VO ihrem Anspruch entsprechend tatsächlich das einzige auf die von ihr definierten Zusammenschlüsse anwendbare Rechtsinstrument ist.

1. Kapitel: DIE WETTBEWERBSPOLITISCHE NOTWENDIGKEIT DER EUROPÄISCHEN FUSIONSKONTROLLE

Die wettbewerbspolitische Beurteilung von Kartellen und Zusammenschlüssen soll im folgenden nicht grundsätzlich in Frage gestellt werden; eine Zusammenfassung der Diskussion zeigt das Erfordernis einer differenzierten wettbewerbspolitischen Beurteilung beider Phänomene und demgemäß auch einer differenzierten rechtlichen Behandlung.

I. Wettbewerbspolitische Beurteilung von Kartellen und Zusammenschlüssen

Die Anforderungen an ein "System unverfälschten Wettbewerbs" beschreibt der Europäische Gerichtshof grundlegend im Urteil "Metro I":[1]

> "Der in den Artikeln 3 und 85 EWG-Vertrag geforderte unverfälschte Wettbewerb setzt das Vorhandensein eines wirksamen Wettbewerbs (workable competition) auf dem Markt voraus; es muß also so viel Wettbewerb vorhanden sein, daß die grundlegenden Forderungen des Vertrages erfüllt und seine Ziele, insbesondere die Bildung eines einzigen Marktes mit binnenmarktähnlichen Verhältnissen erreicht werden."

An Hand dieses Standards hat auch die wettbewerbspolitische Beurteilung von Kartellen und Zusammenschlüssen zu erfolgen. Kartell und Zusammenschluß sind zwar gleichermaßen Erscheinungsformen der Verfälschung freier wettbewerblicher Prozesse, deren Wirkungen bis zu einer Monopoli-

---

1) EuGHE 1977, 1875, 1905 Rdnr. 20. Der Begriff des wirksamen Wettbewerbs wird auch in Art. 2 Abs. 2 FKVO erwähnt; im Erwägungsgrund 4 hingegen ist von "dynamischem" Wettbewerb die Rede.

sierung von Märkten reichen können; darüber hinausgehend aber haben sie erheblich verschiedene wettbewerbliche Auswirkungen.[2]

1. Kartelle und abgestimmte Verhaltensweisen

Kartellierung zielt unmittelbar auf die Beeinträchtigung wettbewerblicher Prozesse ab, ist also ihrem Wesen nach antikompetitiv. Typisches Beispiel ist die Preisabsprache zwischen Unternehmen, die voneinander wirtschaftlich unabhängig sind.[3] Das wirtschaftliche Verhalten der Beteiligten wird vorformuliert und festgelegt. Gerade die Wettbewerbsverzichtsleistung ist Austausch- bzw. Zuwendungsgegenstand.[4] Durch Koordinierung nur einzelner Aktionsparameter werden wirtschaftliche Leistung und Marktergebnis direkt beeinflußt.[5]

Kartelle werden auf Grund dessen als grundsätzlich gegen das öffentliche Interesse gerichtet angesehen und sind daher verboten.[6]

2. Unternehmenszusammenschlüsse

Unternehmenskonzentration[7] besteht in einer Veränderung der gesellschaftsrechtlichen Eigentumsverhältnisse und führt auf diesem Weg zu ei-

---

2) Immenga/Fuchs NJW 1988, 3052, 3056; Möschel, Rdnr. 709; Areeda/Kaplow, S. 807.

3) EuGHE 1989, 803, 849 Rdnr. 36 "Ahmed Saeed".

4) Koch, Kartellverbot und Fusionskontrolle, WiR 1974, 33.

5) Immenga/Fuchs NJW 1988, 3052, 3056.

6) Möschel, Rdnr. 709; Schödermeier WuW 1987, 185, 191; van Ommeslaghe, in: Beiträge zum EWG-Kartellrecht, S. 41, 66; Mestmäcker, Europäisches Wettbewerbsrecht, S. 401; Immenga/Fuchs NJW 1988, 3052, 3056.

7) Zur Verwendung der Terminologie ist klarzustellen, daß "Konzentration" sich im folgenden auf das *externe* Unternehmenswachstum bezieht. Konzentration auf einem Markt kann auch dadurch stattfinden, daß Unternehmen aus dem Markt aus-

ner Verminderung der Zahl der wirtschaftlichen Planungseinheiten. Mit der Veränderung der Zahl der am Markt auftretenden Wirtschaftssubjekte ändert sich die Marktstruktur. Dieser Effekt tritt auch dann ein, wenn ein übernommenes Unternehmen innerhalb eines Konzerns rechtlich weiterhin selbständig bleibt, da auch in diesem Fall von einer wirtschaftlichen Selbständigkeit, die allein einen echten Wettbewerb mit der herrschenden Gesellschaft ermöglichen würde, nicht mehr die Rede sein kann. Die verbleibende juristische Selbständigkeit innerhalb des Konzernverbunds stellt sich dann lediglich als dezentrale Organisationsform der Gesamtunternehmung dar, die auch als zentrale Zusammenfassung hätte organisiert werden können.[8]

Bei horizontalen Zusammenschlüssen wird der Wettbewerb zwischen den am Zusammenschluß beteiligten Unternehmen beseitigt, während bei vertikalen Zusammenschlüssen ein Vorsprung gegenüber den Wettbewerbern durch einen verbesserten Zugang zu den Beschaffungs- und Absatzmärkten erreicht wird. Gerade Zusammenschlüsse großer Unternehmen bergen die Gefahr der Wettbewerbsbeschränkung durch zunehmende Oligopolisierung der Märkte, die Erhöhung von Marktzutrittsschranken, sowie ein Erlahmen des Wettbewerbs zwischen den verbliebenen Marktteilnehmern selbst.

Externes Wachstum kann aber nicht als per se wettbewerbsbehindernd angesehen werden. Es dient idealerweise der Annäherung an das Optimum an Betriebsgröße, das die Marktverhältnisse erforderlich machen,[9] und damit der Optimierung der volkswirtschaftlichen Faktorallokation, der Rationalisierung, der Erzielung von Effizienzgewinnen und letztlich der Steigerung der wirtschaftlichen Leistungsfähigkeit der Unternehmen. Dies gilt vor allem für vertikale Zusammenschlüsse. Daraus kann sich, entspre-

---

scheiden; dies ist aber nicht Gegenstand der Fusionskontrolle. Im folgenden soll nur die Entwicklung der Unternehmenszusammenschlüsse skizziert werden.

8) Kantzenbach, S. 120 f.

9) Z.B. die immer höheren Kosten für Forschung und Entwicklung von Hochtechnologieprodukten bei gleichzeitig immer kürzeren Produktzyklen; hierzu Kartte, Unternehmensgröße, S. 204.

chend der Struktur der betroffenen Märkte, auch eine Verstärkung des Wettbewerbs ergeben.[10]

So kann ein Zusammenschluß die einzige Möglichkeit sein, um auf einem Markt, der von einem Unternehmen mit starkem internen Wachstum beherrscht wird, einen gewissen Grad an Wettbewerb wieder herzustellen.[11] Primäres Ziel der Konzentration ist die Kostensenkung, während die Beeinträchtigung des Wettbewerbs lediglich sekundäre Folge ist.[12] Unternehmenszusammenschlüsse können somit Teil einer dynamischen Wirtschaftsentwicklung sein. Sie bringen gesamtwirtschaftliche Vorteile mit sich, und sind insoweit grundsätzlich positiv zu bewerten. Hinzu kommt, daß die Existenz eines "market of corporate control" das Management eines Unternehmens zwingt, sich im Wettbewerb zu behaupten, schon um feindliche Übernahmen zu vermeiden. Dies führt zu einer optimalen Allokation unternehmerischer Ressourcen und damit zu einem weiteren wettbewerblich positiven Effekt.[13] Diese Sichtweise stand in den Anfangsjahren der Gemeinschaft im Vordergrund.[14]

Die positiven Auswirkungen von Zusammenschlüssen sind allerdings umstritten. Ein eindeutiger Kausalnachweis zwischen Unternehmensgröße und Effizienz kann nicht geführt werden.[15] Wenngleich unsicher ist, ob in je-

---

10) Vgl. Konzentrationsmemorandum, S. 7 f; zu den positiven Auswirkungen externen Wachstums Sölter, in: Raisch/Sölter/Kartte, S. 52 f; Kantzenbach, S. 122 f; Kartte, Der Volkswirt 1963, 344, 345; Areeda/Kaplow, S. 800 ff.
Mit dieser Begründung hatte auch der Ausschuß für Wirtschaftspolitik des Deutschen Bundestages 1957 die Schaffung einer Fusionskontrolle im neuen GWB abgelehnt, BT-Drs. II/3644, S. 27 (zu § 18). Ausdrücklich wurde erklärt, § 17 (der dem heutigen § 22 GWB entspricht) sei ausreichend. Nicht der Zusammenschluß als solcher sei vom Gesetz mißbilligt, sondern nur der Mißbrauch wirtschaftlicher Macht.

11) 3. Wettbewerbsbericht Tz. 22 ff, 29.

12) Mestmäcker, Europäisches Wettbewerbsrecht, S. 401; Immenga/Fuchs NJW 1988, 3052, 3056.

13) Korah ECLR 1987, 239, 251; Immenga WuW 1990, 371 f.

14) Ausführlich Mestmäcker EuR 1988, 349, 353 ff.

15) Vgl. Canellos/Silber CMLR 1970, 5, 17 ff; Kartte, Unternehmensgröße, S. 205.

dem Fall die mit dem Zusammenschluß verbundenen positiven Effekte auch realisiert werden, so rechtfertigt doch die Möglichkeit, daß sie eintreten, jedenfalls die Ablehnung eines undifferenzierten per-se-Verbots von Unternehmenszusammenschlüssen.[16] Durch den Zusammenschluß entsteht auf Grund einer Investitionsentscheidung eine neue Unternehmenseinheit, die aber keinen Zusammenhang mit einer Wettbewerbsbeschränkung haben muß. Im Gegensatz zum Kartell bleibt das *zukünftige* Markt*verhalten* der durch den Zusammenschluß entstehenden Einheit frei.

Die Grenze verläuft dort, wo die mit dem Anteilserwerb mittelbar verbundene Wettbewerbsbeschränkung unerträglich ist. Dies ist der Fall, wenn die Oligopolisierung der Märkte so weit fortschreitet, daß der Wettbewerb zwischen den Marktteilnehmern auf Grund der dann zunehmenden oligopolistischen Interdependenz zum Erliegen kommt. Die Folge wäre, daß der Wettbewerbsdruck zur Realisierung der Effizienzvorteile gemindert werden würde.[17] Führt ein Zusammenschluß dazu, daß sich die ressourcenbedingten Verhaltensspielräume derart erweitern, daß sie vom Wettbewerb nicht mehr hinreichend kontrolliert werden, sondern daß vielmehr die Unternehmen selbst in der Lage sind, den Wettbewerb zu kontrollieren und Konkurrenten zu disziplinieren, so findet wirksamer Wettbewerb nicht mehr statt und die Wettbewerbsbeeinträchtigung überwiegt die Effizienzvorteile.[18]

Wettbewerbsorientierte Fusionskontrolle knüpft an die durch den Zusammenschluß entstehende Markt*struktur* und damit an das Marktergebnis an. Entscheidende Frage ist, inwieweit nach dem Zusammenschluß für die durch den Zusammenschluß entstehende Einheit die *Möglichkeit* wettbewerbsbeschränkenden Verhaltens besteht. Fusionskontrolle knüpft nicht an das aktuelle Markt*verhalten* an. Wettbewerbsorientierte Fusionskontrolle versucht, den Konzentrationsprozeß an Hand wettbewerbsbezogener Kriterien zu steuern und zu begrenzen und so wirtschaftliche Macht durch eine Verhinderung übermäßiger Konzentration zu begrenzen.

---

16) Ebenso Korah/Lasok CMLR 1988, 333, 255.

17) Kartte, in: Raisch/Sölter/Kartte, S. 92; Kantzenbach, S. 122.

18) Vgl. Konzentrationsmemorandum, S. 11.

Im Ergebnis ist festzuhalten, daß sich das Kartell dadurch auszeichnet, daß es die Wettbewerbsbeschränkung per definitionem als solche verwirklicht, während beim Unternehmenszusammenschluß die Wettbewerbsbeschränkung lediglich als mittelbare und keineswegs zwingende Nebenfolge einer veränderten und eben weniger kompetitiven Marktstruktur erscheint. Diese differenzierte wettbewerbspolitische Bewertung von Zusammenschlüssen muß auch in ihrer rechtlichen Bewertung zum Ausdruck kommen, die gewährleisten muß, daß nur diejenigen Zusammenschlüsse verhindert werden, die tatsächlich zu einer Gefährdung des Wettbewerbs führen.

3. Mischformen

Die auf den ersten Blick klare Unterscheidung wird jedoch schwierig bei der Einordnung von Mischphänomenen, wie Minderheitsbeteiligungen und Gemeinschaftsunternehmen. Letzteres kann als "Kartellgeschäftsstelle" den einzigen Zweck haben, das Marktverhalten der Mutterunternehmen zu koordinieren, andererseits aber auch zu einer dauerhaften Veränderung der Marktstruktur führen. Dies ist dann der Fall, wenn die Mütter ihre sämtlichen Aktivitäten auf dem relevanten Markt in das Gemeinschaftsunternehmen einbringen.

Lassen sich die Extreme "Kartellgeschäftsstelle" und "faktische Vollfusion" noch eindeutig zuordnen, so ist eine Vielzahl von Mischformen denkbar, die mehr oder weniger kooperative und konzentrative Elemente verbinden und damit Einordnungsprobleme aufwerfen. Die Übergänge zwischen Kartell und Zusammenschluß sind fließend.[19] Die Unterstützung wettbewerbsregelnder Kooperation durch gesellschaftsrechtliche Verflechtungen ist eine in der Praxis sehr verbreitete Erscheinungsform gerade der internationalen Zusammenarbeit.[20] Bei Gemeinschaftsunternehmen hat sich eine Einordnung als Kartell oder Zusammenschluß entsprechend der

---

19) Konzentrationsmemorandum, S. 21 Tz. 1.

20) Mestmäcker, Europäisches Wettbewerbsrecht, S. 427.

Unterscheidung zwischen kooperativen bzw. Teilfunktions- und konzentrativen bzw. Vollfunktions-Gemeinschaftsunternehmen eingebürgert.[21]

Die Haltung der Kommission gegenüber Gemeinschaftsunternehmen ist generell positiv, jedenfalls hinsichtlich der zumindest teilweise konzentrativen Gemeinschaftsunternehmen, allerdings nicht aus wettbewerblichen Erwägungen: Die Kommission erkennt vor allem deren Bedeutung für die Stärkung der Wettbewerbsfähigkeit und den technologischen Fortschritt an.[22] Dies verdeutlicht, daß die Konzentrationspolitik der Gemeinschaft immer zwischen Wettbewerbs- und Industriepolitik stand.[23]

4. Ergebnis

Wenn aus wettbewerbspolitischen Gründen das Verbot von Kartellen die Regel und das Verbot von Zusammenschlüssen die Ausnahme ist, so kann eine gleichförmige Anwendung derselben Verbotsbestimmungen auf beide Sachverhalte nicht zu vernünftigen Ergebnissen führen. Es würden entweder zu wenig Kartelle oder zu viele Zusammenschlüsse von Art. 85 Abs. 1 EWGV erfaßt.[24] Insbesondere ein per-se-Verbot wäre für Zusammenschlüsse nicht sachgerecht. Dies hat auch in allen Rechtsordnungen zu differenzierenden Eingreifschwellen bei Kartell und Zusammenschluß geführt.[25] Dies gilt sowohl für die Mitgliedstaaten der EG, als auch für den

---

21) Benisch, FS für Kaufmann, S. 73, 78; Grabitz-Koch nach Art. 86 Rdnr. 18; Huber WuW 1978, 677.

22) 15. Wettbewerbsbericht Tz. 26; Diskussionspapier zur wettbewerblichen Beurteilung von Gemeinschaftsunternehmen, abgedruckt in: WuW 1986, 282, unter 1. und 6. b).

23) Vgl. auch Fine ECLR 1992, 51 zur geplanten Bekanntmachung der Kommission über kooperative Gemeinschaftsunternehmen.

24) Konzentrationsmemorandum, S. 22 Tz. 7; Schödermeier WuW 1988, 185, 191.

25) Dies trifft mit gewissen Einschränkungen auch für die USA zu. Dort differenziert zwar Sec. 1 Sherman Act (1890) nicht zwischen Kartellen und Unternehmenszusammenschlüssen, und wurden einzelne Zusammenschlüsse unter Sec. 1 Sherman Act subsumiert; die Annahme eines per-se-Verbots horizontaler Zusammenschlüsse

EGKS-Vertrag, der zwischen Kartellverbot, Verbot des Mißbrauchs einer marktbeherrschenden Stellung und präventiver Kontrolle von Unternehmenszusammenschlüssen unterscheidet. In keiner Rechtsordnung werden Unternehmenszusammenschlüsse als per se verboten behandelt.[26]

II. Bedeutung der Unternehmenskonzentration im Gemeinsamen Markt

1. Statistische Entwicklung

Im Gegensatz zu den Erwartungen, die zur Zeit der Entstehung des EWG-Vertrages bestanden, war in den sechziger und siebziger Jahren eine ungebrochen steigende Konzentrationsentwicklung bis hin zu einer engen Oligopolisierung der Märkte zu verzeichnen.[27] Konzentrationsanalytische Studien der EG-Kommission ermittelten eine erhebliche Abnahme der Zahl der Unternehmen, die auf bestimmten Märkten bis zu einer Halbierung der Zahl der Anbieter reichte. Auch die laufende Überwachung bestimmter Sektoren zeigt einen hohen Konzentrationsgrad. In einigen Sektoren betrug der Markt- bzw. Produktionsanteil der vier größten Unternehmen bis zu 70%.

Während in den Jahren ab 1975 eine Verlangsamung[28] und ab 1980 eine vorübergehende Stagnation[29] dieses Prozesses zu beobachten war, weist

wurde jedoch nie bestätigt (Areeda/Kaplow, S. 837). Auch im Vergleich zu Sec. 2 Sherman Act kommt dem speziellen Fusionsverbot von Sec. 7 Clayton Act (1914) i.d.F. des Cellar-Kefauver-Amendments von 1950 in der Praxis weit größere Bedeutung zu; vgl. hierzu vor allem Areeda/Kaplow, S. 837 ff; Markert AWD 1964, 186 f; Möschel, Rdnr. 709; Borschette RevMC 1973, 354, 356; van Ommeslaghe, in: Beiträge zum EWG-Kartellrecht, S. 41, 66; Emmerich, Kartellrecht, S. 24.

26) Möschel, Rdnr. 709.

27) 3. Wettbewerbsbericht Tz. 145-159.

28) 7. Wettbewerbsbericht Tz. 275, Tabelle 1.

29) 11. Wettbewerbsbericht Tz. 257 und Tabelle 1.

die Zahl der Unternehmenszusammenschlüsse seit 1983 wieder eine erheblich steigende Tendenz auf.[30] In der Erwartung des Binnenmarktes kam es 1986/87 vor allem zu einer überdurchschnittlichen Zunahme der grenzüberschreitenden Finanzoperationen größerer Unternehmen.[31] Großfusionen mit einem Gesamtumsatz von über 1 Mrd. ECU machten 57% der Gesamtzahl der Übernahmen aus. Der Anteil der Unternehmen mit einem Gesamtumsatz von mehr als 5 Mrd. ECU (108) bzw. 10 Mrd. ECU (60) an der Gesamtzahl der registrierten Zusammenschlüsse (383) betrug im Zeitraum 1987/88 43,9%, was einer Steigerung von 61% bzw. 94% gegenüber dem Vorjahr entspricht.[32]

Parallel dazu war eine Abnahme der absoluten Zahl der Unternehmen zu beobachten, so daß schließlich die 50 größten europäischen Unternehmen 25% des Gesamtumsatzes erwirtschafteten.[33] Zahlreiche Märkte sind inzwischen durch eine geringe Zahl von Großunternehmen gekennzeichnet.

Unter der Perspektive des Binnenmarktes konnte die Kommission bei ihren Untersuchungen auch eine veränderte Motivation fusionswilliger Unternehmen feststellen: Das Motiv der Stärkung der eigenen Marktstellung gewinnt an Bedeutung, während die den Unternehmenszusammenschlüssen zugeschriebenen positiven Effekte (Rationalisierung, Unterstützung von Forschung und Entwicklung) nur noch eine geringere Rolle spielten. Gerade Großunternehmen verfestigen damit mittels externen Wachstums die bestehenden oligopolistischen Marktstrukturen.[34]

---

30) 15. Wettbewerbsbericht Tz. 275.

31) 17. Wettbewerbsbericht Tz. 306; 18. Wettbewerbsbericht Tz. 326.

32) 18. Wettbewerbsbericht Tz. 327.

33) Cecchini-Bericht, S. 115; vgl. auch 16. Wettbewerbsbericht Tz. 330.

34) 18. Wettbewerbsbericht Tz. 327; vgl. näher Miersch, Diss., S. 30 f.

2. Die Notwendigkeit einer europäischen Fusionskontrolle aus wettbewerbspolitischer und integrationspolitischer Sicht

Parallel zu der Fusionswelle in den sechziger Jahren wurde auch die Europäische Fusionskontrolle zu einem rechtspolitischen Thema. So hat die Kommission in ihren Wettbewerbsberichten von Anfang an regelmäßig sowohl auf die Gefahren einer übermäßigen Unternehmenskonzentration hingewiesen,[35] als auch darauf, daß das ihr zur Verfügung stehende Instrumentarium unzureichend sei.[36] In ihren Forderungen zur Einführung einer europäischen Fusionskontrolle wurde sie vom Europäischen Parlament[37] ebenso unterstützt, wie vom Wirtschafts- und Sozialausschuß.[38]

Das System des unverfälschten Wettbewerbs setzt das Vorhandensein wirksamen Wettbewerbs auf dem Gemeinsamen Markt voraus. Es ist unvollständig, wenn die wettbewerbsverfälschenden Wirkungen, die Zusammenschlüsse haben können, nicht vermieden werden. Schon ein Blick auf die Konzentrationsentwicklung zeigt, daß das bisher zur Verfügung stehende Instrumentarium aus Kartellverbot und Verbot des Mißbrauchs beherrschender Stellungen den rasanten Anstieg der Konzentration nicht hat meßbar beeinträchtigen können. Auf Grund der fließenden Übergänge zwischen Kartell und Zusammenschluß lassen sich die mit einer Kartellierung verbundenen und beabsichtigten Wettbewerbsbeschränkungen auch mit einem Zusammenschluß erzielen, sind dann aber möglicherweise einer Kontrolle durch Gemeinschaftsorgane entzogen. Diese Entwicklung hat die zusätzliche negative Folge, daß der wettbewerbsschädigende Effekt wegen der Dauerhaftigkeit von Unternehmenszusammenschlüssen zementiert

---

35) Vgl. etwa Konzentrationsmemorandum, S. 11 Tz. 3; 2. Wettbewerbsbericht Tz. 19; 3. Wettbewerbsbericht Tz. 22 ff; 10. Wettbewerbsbericht Tz. 20; 14. Wettbewerbsbericht Tz. 43 u.s.w.

36) 3. Wettbewerbsbericht Tz. 22.

37) Stellungnahme zum 16. Wettbewerbsbericht, in: 17. Wettbewerbsbericht, S. 264.

38) Stellungnahme zum 14. Wettbewerbsbericht, Ziff. 2.4., in: 15. Wettbewerbsbericht, Anhang, S. 256.

wird, während Kartelle immerhin der ständigen Gefahr der Erosion ausgesetzt sind.[39]

Die Kontrolle von Unternehmenszusammenschlüssen auf Gemeinschaftsebene hat darüber hinaus eine wesentliche integrationspolitische Bedeutung: Ob die für die Schaffung des Binnenmarktes prognostizierten Vorteile eintreten, insbesondere dem Verbraucher zu Gute kommen, hängt entscheidend von der Funktionsfähigkeit des Wettbewerbs im Gemeinsamen Markt ab. Optimale gesamtwirtschaftliche Ergebnisse werden nur erreicht, wenn das "Entdeckungsverfahren Wettbewerb" seine Wirkung entfalten kann. Die Tendenz zu einer über die notwendige Anpassung der Unternehmensgrößen hinausgehenden Monopolisierung konterkariert den erwarteten eigendynamischen Prozeß. Es besteht die Gefahr, daß die im Binnenmarkt gesteigerte Wettbewerbsintensität nach einer Verfestigung der Unternehmensstrukturen auf Grund externen Wachstums wieder aufgehoben wird. Eine gemeinschaftsweite Fusionskontrolle ist nach alledem eine der wichtigsten Voraussetzungen für die Verwirklichung des Binnenmarktes.[40]

Für das Erfordernis einer europäischen Fusionskontrolle konnte die in den Mitgliedstaaten praktizierte Fusionskontrolle nur unzureichenden Ersatz bieten: Sie war zum einen nur teilweise vorhanden,[41] zum anderen an nationalen Interessen, nicht aber an den besonderen Erfordernissen der Kontrolle grenzüberschreitender Zusammenschlüsse orientiert.[42] Angesichts

---

39) Sölter, in: Raisch/Sölter/Kartte, S. 45, 82 ff; 3. Wettbewerbsbericht Tz. 27; Möschel, Rdnr. 709; Kantzenbach, S. 121, weist zudem auf die empirische Beobachtung hin, daß ein Kartellverbot häufig zu einer *Zunahme* horizontaler Konzernierung führt; vgl. auch Goyder, S. 320.

40) Monopolkommission, Sondergutachten 17 Tz. 10; Caspari/Schwarz, FS für Benisch, S. 383, 392; 19. Wettbewerbsbericht Tz. 15.

41) Bei Erlaß der Fusionskontroll-VO verfügten lediglich Deutschland, Frankreich, Großbritannien und Irland über eine nationale Fusionskontrolle; vgl. Monopolkommission, Sondergutachten 17 Tz. 11 ff; Hölzler/Rohardt, FS für Benisch, S. 401 ff.

42) Ausführlich und mit Fallbeispielen hierzu Huber, Europäische Fusionskontrolle, S. 2 ff.

der zunehmenden europäischen und weltweiten Integration der Märkte stößt eine national ausgerichtete Fusionskontrolle buchstäblich an ihre Grenzen.

Hinzu kommen politische Aspekte: Fusionskontrolle beeinflußt die Struktur der Märkte und damit letztlich auch bis zu einem gewissen Grad die Struktur der Volkswirtschaft insgesamt. Damit stößt sie in einen politisch sensiblen Bereich vor. Über eine klar wettbewerbsbezogene Fusionskontrolle verfügt lediglich die Bundesrepublik Deutschland. Außerwettbewerbliche Kriterien dürfen in die Prüfung eines Zusammenschlußvorhabens nur ausnahmsweise in einer strikt getrennten zweiten Prüfungsstufe herangezogen werden,[43] wodurch Transparenz und Publizität dieses Vorgangs bewirkt und politische Verantwortlichkeiten klargestellt werden. Demgegenüber sehen Länder ohne eigene Fusionskontrolle die Unternehmenskonzentration als ein positiv zu bewertendes Mittel der Umstrukturierung der Wirtschaft an. In Frankreich gilt die Fusionskontrolle als Instrument einer national ausgerichteten Strukturpolitik, bei der Zusammenschlüsse entsprechend den politischen Erfordernissen genehmigt und untersagt werden. Beeinträchtigt ein Zusammenschluß nach Feststellung des Wirtschaftsministers den Wettbewerb, so entscheidet endgültig der "Wettbewerbsrat" (Conseil de la concurrence), indem er nach eigenem Urteil eine wirtschaftliche Bilanz (bilan économique de la concentration) aufstellt und dabei prüft, ob die durch den Zusammenschluß bewirkte Wettbewerbsbeeinträchtigung durch einen Beitrag zum wirtschaftlichen und sozialen Fortschritt ausgeglichen wird.[44] Auch in Großbritannien ist es im Rahmen der "public interest"-Abwägung möglich, wettbewerbspolitische Erwägungen mit industriepolitischen Motivationen zu verrechnen. Selbst wenn insoweit eine Harmonisierung der Rechtsvorschriften noch möglich wäre, würden sich die unterschiedlichen Wettbewerbs-"Philosophien" immer in der Praxis der Auslegung und Anwendung des Rechts niederschlagen.

---

43) §§ 24 Abs. 3, 24b Abs. 5 GWB.

44) Vgl. GTE[4]-Schröter Art. 87 II Rdnr. 196 ff; Alexander CahDE 1990, 529, 542.

Grenzüberschreitende Zusammenschlüsse können nach alledem auf Grund der unterschiedlichen ordnungspolitischen Konzeptionen in den Mitgliedstaaten zur Kontrolle ein und desselben Zusammenschlußvorgangs durch verschiedene nationale Behörden nach divergierenden und einander widersprechenden Bewertungsmaßstäben und damit zu einer Ungleichbehandlung führen, die ihrerseits wettbewerbsverfälschend wirkt.

All dies birgt ein erhebliches Maß nicht nur an Rechtsunsicherheit, sondern auch an Wettbewerbsverzerrung, wenn Standorte nicht nach ökonomischer Effizienz, sondern nach den jeweils geltenden Bestimmungen der Fusionskontrolle ausgewählt werden. Diese unterschiedlichen Rahmenbedingungen würden erneut zu einer Segmentierung von Märkten führen und damit das Gegenteil dessen bewirken, was das Binnenmarktprogramm mit dem Aufbrechen enger nationaler Märkte bezweckt. Von einem einheitlichen Binnenmarkt kann überhaupt nur die Rede sein, wenn die Marktteilnehmer gleiche oder nahezu gleiche Wettbewerbsbedingungen vorfinden.[45] Aus diesen Gründen verbietet sich auch eine Regelung, die zu einer wie auch immer gearteten Doppelkontrolle (auf Gemeinschaftsebene oder durch Gemeinschaft und Mitgliedstaat) führt.[46] Die Ausgestaltung des jeweiligen Wettbewerbsrechts muß als Standortfaktor innerhalb der Gemeinschaft ausscheiden.

III. Ergebnis

Die wettbewerbspolitisch denkbaren Gefahren aus übermäßigem externen Unternehmenswachstum, die sich in der Konzentrationsentwicklung der letzten Jahrzehnte auch spürbar realisiert haben, führen zu der Erkenntnis, daß eine - wie auch immer ausgestaltete - wettbewerbsbezogene Fusionskontrolle erforderlich ist. Unter den Bedingungen des Binnenmarktes ist zudem eine Regelung auf Gemeinschaftsebene vonnöten. Diese Regelung muß die notwendige Differenzierung zum Kartell widerspiegeln.

---

45) Vgl. EuGHE 1982, 1409, 1431 f Rdnr. 33 "Gaston Schul".

46) Vgl. nur K. Schmidt, FIW-Heft 134, S. 65, 66; Bright ECLR 1991, 139; v. Winterfeld RIW 1988, 958, 962.

Damit ist noch nicht die Frage beantwortet, ob diese Regelung nicht auch in einer einheitlichen Vorschrift erfolgen kann, die sowohl Kartell- als auch Zusammenschlußsachverhalte erfaßt. Dies wäre möglich, wenn die Vorschrift die erforderliche differenzierte Behandlung beider Sachverhalte erlauben würde.

Fraglich ist daher zunächst, ob unter diesen Prämissen die Auslegung der Artt. 85, 86 EWGV ergibt, daß diese sachgerecht auf Zusammenschlüsse anwendbar sind.

2. Kapitel: EUROPÄISCHE FUSIONSKONTROLLE UNTER ARTIKEL 85 UND 86 EWGV

I. Problemstellung

Die Fusionskontroll-VO gilt nur für Zusammenschlüsse im Sinne ihres Artikels 3. Diese können durch Fusion von bisher voneinander unabhängigen Unternehmen oder dadurch erfolgen, daß ein Unternehmen die unmittelbare oder mittelbare Kontrolle über die Gesamtheit oder Teile eines anderen Unternehmens erwirbt. Inwieweit auch Artt. 85, 86 EWGV auf so definierte Zusammenschlüsse anwendbar sind, geht aus ihrem Wortlaut nicht hervor, ist von der Rechtsprechung nicht geklärt und in der Literatur heftig umstritten.

Ermächtigungsgrundlage, Auslegung und Bedeutung der Fusionskontroll-VO hängen grundlegend davon ab, inwieweit bereits das Primärrecht eine Kontrolle von Unternehmenszusammenschlüssen ermöglicht. Die denkbaren Ergebnisse bewegen sich zwischen den Extremen: Reine Durchführungsverordnung, die, wie auch die VO Nr. 17, lediglich der Konkretisierung der Artt. 85, 86 EWGV, nur eben für Zusammenschlüsse dient, *oder* eigenständiges Regelungsinstrument als dritte Säule des europäischen Wettbewerbsrechts neben Kartellverbot und Mißbrauchsverbot, wie die Verordnung dies in ihrem 7. Erwägungsgrund zu sein beansprucht.

Nachdem im Bereich des EWG-Vertrages nunmehr eine Fusionskontrolle existiert, ist diese Fragestellung nicht mehr unter dem Gesichtspunkt von Interesse, inwieweit Artt. 85, 86 EWGV auf einzelne Zusammenschlüsse anwendbar sind; entscheidend ist, ob sie darüber hinausgehend das *Institut* Fusionskontrolle erfassen und eine *systematische* Kontrolle von Unternehmenszusammenschlüssen ermöglichen.

II. Reichweite einer Fusionskontrolle gemäß Art. 86 EWGV

1. Vorgeschichte

Im Gegensatz zum EGKS-Vertrag (Art. 66 §§ 1-6) enthält der EWG-Vertrag keine Vorschriften, die ausdrücklich - präventiv oder repressiv - eine Kontrolle von Zusammenschlüssen ermöglichen. Infolgedessen war zunächst weithin strittig, ob eine Fusionskontrolle auf der Grundlage des EWG-Vertrages überhaupt möglich ist.[1]

Demgegenüber kam die Praxis schon sehr frühzeitig zu der Erkenntnis, daß die Errichtung und Aufrechterhaltung eines Systems unverfälschten Wettbewerbs nur dann gesichert werden kann, wenn nachteilige Veränderungen der Marktstruktur verhindert und gegebenenfalls rückgängig gemacht werden können. 1965 hat die Kommission in ihrer Stellungnahme zum Problem der Unternehmenskonzentration im Gemeinsamen Markt die Anwendbarkeit des Art. 86 EWGV auf Unternehmenszusammenschlüsse im Grundsatz bejaht: "Mißbrauch" i.S.d. Art. 86 EWGV wird zwar nicht definiert, insbesondere nicht, ob und wann ein Zusammenschluß unter diesen Begriff fällt. Vielmehr wird für die Bestimmung des Mißbrauchsbegriffs auf die ratio legis und damit auf Art. 3 lit. f EWGV verwiesen. Daraus folgert die Kommission, daß die Ausnutzung einer marktbeherrschenden Stellung sich dann im Hinblick auf die im Vertrag festgelegten Zielsetzungen objektiv als Fehlverhalten darstellt und i.S.d. Art. 86 EWGV mißbräuchlich ist, wenn durch Konzentration der Wettbewerb vollständig ausgeschaltet wird.[2]

---

1) Bejahend: Mestmäcker, FS für Hallstein, S. 322 ff; Schlieder RevMC 1968, 215, 220; verneinend: Hefermehl, FS für Nipperdey Bd. II, S. 771 ff; Axster WuW 1971, 758 ff.

2) Kommission, Konzentrationsmemorandum, S. 26 Tz. 26, 27.

Eine praktische Anwendung dieser Konzeption hat die Kommission erstmals im Fall "Mannesmann/Thyssen" in Erwägung gezogen, ein Eingreifen aber mangels Marktbeherrschung verneint.[3]

2. Art. 86 EWGV - Continental Can-Urteil

a) Bedeutung des Urteils

Das Urteil des EuGH vom 21.2.1973 in der Rs. 6/72 "Continental Can"[4] bedeutete einen ersten Durchbruch in Richtung auf die Möglichkeit der Untersagung von Unternehmenszusammenschlüssen, welche eine bestimmte Größenordnung übertreffen. Danach ist Art. 86 EWGV anwendbar, "wenn ein Unternehmen in beherrschender Stellung diese dergestalt verstärkt, daß der erreichte Beherrschungsgrad den Wettbewerb wesentlich behindert."[5]

Zum ersten Mal hatte sich der Gerichtshof mit einer Untersagungsverfügung der Kommission auf der Grundlage des Art. 86 EWGV zu befassen und zum ersten und bis heute einzigen Mal hatte die Kommission einen Zusammenschluß förmlich auf der Grundlage des Art. 86 EWGV verboten. Der EuGH hat die Kommissionsentscheidung zwar aufgehoben, jedoch ihre Rechtsgrundsätze gebilligt und sogar noch ausgedehnt. Generalanwalt Roemer hatte demgegenüber gefordert, die Kommissionsentscheidung zu annullieren, weil "sie in Art. 86 des Vertrages keine Rechtsbasis findet."[6] Die EuGH-Entscheidung stand im Einklang mit Forderungen in der Literatur.[7] Das Echo auf das Urteil selbst war zwiespältig.[8]

---

3) Presseinformation vom 22.1.1970, abgedruckt in: WuW 1970, 281.

4) Slg. 1973, 215 ff.

5) EuGHE 1973, 215, 246 Rdnr. 26 "Continental Can".

6) EuGHE 1973, 215, 258 und in den Schlußanträgen, S. 265.

7) Mestmäcker, FS für Hallstein, S. 326; Schlieder RevMC 1968, 215, 220 ff; Canellos/Silber CMLR 1970, 138, 160 ff.

Vereinzelt wurde Art. 86 EWGV als Grundlage einer europäischen Fusionskontrolle eine außerordentlich hohe Bedeutung beigemessen: Teilweise wird die Vorschrift für die "grundlegende Norm der europäischen Fusionskontrolle" gehalten,[9] oder als "Generalklausel" bezeichnet, die nicht der Konkretisierung des Art. 3 lit. f EWGV diene, sondern als Teil des von Art. 3 lit. f EWGV zu errichtenden Systems anzusehen sei.[10]

Das Urteil erntete aber auch sehr scharfe Kritik. Mehrfach ist dem EuGH vorgeworfen worden, er habe in der Einschätzung, einen Trend aufhalten zu müssen, der das marktwirtschaftliche System selbst bedrohe, eine rein politische Entscheidung gefällt. Die Erweiterung des Mißbrauchsverbots auf Zusammenschlüsse sei eine Korrektur des EWG-Vertrages.[11]

In der Folgezeit wurde die Continental Can-Doktrin zur Grundlage einer Fusionskontrollpraxis der Kommission, die jedoch in keinem weiteren Fall zu einer auf Art. 86 EWGV gestützten Untersagung geführt hat.

b) Analyse

Dem Urteil und der ihm vorausgegangenen Kommissionsentscheidung[12] lag folgender Sachverhalt zu Grunde:

---

8) Zustimmend Mestmäcker, Europäisches Wettbewerbsrecht, S. 415; Alexander CMLR 1973, 316, 318; Bienaymé RTDE 1972, 65, 74; Smit/Herzog Anm. 86.22; Schulte, S. 22. Natürlich begrüßt die Kommission die grundsätzliche Bestätigung ihrer Praxis nachdrücklich im 3. Wettbewerbsbericht Tz. 1. Kritisch hingegen Focsaneanu RevMC 1973, 145, 157; Hitzler, Systeme der Fusionskontrolle, S. 86, 90; MHS-Mailänder Art. 86 Rdnr. 81; Gleiss AWD 1973, 268.

9) Blank, S. 191.

10) Schulte, S. 212, die allerdings eine nur "sehr begrenzte" Anwendbarkeit des Art. 86 EWGV auf Unternehmenszusammenschlüsse konzediert.

11) Grabitz-Koch Art. 86 Rdnr. 7 m.w.N.; Joliet EuR 1973, 97, 120; Gleiss AWD 1973, 268, 269.

12) KomE ABl. 1972 Nr. L 7, S. 25 "Continental Can Cy.".

Das amerikanische Unternehmen Continental Can hatte sich zunächst über seine belgische Tochtergesellschaft Europemballage Corporation SA die Kontrolle über den größten deutschen Hersteller von Metallverpackungen, die Schmalbach-Lubeca-Werke AG, verschafft und danach eine Mehrheitsbeteiligung von 80% am größten Hersteller von Verpackungsmaterial in den Benelux-Staaten, der niederländischen Gesellschaft Thomassen & Drijver-Verblifa NV, erworben. Durch diesen Anteilserwerb am einzig nennenswerten Wettbewerber entledigte sich Continental Can der Konkurrenz auf dem Verpackungsmarkt. Die sich aus diesem Zusammenschluß auf dem Markt für Leichtmetallverpackungen im nordwestlichen EWG-Raum ergebende Lage erfüllte nach Auffassung der Kommission den Tatbestand des Art. 86 EWGV.[13]

Als wesentliche Aussagen des Gerichtshofs sind hervorzuheben:

(1) Art. 86 EWGV ist nicht als isolierter Verbotstatbestand auf wettbewerbsschädigende Verhaltensweisen anzuwenden, sondern muß im Lichte des Art. 3 lit. f EWGV interpretiert werden, wonach der wirksame Wettbewerb im Gemeinsamen Markt aufrecht zu erhalten ist. Dem dienen die Wettbewerbsregeln des Vertrages. Artt. 85, 86 EWGV können sich mithin nicht in der Kontrolle unmittelbar wettbewerbsbeschränkender Verhaltensweisen erschöpfen, sondern müssen auch indirekt schädigende Vorgänge erfassen, wie sie durch Marktstrukturveränderungen bewirkt werden können.[14]

(2) Die mißbräuchliche Ausnutzung einer marktbeherrschenden Stellung ist zu bejahen, wenn "ein Unternehmen in marktbeherrschender Stellung diese dergestalt verstärkt, daß der erreichte Beherrschungsgrad den Wettbewerb wesentlich behindert, daß also nur noch Unternehmen auf dem Markt bleiben, die in ihrem Marktverhalten von dem beherrschenden Unternehmen abhängen."[15]

---

13) Vgl. 1. Wettbewerbsbericht Tz. 91.

14) EuGHE 1973, 214, 244 f Rdnr. 21-25 "Continental Can".

15) EuGHE 1973, 214, 246 Rdnr. 26 "Continental Can".

Der Begriff des Mißbrauchs eröffnet also insoweit einen gewissen Interpretationsspielraum, als eine "wesentliche Behinderung" des Wettbewerbs bereits ausreicht, aber auch erforderlich ist. Diese liegt vor, "wenn die verbleibenden Wettbewerber kein ausreichendes Gegengewicht mehr bilden können".[16]

Bemerkenswert sind die Erläuterungen des EuGH insofern, als er die Erfüllung des Mißbrauchstatbestands unter geringeren Voraussetzungen bejaht, als die Kommission. Stellte letztere darauf ab, daß der Wettbewerb auf einem wesentlichen Teil des Gemeinsamen Marktes ausgeschaltet werde,[17] genügt nach Meinung des Gerichtshofs bereits dessen wesentliche Beeinträchtigung. Die Kommission hat ihre Auffassung später im Sinne der Continental Can-Rechtsprechung revidiert.[18]

(3) Zum Begriff der marktbeherrschenden Stellung äußerte sich der Gerichtshof nicht, da er die Kommissionsentscheidung bereits wegen fehlerhafter Marktabgrenzung verwarf.[19] Die Kommission hatte dazu ausgeführt:

> "Unternehmen sind in beherrschender Stellung, wenn sie Raum für unabhängige Verhaltensweisen haben, der sie in die Lage setzt, ohne große Rücksichtnahmen auf Wettbewerber, Abnehmer oder Lieferanten zu handeln."[20]

Kommission und Gerichtshof stimmten hiernach zwar nicht im Wortlaut, aber inhaltlich insoweit überein, als sie die marktbeherrschende Stellung nach den Kriterien der wirtschaftlichen Macht, der Unabhängigkeit von

16) EuGHE 1973, 214, 247 Rdnr. 29 "Continental Can".

17) KomE ABl. 1972 Nr. L 7, S. 25, 38 Rdnr. 29 "Continental Can Cy.".

18) KomE ABl. 1988 Nr. L 284, S. 41, 53 ff Rdnr. 61-76 "Napier Brown/British Sugar"; KomE ABl. 1988 Nr. L 272, S. 27, 39 f Rdnr. 45-47 "Tetra-Pak I"; KomE ABl. 1989 Nr. L 10, S. 50, 65 Rdnr. 122 "BPB Industries PLC".

19) EuGHE 1973, 215, 248 ff Rdnr. 32-35 "Continental Can".

20) KomE ABl. 1972 Nr. L 7, S. 25, 35 Rdnr. 3 "Continental Can Cy."; KomE ABl. 1977 Nr. L 117, S. 1, 8 "ABG". In den folgenden Jahren griff der Gerichtshof die von der Kommission vorgegebene Definition auf; näher unten S. 60 f m.w.N.

anderen am Markt Beteiligten und der schädlichen Beeinflussung des Wettbewerbs beurteilen.[21]

3. Art. 86 EWGV - Tatbestand

Fraglich ist, ob Art. 86 EWGV nach dem Continental Can-Urteil Grundlage einer Zusammenschlußkontrolle sein kann. Dem Wortlaut nach verbietet Art. 86 EWGV die mißbräuchliche Ausnutzung einer beherrschenden Stellung auf dem Gemeinsamen Markt oder einem wesentlichen Teil desselben durch ein oder mehrere Unternehmen, soweit dies dazu führen kann, den Handel zwischen Mitgliedstaaten zu beeinträchtigen. Art. 86 Abs. 1 EWGV nimmt, wie auch die Kontrolle von Unternehmenszusammenschlüssen, auf eine bestimmte Marktstruktur Bezug. Absatz 2 nennt vier Regelbeispiele für mißbräuchliche Praktiken; Unternehmenszusammenschlüsse sind nicht erwähnt. Die Formulierung "insbesondere" weist aber darauf hin, daß die Aufzählung nicht abschließend ist. Dies macht eine nähere Analyse des Tatbestands erforderlich.

a) Unternehmen als Normadressaten

Art. 86 EWGV richtet sich, wie die Vorschriften der Artt. 85-90 EWGV insgesamt, an "Unternehmen", allerdings ohne daß dieser Begriff an irgendeiner Stelle des EWG-Vertrages definiert wird. Die Begriffsbestimmung wird im Hinblick darauf interessant, ob ein Privatmann "Unternehmen" im Sinne der Wettbewerbsregeln sein kann, so daß er als Adressat des Mißbrauchsverbots des Art. 86 EWGV[22] in Betracht kommt oder - etwa beim Verkauf von Aktien - Partner von "Vereinbarungen" i.S.d. Art. 85 Abs. 1 EWGV sein kann.

---

21) KomE ABl. 1988 Nr. L 272, S. 27, 39 Rdnr. 44 "Tetra-Pak I"; Dechery RTDE 1990, 307, 317 f.

22) Vgl. die "Flick-Klausel" des deutschen § 23 Abs. 1 Satz 10 GWB.

Auszugehen ist von einem gemeinschaftsrechtlichen funktionalen Unternehmensbegriff, der an der bestmöglichen Verwirklichung des Ziels der Wettbewerbsregeln zu orientieren ist, welches darin besteht, den vom Vertrag gewollten redlichen Wettbewerb vor Verfälschungen zu schützen. Der Unternehmensbegriff ist sonach extensiv auszulegen.[23]

Die Rechtsprechung des EuGH zum EGKS-Vertrag definiert Unternehmen als eine "einheitliche, einem selbständigen Rechtssubjekt zugeordnete Zusammenfassung personeller, materieller und immaterieller Faktoren, mit welcher auf Dauer ein bestimmter wirtschaftlicher Zweck verfolgt wird."[24] Diese Definition läßt sich insoweit auf Artt. 85 ff EWGV übertragen, als sie neben der Rechtspersönlichkeit, der als selbständiges Rechtssubjekt Sachen und Rechte zugerechnet werden können, eine nicht nur gelegentliche oder bloß vorübergehende Teilnahme am Wirtschaftsleben voraussetzen.[25] Unternehmen im Sinne des EWG-Wettbewerbsrechts ist "jede im Hinblick auf den jeweiligen Vertragsgegenstand bestehende autonome, geschäftlich tätige, wirtschaftliche Einheit, die rechtlich auch aus mehreren natürlichen oder juristischen Personen bestehen kann."[26] Hierbei kommt es weder auf die Rechtsform des Unternehmens an, noch auf das Vorhandensein einer Gewinnerzielungsabsicht.

---

23) Vgl. Deringer Art. 85 Abs. 1 Rdnr. 5 f; Bellamy/Child Tz. 2-003; Gleiss/Hirsch Art. 85 Rdnr. 2; Mestmäcker, Europäisches Wettbewerbsrecht, S. 193 ff; Grabitz-Koch Art. 85 Rdnr. 12; GTE[4]-Schröter Vor Artt. 85-89 Rdnr. 11; zur Bedeutung des "effet utile" bei der Auslegung des Gemeinschaftsrechts grundlegend EuGHE 1956, 197, 312 "Fédéchar"; EuGHE 1973, 813, 829 Rdnr. 20 "Kommission./.Deutschland"; EuGHE 1974, 1337, 1348 Rdnr. 12 "van Duyn"; EuGHE 1980, 119, 131 Rdnr. 17 f "Camera Care"; weitere Nachweise bei Grabitz-Pernice Art. 164 Rdnr. 27.

24) EuGHE 1962, 653, 687 "Klöckner"; EuGHE 1962, 717, 750 "Mannesmann".

25) GTE[4]-Schröter Vor Artt. 85-89 Rdnr. 11 f; Gleiss/Hirsch Art. 85 Rdnr. 1, 6. Eine exakte Definition spielte in der Praxis bisher keine große Rolle, weil in den zu entscheidenden Fällen die Unternehmenseigenschaft jeweils problemlos gegeben war.

26) EuGHE 1984, 2999, 3016 Rdnr. 11 "Hydrotherm"; EuGHE 1980, 3125, 3250 Rdnr. 86 ff "Fedetab"; EuGHE 1985, 873, 885 Rdnr. 18 ff "British Telekom"; KomE ABl. 1986 Nr. L 230, S. 1, 32 Rdnr. 99 "Polypropylen"; KomE ABl. 1989 Nr. L 284, S. 36, 41 Rdnr. 38 "Filmeinkauf deutscher Fernsehanstalten".

Durch das Erfordernis einer selbständigen Tätigkeit werden Arbeitnehmer aus dem Anwendungsbereich der Artt. 85 ff EWGV ausgenommen, da sie lediglich abhängige, weisungsgebundene Arbeit leisten, insoweit nicht als Marktteilnehmer angesehen werden und somit auch kein ihnen zurechenbares wettbewerbsverfälschendes Verhalten praktizieren können.[27] Auch der private Verbrauch soll aus dem Anwendungsbereich des EWG-Kartellrechts ausgeklammert werden.[28]

Nach alledem kann auch ein privater Investor am Aktienmarkt von dem derart funktional definierten Unternehmensbegriff erfaßt werden, wenn er darüber hinausgehend wirtschaftlich tätig ist.[29]

b) Marktbeherrschung

aa) Erfordernis der vorherigen Marktbeherrschung

Eine Passage des Continental Can-Urteils und einige Stimmen in der Literatur legen die Frage nahe, ob die Continental Can-Doktrin auch dann zur Unzulässigkeit eines Zusammenschlusses führen kann, wenn keiner der Beteiligten zuvor eine beherrschende Stellung innehatte. Geht man zunächst vom Wortlaut des Art. 86 EWGV aus, so ist eine "mißbräuchliche Ausnutzung einer beherrschenden Stellung" logisch nur dann denkbar, wenn eine solche zuvor besteht. Dagegen kann ein Verhalten, das erst auf

---

27) Gleiss/Hirsch Art. 85 Rdnr. 10; GTE[4]-Schröter Vor Artt. 85-89 Rdnr. 12; Grabitz-Koch Art. 85 Rdnr. 10; zu § 1 GWB IM-Immenga § 1 Rdnr. 37.

28) Grabitz-Koch Art. 85 Rdnr. 7; GTE[4]-Schröter Vor Artt. 85-89 Rdnr. 12; Gleiss/Hirsch Art. 85 Rdnr. 8.
Diese Ausnahme folgt aus dem Gesetzeszweck: Suchen die Verbraucher die bestmögliche Versorgung eigenständig zu erreichen, wie dies etwa durch koordinierte Verbraucherboykottmaßnahmen geschehen kann, so kann es nicht Zweck der Wettbewerbsregeln sein, dies zu verhindern; näher vgl. Rittner, Wirtschaftsrecht, S. 238 und zu § 1 GWB IM-Immenga § 1 Rdnr. 36.

29) Mestmäcker, Europäisches Wettbewerbsrecht, S. 436; Emmerich EuR 1971, 295, 308; van Ommeslaghe, in: Beiträge zum EWG-Kartellrecht, S. 41, 72.

die Neuherstellung einer marktbeherrschenden Stellung abzielt, nicht gleichzeitig deren Ausnutzung darstellen.

Eine derartige Auslegung würde aber zu der Konsequenz führen, daß Art. 86 Abs. 1 EWGV Zusammenschlüsse, die eine bestehende beherrschende Stellung unter Umständen nur ganz geringfügig verstärken, verbieten würde, während der Zusammenschluß zwischen Unternehmen, die jeweils knapp unterhalb der Schwelle der Marktbeherrschung operieren und auch kollektiv nicht marktbeherrschend sind, von Art. 86 EWGV auch dann nicht erfaßt wäre, wenn er zu einer Monopolisierung des Marktes führen würde.

Ist dagegen das Urteil so zu verstehen, daß auch ein Zusammenschluß, der zu einer den Wettbewerb wesentlich beeinträchtigenden Begründung einer marktbeherrschenden Stellung führt, von Art. 86 EWGV erfaßt ist, so wäre eine sehr weitreichende Regelung der Fusionskontrolle bereits im EWG-Vertrag vorhanden und die Fusionskontroll-VO lediglich als deren Durchführungsbestimmung i.S.d. Art. 87 EWGV zu qualifizieren.

(1) Rechtsprechung

Im Continental Can-Fall hat der Gerichtshof diese Frage nicht abschließend beurteilt, weil er die zugrundeliegende Kommissionsentscheidung schon wegen fehlerhafter Marktabgrenzung aufgehoben hat. Er hat jedoch erklärt, es könne "als mißbräuchlich angesehen werden, wenn ein Unternehmen eine so beherrschende Stellung einnimmt, daß durch eine wesentliche, die Handlungsfreiheit des Verbrauchers auf dem Markt ernstlich gefährdende Änderung der Angebotsstruktur die Vertragsziele umgangen werden",[30] ohne dabei die Voraussetzung des vorherigen Bestehens dieser beherrschenden Stellung zu erwähnen.[31] Zu diesen Aussagen kommt der

---

30) EuGHE 1973, 215, 247 Rdnr. 29 "Continental Can".

31) Der französische Text dieser Passage lautet: "... peut être ... considérée comme abusive *la détention* d'une position dominante ...". Dies belegt, daß "einnehmen" im Sinne von "besitzen, innehaben", also allein statisch und nicht dynamisch zu verstehen ist.

Gerichtshof durch eine Auslegung, die auf "Geist, Aufbau und Wortlaut von Art. 86 sowie auf System und Ziele des Vertrages" zurückgreift:[32] Die in den Artt. 85 bis 90 enthaltenen "allgemeinen Vorschriften" (!) dienten der Verwirklichung der Ziele der Gemeinschaft in Artt. 2 und 3 EWGV und seien daher in deren Lichte auszulegen. Dem Vertrag könne nicht unterstellt werden, er habe es in Art. 86 EWGV erlauben wollen, daß jede ernstzunehmende Wettbewerbsmöglichkeit praktisch ausgeschlossen sei. "Wenn es zur Umgehung der Verbote des Artikels 85 ausreichte, die Verbindungen zwischen den Unternehmen so eng zu gestalten, daß sie der Verbotsvorschrift des Artikels 85 entgingen, ohne in den Anwendungsbereich des Artikels 86 zu fallen, so würde damit im Widerspruch zu den grundlegenden Prinzipien des Gemeinsamen Marktes die Abschottung eines wesentlichen Teils dieses Marktes erlaubt."[33]

(2) Monopolisierung des Marktes stets unzulässig ?

Nach Ansicht von Mestmäcker[34] haben Kommission und Gerichtshof Art. 86 EWGV damit als generelles Verbot der weiteren Beschränkung des Wettbewerbs durch marktbeherrschende Unternehmen ausgelegt und damit in wichtigen Beziehungen an die von Sec. 2 Sherman Act als verbotene Monopolisierung erfaßten Tatbestände angeknüpft, und zwar unabhängig davon, ob die am Zusammenschluß beteiligten Unternehmen vorher beherrschend waren. Diese These ist darauf gestützt, daß der Gerichtshof an Hand einiger Kriterien Marktsituationen beschreibt, aus denen notwendig ein Mißbrauch i.S.d. Art. 86 EWGV zu folgern sei:

* Eine wesentliche Behinderung des Wettbewerbs, bei der nur noch Unternehmen auf dem Markt verbleiben, die in ihrem Marktverhalten von dem beherrschenden Unternehmen abhängen.[35]

---

32) EuGHE 1973, 215, 244 Rdnr. 22 "Continental Can".

33) EuGHE 1973, 215, 245 Rdnr. 25 "Continental Can".

34) Europäisches Wettbewerbsrecht, S. 415 ff, insbes. S. 417; ders., in: IM Vor § 23 Rdnr. 81; ebenso schon vor dem Continental Can-Urteil Dubois, S. 132; vgl. auch 8. Wettbewerbsbericht Tz. 145.

35) EuGHE 1973, 215, 246 Rdnr. 26 "Continental Can".

* Die Umgehung der Vertragsziele durch eine wesentliche, die Handlungsfreiheit der Verbraucher auf dem Markt gefährdende Änderung der Angebotsstruktur.

* Das Verbot der Abschottung des Gemeinsamen Marktes.[36]

Bedenken gegen diese Auslegung ergeben sich aber schon daraus, daß an den beiden zuerst zitierten Stellen das Tatbestandsmerkmal "beherrschende Stellung" ausdrücklich erwähnt wird.

(3) Marktbeherrschung als solche mißbräuchlich ?

Fikentscher[37] bejaht im Grundsatz die Frage, ob das mißbräuchliche Ausnutzen einer marktbeherrschenden Stellung deren Bestehen zwingend voraussetze. Er befürwortet jedoch in bestimmten Fällen, gestützt auf "allgemeine Rechtsgrundsätze" eine Ausnahme von diesem Grundsatz: Es sei sinnwidrig abzuwarten, wenn mit einer gewissen Wahrscheinlichkeit die bestehende oder noch herzustellende beherrschende Stellung zu einem Mißbrauch führen werde. Eine unterschiedliche Behandlung des Falles der als mißbräuchlich bewerteten Verstärkung einer marktbeherrschenden Stellung und des Falles, in dem der Zweck unmittelbar anschließenden Mißbrauchs der gewonnenen marktbeherrschenden Stellung nachweisbar sei, sei als willkürlich abzulehnen. Ein Vorgehen sei bereits gegen die Begründung der marktbeherrschenden Stellung möglich, weil Art. 86 EWGV nicht nur eine Verhaltenskontrolle bleibender Wettbewerbsbeschränkungen erlaube, sondern auch Mißbrauchsgesetz mit Beseitigungsfolge sein wolle. Eine ähnliche Auffassung äußerte die mit der Vorbereitung des Konzentrationsmemorandums betraute Professorengruppe, die für eine Anwendung von Art. 86 EWGV eintrat, "wenn die Unternehmenskonzentration unmittelbar auf einen Mißbrauch der damit erlangten beherrschenden Stellung abzielt ...".[38]

---

36) EuGHE 1973, 215, 245 Rdnr. 25 "Continental Can".

37) FS für Böhm, S. 261, 276; vgl. auch Neri CahDE 1973, 339, 348 f; Vandamme CahDE 1974, 112, 120 ff.

38) Kommission, Konzentrationsmemorandum, S. 22 Tz. 4.

(4) Stellungnahme

Bereits eingangs wurde erwähnt, daß es mit dem Wortlaut des Art. 86 EWGV nicht zu vereinbaren ist, einen Mißbrauch im Sinne der Vorschrift ohne jeden Bezug zum Tatbestandsmerkmal der beherrschenden Stellung anzunehmen.[39] Das Problem ergibt sich jedoch daraus, daß der Gerichtshof die Frage der Anwendbarkeit des Art. 86 EWGV auf Unternehmenszusammenschlüsse gerade nicht primär mit dem Wortlaut begründet, sondern (in dieser Reihenfolge) an Hand von Geist, Aufbau und Wortlaut, sowie System und Zielen des Vertrages entscheidet, wobei der Wortlaut des Art. 86 EWGV in diesem Zusammenhang eine eher untergeordnete Rolle spielt: In dem zentralen Teil der Urteilsbegründung[40] geht das Gericht mit keinem Wort auf den Text des Art. 86 EWGV ein.

Seine Argumentation ist wesentlich auf die sich aus dem Postulat des Art. 3 lit. f EWGV ergebenden Erfordernisse gestützt. Hinzu kommt, daß sich auch im Konzentrationsmemorandum Ausführungen finden, die, im Lichte der Continental Can-Rechtsprechung betrachtet, eine Anwendung des Art. 86 EWGV auch in Fällen möglich erscheinen lassen, in denen keiner der Beteiligten über eine marktbeherrschende Stellung verfügt. Danach ist es "folgerichtig, eine Unternehmenskonzentration, die die Monopolisierung eines Marktes bewirkt, ... als mißbräuchliche Ausnutzung einer beherrschenden Stellung zu behandeln." Die Monopolisierung eines Marktes muß somit nicht zugleich die (mißbräuchliche) Ausnutzung einer beherrschenden Stellung sein, sie wird jedenfalls als solche behandelt, weil "sich der Vorgang der Unternehmenskonzentration nur im Hinblick auf die dadurch geschaffene Lage als Mißbrauch [darstellt]."[41]

Daß der Gerichtshof das Bestehen einer marktbeherrschenden Stellung von Schmalbach-Lubeca umfassend prüft, läßt keine sicheren Rückschlüsse zu. Der Gerichtshof unterscheidet nicht zwischen der marktbeherrschenden

---

39) So auch die allgemeine Ansicht, vgl. nur GTE^4-Schröter Art. 86 Rdnr. 226; Gleiss/Hirsch Art. 86 Rdnr. 109; Grabitz-Koch Art. 86 Rdnr. 1.

40) Vgl. EuGHE 1973, 215, 244 ff Rdnr. 22-25 "Continental Can".

41) S. 26 Tz. 26.

Stellung von Schmalbach-Lubeca vor dem Zusammenschluß und den Wirkungen des Zusammenschlusses.[42] Die Abgrenzung des relevanten Marktes wäre auch dann nötig, wenn ohne Rücksicht auf das Vorliegen einer beherrschenden Stellung die Monopolisierung eines Marktes oder die wesentliche Behinderung des Wettbewerbs auf diesem Markt stets gem. Art. 86 EWGV verboten wären. Die Formulierungen des Continental Can-Urteils erlauben aber auch nicht mit hinreichender Sicherheit die Annahme, daß auf das Vorliegen einer vorherigen Marktbeherrschung definitiv verzichtet wird. Das Urteil hat in weiten Teilen der Literatur Unsicherheit über die Anwendungsbreite einer Fusionskontrolle auf der Grundlage des Art. 86 EWGV hervorgerufen.[43]

Die weitere Rechtsprechung des Gerichtshofes zu Art. 86 EWGV deutet allerdings sehr klar auf eine dem Wortlaut gemäße Auslegung der Vorschrift hin: Zunächst hatte der Gerichtshof das "Bestehen einer marktbeherrschenden Stellung" ausdrücklich als eine von drei kumulativ erforderlichen Voraussetzungen des Verbotstatbestands des Art. 86 EWGV bezeichnet.[44] Ohne vorherige Marktbeherrschung kommt mithin ein Verbot nicht in Betracht. Auch hat der Gerichtshof betont, daß allein die Feststellung, daß eine marktbeherrschende Stellung gegeben ist, noch keinen Vorwurf gegenüber dem betroffenen Unternehmen rechtfertigt.[45] Selbst das Bestehen eines Monopols ist als solches nicht mit Art. 86 EWGV unvereinbar.[46] Auch im Aufbau der sonstigen Rechtsprechung prüft der Gerichtshof immer zunächst die Marktbeherrschung, bevor er auf den Mißbrauchstatbestand eingeht.[47]

---

42) EuGHE 1973, 215, 248 Rdnr. 32 "Continental Can"; auf diesen Aspekt weist schon Mestmäcker, Europäisches Wettbewerbsrecht, S. 417, hin.

43) Vgl. nur Langen/Niederleithinger/Ritter/Schmidt § 24 Rdnr. EG 125; Emmerich, Kartellrecht (5. Auflage), S. 556; Lever/Lasok, Yearbook 1986, 121, 131.

44) EuGHE 1968, 85, 112 "Parke, Davis".

45) EuGHE 1983, 3461, 3511 Rdnr. 57 "Michelin".

46) EuGHE 1974, 409, 430 Rdnr. 14 "Sacchi".

47) Zuletzt etwa EuGHE 1991-I, 1979, 2018 Rdnr. 28 "Höfner"; EuGH EuZW 1992, 21, 23 Rdnr. 35 ff "AKZO".

Dabei handelte es sich aber - anders als in Continental Can - nicht um Fälle des Anteilserwerbs, sondern um klassische Mißbrauchsfälle. Dies kann jedoch nicht zu einer über den Wortlaut des Art. 86 EWGV hinausreichenden Sonderbeurteilung führen. Daher hat auch die Kommission in ihrer Praxis nach 1973 Art. 86 EWGV nie anders ausgelegt und in mehreren Fällen seine Anwendung allein wegen fehlender Marktbeherrschung verneint, ohne daß weitere Prüfungen angestellt wurden.[48]

Somit kann der Rechtsprechung, insbesondere dem Continental Can-Urteil nicht die Aussage entnommen werden, Art. 86 EWGV verzichte für Zusammenschlüsse auf das Kriterium vorheriger Marktbeherrschung.[49]

bb) Marktabgrenzung

Schon aus dem Wortlaut des Art. 86 EWGV geht hervor, daß dieser nicht die bloße Zusammenballung von Ressourcen erfassen will, sondern daß eine beherrschende Stellung immer nur auf einem bestimmten Markt bestehen kann (sog. Marktmachtkonzept). Daher erfordert die Feststellung

---

48) Z.B. die Fälle SHV/Chevron (KomE ABl. 1975 Nr. L 38, S. 14, 15); AVEBE/KSH (8. Wettbewerbsbericht Tz. 147); Kaiser/Estel (9. Wettbewerbsbericht Tz. 131); Coats Patons/Gütermann (9. Wettbewerbsbericht Tz. 132); Fichtel+Sachs/Huret (9. Wettbewerbsbericht Tz. 133); Baxter/Smith-Kline RIT (10. Wettbewerbsbericht Tz. 157); Ashland Oil Inc./Cabot Co. (14. Wettbewerbsbericht Tz. 109); Pont-à-Mousson/Stanton&Stavely (14. Wettbewerbsbericht Tz. 110); Rhône Poulenc/Monsanto (19. Wettbewerbsbericht Tz. 67); Metaleurop (KomE ABl. 1990 Nr. L 179, S. 41, 43 Rdnr. 17). In dem zuletzt zitierten Fall erklärt die Kommission ausdrücklich, daß die Continental Can-Doktrin mangels Marktbeherrschung nicht eingreife.

49) Ebenso Kleinmann/Bechtold Einl. Rdnr. 147; GBTE^3-Schröter Art. 86 Rdnr. 68b; Gleiss/Hirsch Art. 86 Rdnr. 109; Grabitz-Koch Art. 86 Rdnr. 1, 10; Elland ECLR 1990, 111, 115; van de Walle de Ghelcke, Journal des Tribunaux 1990, 245, 246; MHS-Mailänder Art. 86 Rdnr. 82; Winckler/Gerondeau RevMC 1990, 541, 545; Korah/Lasok CMLR 1988, 333, 346; Venit CMLR 1990, 7, 12 Fußn. 26; ebenso wohl auch Ritter/Braun/Rawlinson, S. 335; vgl. auch schon Hefermehl, Europees Kartelrecht, S. 161, 168; Schlieder, Anwendung, S. 109, 115; Heynen NJW 1973, 1526, 1527; a.A. Deimel, S. 61 ff.

einer beherrschenden Stellung die vorherige Abgrenzung des relevanten Marktes.[50] Diese erfolgt in sachlicher, räumlicher und zeitlicher Hinsicht.

Der sachlich relevante Markt ist nach dem Bedarfsmarktkonzept abzugrenzen, bei dem es in erster Linie auf die funktionelle Austauschbarkeit der fraglichen Güter oder Dienstleistungen aus der Sicht der Marktgegenseite ankommt. Volle Austauschbarkeit ist nicht erforderlich. Zum gleichen sachlichen Markt gehören demnach alle Güter und Dienstleistungen, die aus der Sicht der Marktgegenseite wegen ihrer Eigenschaften zur Befriedigung eines gleichbleibenden Bedarfs gleichermaßen geeignet sind, während ihre Austauschbarkeit mit anderen Produkten nur gering ist.[51] Ein Produkt, das verschiedene Verwendungszwecke hat, kann daher auch verschiedenen Märkten angehören.[52] Gerichtshof und Kommission tendieren zu einer verhältnismäßig engen Abgrenzung des sachlich relevanten Marktes, um zu überschaubaren Märkten zu gelangen.[53]

Räumlich relevant ist der Markt, auf dem sich das zu beurteilende Verhalten des betreffenden Unternehmens auswirkt, in der Regel also sein Hauptabsatzgebiet. Abzustellen ist vor allem auf die Verbrauchsgewohnheiten der Abnehmer, sowie auf Transportkostenempfindlichkeit der betreffenden Güter; auch sind Ausweichmöglichkeiten der Abnehmer auf entferntere Produktmärkte und immer noch bestehende staatliche Handelsschranken zu berücksichtigen.[54]

---

50) St. Rspr.: EuGHE 1978, 207, 280 Rdnr. 10/11 "United Brands"; EuGHE 1973, 215, 249 Rdnr. 34 "Continental Can"; EuGHE 1979, 461, 514 Rdnr. 21 "Hoffmann-LaRoche"; EuGHE 1988, 5987, 6009 Rdnr. 13 "Alsatel".

51) Vgl. insbes. EuGHE 1983, 3461, 3505 Rdnr. 37 "Michelin"; EuGHE 1979, 461, 516 Rdnr. 28 "Hoffmann-LaRoche"; EuGHE 1980, 3775, 3793 Rdnr. 25 "L'Oréal"; EuGHE 1989, 803, 849 Rdnr. 40 "Ahmed Saeed".

52) EuGHE 1979, 461, 516 Rdnr. 28 "Hoffmann-LaRoche".

53) Emmerich, Kartellrecht, S. 571, mit Nachweisen und Beispielen.

54) KomE ABl. 1989 Nr. L 33, S. 44, 65 Rdnr. 77 "Flachglas"; KomE ABl. 1989 Nr. L 10, S. 50, 64 Rdnr. 110 ff "BPB".

Diese Kriterien können zwar im Einzelfall zur Anerkennung sehr enger räumlicher Märkte führen.[55] Generell ist jedoch die Tendenz zu beobachten, daß die Kommission in einer wachsenden Zahl von Fällen den Gemeinsamen Markt insgesamt als räumlich relevanten Markt definiert. Sie begründet dies mit der zunehmenden Bedeutung des einheitlichen Binnenmarktes und der zunehmenden Durchdringung der Volkswirtschaften der Mitgliedstaaten unter Abnahme der Bedeutung nationaler Grenzen.[56] Bei einer tendenziell weiten Abgrenzung des räumlich relevanten Markts kann eine marktbeherrschende Stellung umso seltener angenommen werden.

Das Mißbrauchsverbot findet nur Anwendung, wenn der räumlich relevante Markt zugleich einen wesentlichen Teil des Gemeinsamen Marktes bildet. Ob dies der Fall ist, wird nach der Struktur des Marktes, sowie nach Größe und Umfang der Produktion und des Verbrauchs beurteilt. Grundsätzlich stellen zumindest alle Mitgliedstaaten[57] sowie auch bedeutende Teile der großen Mitgliedstaaten einen wesentlichen Teil des Gemeinsamen Marktes dar.[58]

Die Marktabgrenzung in zeitlicher Hinsicht spielt nur in Ausnahmefällen eine Rolle, wenn vorübergehende Umstände dazu führen, daß ein Unternehmen vorübergehend eine Machtposition erlangt hat.[59]

---

55) KomE ABl. 1989 Nr. L 10, S. 50, 64 Rdnr. 111 "BPB" für Gipskartonplatten.

56) Differenzierend hierzu GTE[4]-Schröter Art. 86 Rdnr. 122.

57) Allgemein EuGHE 1991-I, 1979, 2018 Rdnr. 28 "Höfner"; z.B. EuGHE 1974, 313, 316 Rdnr. 5 "BRT II" für Belgien; EuGHE 1983, 3461, 3502 Rdnr. 28 "Michelin" für die Niederlande; KomE ABl. 1989 Nr. L 78, S. 43, 48 Rdnr. 21 "Magill TV Guide" für Irland und Nordirland; KomE ABl. 1984 Nr. L 207, S. 11, 14 Rdnr. 25 "British Leyland" und KomE ABl. 1982 Nr. L 360, S. 36, 39 Rdnr. 26 "British Telecommunications" für Großbritannien; KomE ABl. 1989 Nr. L 33, S. 44, 65 Rdnr. 77 "Flachglas" für Italien.

58) EuGHE 1988, 2479, 2514 Rdnr. 25 "Bodson"; EuGHE 1988, 5987, 6010 Rdnr. 18 "Alsatel".

59) Vgl. GTE[4]-Schröter Art. 86 Rdnr. 124; Grabitz-Koch Art. 86 Rdnr. 40, jeweils m.w.N.

cc) Kriterien der Marktbeherrschung

(1) Begriff

Der Begriff der Marktbeherrschung ist in Art. 86 EWGV nicht definiert; ebensowenig enthält der EWG-Vertrag - anders als das deutsche GWB in § 22 Abs. 3 - Marktbeherrschungsvermutungen; beides ist auch in der Fusionskontroll-VO nicht der Fall.

Nach der Rechtsprechung ist Marktbeherrschung immer dann anzunehmen, wenn ein Unternehmen auf einem Markt keinem wirksamen Wettbewerb mehr ausgesetzt ist.[60] "Wirksamer" Wettbewerb besteht nicht mehr, wenn der Wettbewerb seine Funktion als Steuerungsinstrument des Unternehmensverhaltens nicht mehr erfüllen kann.

Als beherrschende Stellung definiert der Gerichtshof "die wirtschaftliche Machtstellung eines Unternehmens ..., die dieses in die Lage versetzt, die Aufrechterhaltung eines wirksamen Wettbewerbs auf dem relevanten Markt zu verhindern, indem sie ihm die Möglichkeit verschafft, sich seinen Wettbewerbern, seinen Abnehmern und schließlich den Verbrauchern gegenüber in einem nennenswerten Umfang unabhängig zu verhalten."[61]

Das Unternehmen muß also die Fähigkeit haben, sich dem anonymen Wettbewerbsdruck auf den Einsatz seiner Aktionsparameter zu entziehen, ohne Rücksicht auf das Marktgeschehen unabhängige Strategien zu entwickeln und dadurch die Wettbewerbsbedingungen in einer Weise zu be-

---

60) EuGHE 1975, 1663, 1996 Rdnr. 381/382 "Suiker Unie"; EuGHE 1978, 207, 286 Rdnr. 63/66 "United Brands"; vgl. dazu auch § 22 Abs. 1 Nr. 1 GWB: "Ein Unternehmen ist marktbeherrschend ..., soweit es ... ohne Wettbewerber ist oder keinem wesentlichen Wettbewerb ausgesetzt ist."

61) Grundlegend EuGHE 1971, 487, 501 Rdnr. 17 "Deutsche Grammophon/Metro"; EuGHE 1978, 207, 286 Rdnr. 63/66 "United Brands"; EuGHE 1979, 461, 520 Rdnr. 38 "Hoffmann-LaRoche"; EuGHE 1980, 3775, 3793 Rdnr. 26 "L'Oréal"; EuGHE 1983, 3461, 3503 Rdnr. 30 "Michelin"; EuGHE 1985, 3261, 3275 Rdnr. 16 "Télémarketing"; EuGHE 1988, 2479, 2514 Rdnr. 26 "Bodson"; EuGHE 1988, 5987, 6008 f Rdnr. 12 "Alsatel"; st. Rspr.

einflussen, die allein seinen Interessen entspricht.[62] Marktbeherrschung schließt nicht aus, daß noch ein gewisser Wettbewerb besteht; entscheidend ist allein die *Fähigkeit* zu autonomer Verhaltensweise. So ändern etwa auch Preissenkungen an der beherrschenden Stellung eines Unternehmens nichts, wenn sie nicht durch den Wettbewerb hervorgerufen werden, sondern zur Unternehmenspolitik gehören, die etwa auf die Abschottung nationaler Märkte gerichtet sein kann.[63]

(2) Marktanteil

Das wichtigste Kriterium für die Feststellung der marktbeherrschenden Stellung eines Unternehmens ist der Marktanteil. Grundsätzlich schließen Marktanteile unter 20% die Annahme einer Marktbeherrschung aus,[64] während bei Marktanteilen von 20% bis 50% die Bejahung einer beherrschenden Stellung vom Hinzutreten weiterer Faktoren abhängt.[65] Ein Marktanteil über 50% liefert dagegen regelmäßig ohne weiteres den Beweis für das Vorliegen einer marktbeherrschenden Stellung.[66]

Bei der Bewertung des Marktanteils ist nicht allein dessen absolute Größe, sondern auch der Vorsprung vor dem nächsten Konkurrenten zu berücksichtigen; je größer dieser Abstand ist, desto mehr spricht für Marktbeherrschung. Marktanteilsverschiebungen deuten dagegen auf wirksamen Wettbewerb hin, während dauerhaft hohe Marktanteile ein Hinweis auf

---

62) Emmerich, Kartellrecht, S. 573 f.

63) EuGHE 1979, 461, 532 Rdnr. 70 ff "Hoffmann-LaRoche"; vgl. auch EuGHE 1978, 207, 290 f Rdnr. 111/120 "United Brands".

64) KomE ABl. 1985 Nr. L 35, S. 54, 57 Rdnr. 17 "Mecaniver-PPG" (Erhöhung des Marktanteils von 4% auf 11%).

65) EuGHE 1988, 5987, 6010 Rdnr. 19 "Alsatel"; Emmerich, Kartellrecht, S. 576 m.w.N.; KomE ABl. 1976 Nr. L 95, S. 1, 12 "Chiquita".

66) So jetzt ausdrücklich EuGH EuZW 1992, 21, 24 Rdnr. 60 "AKZO"; vgl. auch schon EuGHE 1975, 1663, 2013 Rdnr. 452/455 "Suiker Unie"; EuGHE 1979, 461, 527 Rdnr. 56 "Hoffmann-LaRoche" und den Zusammenschlußfall "Amicon/Fortia" (11. Wettbewerbsbericht Tz. 112).

Marktbeherrschung sind.[67] Auch kann sich ein Unternehmen selbst bei hohen Marktanteilen nicht unabhängig verhalten, wenn der Markteintritt potentieller Wettbewerber wahrscheinlich ist.

(3) Substitutionswettbewerb

In die Prüfung der Marktbeherrschung sind die Auswirkungen einzubeziehen, die von Substitutionsprodukten auf den sachlich relevanten Markt ausgehen. Darunter fallen Waren und Dienstleistungen auf eng benachbarten sachlichen Märkten, bei denen eine nicht nur theoretische Möglichkeit der Substitution besteht.[68] Starker Substitutionswettbewerb kann zum Ausschluß der Marktbeherrschung führen, während das Fehlen von Substitutionswettbewerb darauf hinweist, daß das betreffende Unternehmen marktbeherrschend ist.[69]

(4) potentieller Wettbewerb

Das Wettbewerbsgeschehen auf dem relevanten Markt wird auch durch den potentiellen Wettbewerb beeinflußt, welcher von Herstellern oder Abnehmern ausgehen kann, die zwar nicht auf dem relevanten Markt tätig sind, dies jedoch sein können. Potentieller Wettbewerb ist umso mehr einzubeziehen, je wahrscheinlicher seine Realisierung ist, umso weniger, je höhere rechtliche oder tatsächliche Marktzutrittsschranken bestehen.[70] Ein Marktteilnehmer hat umso weniger Möglichkeiten zu einem von seinen Wettbewerbern unabhängigen Verhalten, je eher er mit dem Marktzutritt eines potentiellen Wettbewerbers rechnen muß.

---

67) EuGHE 1979, 461, 521 Rdnr. 41 "Hoffmann-LaRoche"; Gleiss/Hirsch Art. 86 Rdnr. 33.

68) Vgl. Gleiss/Hirsch Art. 86 Rdnr. 43.

69) Beispiele: KomE 14.12.1972 ABl. Nr. L 299, S. 51, 54 "Zoja" einerseits und KomE 9.12.1971 ABl. 1972 Nr. L 7, S. 25, 37 Rdnr. 15 ff "Continental Can Cy." andererseits.

70) Vgl. Gleiss/Hirsch Art. 86 Rdnr. 44 f.

(5) Vertikale Integration

Bereits in Art. 66 § 2 Satz 1 EGKSV ist der "Zugang zu den Versorgungsquellen und zu den Absatzmärkten" als Beurteilungskriterium aufgeführt. Die wettbewerbliche Stellung eines Unternehmens wird insbesondere gestärkt, wenn das betreffende Unternehmen einen besonders guten Zugang zu Rohstoffen hat oder sie in eigenen Anlagen gewinnt und den Vertrieb seiner Produkte selbst organisiert.[71] Dadurch können sowohl potentielle Wettbewerber am Marktzutritt, als auch aktuelle Wettbewerber an der Ausweitung ihrer Marktstellung gehindert werden.

(6) Sonstige Kriterien der Unternehmensstärke

Wirtschafts- und Finanzkraft kann dazu beitragen, daß ein Unternehmen wettbewerbsunabhängigen Verhaltensspielraum gewinnt.[72] Auf Grund seiner Finanzmacht steht einem Unternehmen die Möglichkeit neuer Werbestrategien, Investitionen in Betriebsanlagen, Forschung und Entwicklung offen, die ihm einen möglicherweise nicht mehr einholbaren Vorsprung vor seinen Wettbewerbern verschafft. Gleichzeitig besitzt ein derartiges Unternehmen einen besseren Zugang zum internationalen Kapitalmarkt.

Weitere Aspekte sind ein Vorsprung an technischem oder kommerziellem Wissen und eine starke Stellung auch auf anderen Märkten.

(7) Gesamtbetrachtung

Die abschließende Feststellung der marktbeherrschenden Stellung eines Unternehmens erfolgt in einer wertenden Gesamtschau aller relevanten Faktoren, die für sich allein genommen nicht ausschlaggebend sein müs-

---

71) EuGHE 1978, 207, 287 Rdnr. 69/71 ff "United Brands"; Beispiele bei Gleiss/Hirsch Art. 86 Rdnr. 41.

72) Vgl. Gleiss/Hirsch Art. 86 Rdnr. 38; GTE^{4}-Schröter Art. 86 Rdnr. 91 m.w.N.

sen.[73] Selbst beim Vorliegen sehr hoher Marktanteile prüft die Kommission noch weitere Kriterien der Marktbeherrschung.[74]

(8) Insbesondere: Oligopolistische Marktbeherrschung

Art. 86 EWGV verbietet auch den Mißbrauch von Marktmacht durch mehrere Unternehmen. Nicht völlig geklärt ist, ob daraus zu folgern ist, daß das Mißbrauchsverbot - wie im deutschen Recht - auch oligopolistische Marktbeherrschung erfaßt.[75] Diese ist durch das Bestehen einer Unternehmensgruppe gekennzeichnet, zwischen deren Mitgliedern kein wirksamer Innenwettbewerb besteht, und die auch keinem wirksamen Außenwettbewerb ausgesetzt ist.[76]

In der gemeinschaftsrechtlichen Fallpraxis hat die Oligopolmarktbeherrschung bisher eine geringere Rolle gespielt, als im deutschen Recht. Die Kommission hat unter den oben genannten Voraussetzungen eine kollektiv beherrschende Stellung angenommen und deren Mißbrauch unter Art. 86 EWGV subsumiert.[77] Der EuGH hat dies bisher nicht allgemein,[78] sondern nur für die Sonderfälle bestätigt, daß mehrere Unternehmen im Konzern[79] oder durch eine Abrede[80] verbunden sind.

---

73) EuGHE 1978, 207, 286 Rdnr. 63/66 "United Brands".

74) KomE ABl. 1987 Nr. L 286, S. 36, 40 Rdnr. 18 "BBI/Boosey & Hawkes": Selbst Marktanteile von 80-90 % begründen noch keine Vermutung für das Vorliegen einer beherrschenden Stellung; vgl. auch Gleiss/Hirsch Art. 86 Rdnr. 48 m.w.N; diese Praxis stimmt mit der des EuGH nicht überein, vgl. oben Fußn. 66.

75) Bejahend die ganz h.M.: Vgl. GTE[4]-Schröter Art. 86 Rdnr. 64; Gleiss/Hirsch Art. 86 Rdnr. 99; Grabitz-Koch Art. 86 Rdnr. 17 f; MHS-Mailänder Art. 86 Rdnr. 46.

76) Langen/Niederleithinger/Ritter/Schmidt-Ritter § 22 Rdnr. EG 87; Grabitz-Koch Art. 86 Rdnr. 17; GTE[4]-Schröter Art. 86 Rdnr. 65.

77) KomE ABl. 1977 Nr. L 117, S. 1, 9 "ABG"; KomE ABl. 1989 Nr. L 33, S. 44, 65 ff Rdnr. 78 ff "Flachglas"; allgemein 16. Wettbewerbsbericht Tz. 331.

78) EuGHE 1988, 5987, 6010 f Rdnr. 20 ff "Alsatel".

79) EuGHE 1971, 487, 501 Rdnr. 17 "Deutsche Grammophon".

80) EuGHE 1975, 1663, 2013 Rdnr. 452 ff "Suiker Unie".

Diese Fälle dürften allerdings im Sinne der Kommissionspraxis verallgemeinerungsfähig sein, da der vom Wortlaut des Art. 86 EWGV sicher erfaßte Fall des kollektiven Mißbrauchs einer marktbeherrschenden Stellung logisch voraussetzt, daß eine gemeinsame beherrschende Stellung vorher besteht.[81]

c) Mißbrauch

aa) Allgemeines

Im Unterschied zu Sec. 2 Sherman Act enthält der EWG-Vertrag kein allgemeines Monopolisierungsverbot. Art. 86 EWGV verbietet, wie eine Gesamtschau der Rechtsprechung gezeigt hat, nicht die Marktbeherrschung als solche, sondern lediglich deren mißbräuchliche Ausnutzung.[82]

Eine allgemeine und inzwischen als "klassisch" zu bezeichnende Mißbrauchsdefinition gibt der EuGH im "Hoffmann-LaRoche"-Urteil:[83]

> "Der Begriff der mißbräuchlichen Ausnutzung ist ... ein objektiver Begriff. Er erfaßt die Verhaltensweisen eines Unternehmens in beherrschender Stellung, die die Struktur eines Marktes beeinflussen können, auf dem der Wettbewerb gerade wegen der Anwesenheit des fraglichen Unternehmens bereits geschwächt ist, und die die Aufrechterhaltung des auf dem Markt noch bestehenden Wettbewerbs oder dessen Entwicklung durch die Verwendung von Mitteln behindern, welche von den Mitteln eines normalen Produkt- oder Dienstleistungswettbewerbs auf der Grundlage der Leistungen der Marktbürger abweichen."

Der größte Teil der vom Gerichtshof im Rahmen von Art. 86 EWGV zu beurteilenden Mißbrauchsfälle bezog sich auf ein diskriminierendes Ver-

---

81) GTE[4]-Schröter Art. 86 Rdnr. 64; GA Lenz in EuGHE 1989, 803, 824 Rdnr. 27 "Ahmed Saeed"; Mestmäcker, Europäisches Wettbewerbsrecht, S. 348; Faull ECLR 1984, 358, 368.

82) Vgl. die Nachweise oben Fußn. 49.

83) EuGHE 1979, 461, 541 Rdnr. 91 "Hoffmann-LaRoche".

halten des beherrschenden Unternehmens gegenüber der Marktgegenseite[84] oder auf Verdrängungspraktiken.[85] In dieser Praxis bildet das Continental Can-Urteil eine deutliche Ausnahme.

bb) Horizontaler Zusammenschluß

Fraglich ist, wann unter Zugrundelegung der Praxis von Kommission und EuGH ein Zusammenschluß den Mißbrauchstatbestand erfüllt, da diese Praxis sehr uneinheitlich ist.

Im Konzentrationsmemorandum[86] hatte die Kommission die Mißbrauchsschwelle noch sehr hoch gelegt und nicht jede Verstärkung der beherrschenden Stellung als von Art. 86 EWGV erfaßt angesehen, sondern die "Monopolisierung" eines Marktes, bzw. die "vollständige Ausschaltung des Wettbewerbs" gefordert. In ihrer Entscheidung in der Sache "Continental Can Cy." stellte die Kommission darauf ab, daß Continental durch den Beteiligungserwerb an TDV den Wettbewerb "praktisch ausgeschaltet" habe.[87]

Demgegenüber ist nach dem Urteil des Europäischen Gerichtshofs die Mißbrauchsschwelle schon erreicht, wenn der Wettbewerb so wesentlich behindert ist, daß die auf dem Markt verbleibenden Unternehmen in ihrem Marktverhalten von dem Marktbeherrscher abhängen, ohne daß der Restwettbewerb vollständig ausgeschaltet sein muß.[88] Weiterhin erklärt der Gerichtshof, die Kommission müsse "zumindest nachweisen, daß ... die verbliebenen Wettbewerber kein ausreichendes Gegengewicht mehr bilden können."[89]

---

84) Z.B. KomE ABl. 1972 Nr. L 299, S. 51 "ICI/CSC": Abbruch der Belieferungen; EuGHE 1978, 207 ff "United Brands": Diskriminierende Preispolitik.

85) Emmerich, S. 580 ff m.w.N.

86) S. 26 Tz. 26.

87) KomE ABl. 1972 Nr. L 7, S. 25, 37 f Rdnr. 23, 29 "Continental Can Cy.".

88) EuGHE 1973, 215, 246 Rdnr. 26 "Continental Can".

89) EuGHE 1973, 215, 247 Rdnr. 29 "Continental Can".

Nähert sich diese Formulierung schon dem oben definierten Begriff der einfachen Marktbeherrschung an, so führt eine Übertragung der Mißbrauchsdefinition des "Hoffmann-LaRoche"-Urteils dazu, daß einem Unternehmen, das die Schwelle der Marktbeherrschung nur geringfügig überschreitet, jede strukturverändernde Maßnahme durch einen Zusammenschluß untersagt ist, ohne daß eine de-minimis-Schwelle überschritten werden müßte.[90]

Es erscheint allerdings zweifelhaft, ob die Rechtsprechung insgesamt eine derartige Erweiterung der Continental Can-Doktrin trägt. Bereits erwähnt wurde, daß die Anwendung des Art. 86 EWGV auf einen friedlichen Beteiligungserwerb im Beispielskatalog nicht verankert ist und in der Rechtsprechung zu Art. 86 EWGV neben der Praxis zum Behinderungsmißbrauch vereinzelt geblieben ist.

Ein Hinweis ergibt sich jedoch aus Art. 85 Abs. 3 lit. b EWGV, den der Gerichtshof auch in Rdnr. 25 des Continental Can-Urteils erwähnt. Kommission und Gerichtshof sehen in dieser Ausnahmeregelung den allgemeinen Rechtsgrundsatz, daß auch beim Bestehen von Wettbewerbsbeschränkungen auf einem Markt noch aktueller oder potentieller Wettbewerb erhalten bleiben muß. Es sind jedoch durchaus Fälle der Verstärkung marktbeherrschender Stellungen denkbar, die die Voraussetzungen des Art. 85 Abs. 3 lit. b EWGV nicht erfüllen; insbesondere schließt das Vorhandensein eines Marktbeherrschers nicht aus, daß auf dem relevanten Markt noch ein gewisser Wettbewerb stattfindet.[91] Die Hoffmann-LaRoche-Formel paßt daher nicht auf die Erwägungen, mit denen der Gerichtshof das Ergebnis begründet, Art. 86 EWGV setze voraus, daß nach einem Zusammenschluß nur noch Unternehmen auf dem Markt verblieben, die von dem Marktbeherrscher abhingen.

---

90) vgl. Korah ECLR 1987, 239, 241; Blank, S. 196; Deimel, S. 71; GBTE[3]-Schröter Art. 86 Rdnr. 68.

91) Gleiss/Hirsch Art. 86 Rdnr. 112.

Selbst wenn man also mit dem EuGH Art. 85 Abs. 3 lit. b EWGV für verallgemeinerungsfähig hält,[92] führt dies dazu, daß nicht jede Verstärkung einer marktbeherrschenden Stellung per se mißbräuchlich i.S.d. Art. 86 EWGV ist. Dies gilt insbesondere dann, wenn die Marktanteile geringer sind, als die von der Kommission im Fall Continental Can ermittelen 70-80 %, welcher auch in dieser Hinsicht einen Extremfall darstellt.[93]

Daraus folgt, daß ein besonders hoher Grad an Marktbeherrschung erreicht werden muß. Art. 86 EWGV greift nicht bei allen Fällen der Verstärkung einer marktbeherrschenden Stellung ein, etwa wenn ein einfacher Marktbeherrscher seine Stellung nur geringfügig verstärkt.[94] Indes gibt es für die Feststellung, wann die Steigerung der Marktbeherrschung diesen hohen Grad erreicht, in der bisherigen Praxis noch keine Anhaltspunkte.

cc) Vertikale und konglomerate Zusammenschlüsse

Die Anwendbarkeit der Continental Can-Doktrin ist nicht auf horizontale Zusammenschlüsse beschränkt.[95] Bei vertikalen und konglomeraten Zusammenschlüssen ist zu untersuchen, welche Verbindungen zwischen den verschiedenen Märkten bestehen und ob diese Verbindungen Einfluß auf die Marktstellung der beteiligten Unternehmen haben können. Erforderlich wäre, daß durch vertikale oder konglomerate Zusammenschlüsse der erforderliche hohe Grad der Wettbewerbsbeschränkung erreicht werden

---

92) Vgl. Deringer EuR 1974, 99, 102 f; kritisch zu diesem Ansatz Grabitz-Koch Art. 86 Rdnr. 7; MHS-Mailänder Art. 86 Rdnr. 81.

93) Vgl. die Fälle "British Sugar/Berisford" (12. Wettbewerbsbericht Tz. 105); "Berisford/Napier Brown" (13. Wettbewerbsbericht Tz. 166).

94) Im Ergebnis ebenso vor allem Grabitz-Koch Art. 86 Rdnr. 79; Joliet EuR 1973, 97, 121; Gleiss/Hirsch Art. 86 Rdnr. 111; Koch EWS 1990, 65, 72; MHS-Mailänder Art. 86 Rdnr. 82; Schulte, S. 213; Bechtold RIW 1985, 442, 445; Pathak ECLR 1991, 171, 175 Fußn. 15; Einsele RIW-Beil. 2/1992 Rdnr. 20, 32; vgl. auch Heynen NJW 1973, 1526, 1527; Borschette RevMC 1973, 354, 356.

95) Langen/Niederleithinger/Ritter/Schmidt § 24 Rdnr. EG 124; Gleiss/Hirsch Art. 86 Rdnr. 110; Mestmäcker, Europäisches Wettbewerbsrecht, S. 418 f; GTE[4]-Schröter Art. 86 Rdnr. 225; zweifelnd Grabitz-Koch Art. 86 Rdnr. 79; a.A. MHS-Mailänder Art. 86 Rdnr. 82.

kann. In Betracht kommt dies bei der Ausdehnung der beherrschenden Stellung auf eine vor- oder nachgelagerte Marktstufe oder einer wesentlichen Erschwerung des Zugangs zu den vor- und nachgelagerten Märkten für die Konkurrenten.[96] Bei einem konglomeraten Zusammenschluß müßte durch eine Erhöhung der Finanzkraft und der sonstigen Ressourcen der erforderliche hohe Beherrschungsgrad erreicht werden. Die Voraussetzungen eines Mißbrauchs werden hier zwar äußerst selten vorliegen, gänzlich ausgeschlossen ist das aber nicht.

d) Erfordernis von Kausalität oder Verschulden ?

Fraglich ist, ob zwischen dem Bestand einer beherrschenden Stellung und dem Mißbrauch ein Kausalzusammenhang bestehen muß. Für den Fall eines Zusammenschlusses hat der EuGH dies ausdrücklich mit der allgemeinen Begründung verneint, daß sich Art. 86 EWGV nicht nur auf Verhaltensweisen beziehe, durch die den Verbrauchern ein unmittelbarer Schaden erwachsen könne, sondern auch auf solche, die ihnen durch einen Eingriff in die Struktur des tatsächlichen Wettbewerbs Schaden zufügten.[97]

Sieht man Zusammenschlüsse als von Art. 86 EWGV erfaßt an, so ist dies konsequent. Gegenstand der Zusammenschlußkontrolle ist nicht der Fehlgebrauch von Macht, sondern deren Innehabung. Es entspricht der Sachlogik, wenn der EuGH beim Tatbestand der Ausschaltung des Restwettbewerbs durch Zusammenschluß als einem Mißbrauchsfall sui generis den Kausalzusammenhang zwischen der beherrschenden Stellung und der mißbräuchlichen Ausnutzung als irrelevant bezeichnet.[98]

Gleichwohl gerät auch diese Auslegung in einen Widerspruch zum Wortlaut des Art. 86 EWGV und verstärkt die Zweifel an der Erfaßbarkeit von Unternehmenszusammenschlüssen. Art. 86 EWGV verbietet die miß-

---

96) Vgl. den Fall "Michelin/Actor", 8. Wettbewerbsbericht Tz. 146.

97) EuGHE 1973, 215, 246 Rdnr. 27 "Continental Can".

98) Grabitz-Koch Art. 86 Rdnr. 47.

bräuchliche Ausnutzung einer beherrschenden Stellung. Er verbietet weder die Innehabung einer beherrschenden Stellung, noch das Tätigwerden des beherrschenden Unternehmens am Markt, ohne seine Macht zu gebrauchen. Verboten ist auch nicht das Marktverhalten mit Machtgebrauch schlechthin, sondern nur, wenn es sich den Umständen nach als mißbräuchlich darstellt. Die Unterscheidung dieser Verhaltenskategorien erfordert die Prüfung des ursächlichen Zusammenhangs zwischen Marktmacht und Marktverhalten, da anderenfalls der Verhaltenserfolg dem Marktbeherrscher nicht zugerechnet werden kann.[99]

Wenn also das Kausalitätserfordernis zum Tatbestand des Art. 86 EWGV gehört, für Zusammenschlüsse aber nicht sachgerecht ist, dann erscheint es zweifelhaft, ob Art. 86 EWGV zur Kontrolle von Unternehmenszusammenschlüssen geeignet ist.

Ebenfalls umstritten ist, ob es für die Annahme eines Mißbrauchs auf ein Verschulden des beherrschenden Unternehmens ankommt. Da dem Mißbrauchsbegriff des EuGH aber ein objektives Konzept zugrundeliegt, kann es auf das Verschulden des Marktbeherrschers nicht ankommen. Entscheidend ist allein, daß das betreffende Verhalten objektiv im Widerspruch zu den Zielen des Vertrages und zu dem System unverfälschten Wettbewerbs steht.[100]

e) Zwischenstaatlichkeit

Der Mißbrauch marktbeherrschender Stellungen ist nur dann von Art. 86 EWGV erfaßt, wenn durch ihn der Handel zwischen Mitgliedstaaten beeinträchtigt wird.

---

99) Str.; wie hier Grabitz-Koch Art. 86 Rdnr. 45; Deringer Art. 86 Rdnr. 30; Mestmäcker, Europäisches Wettbewerbsrecht, S. 388, insbes. Fußn. 4; MHS-Mailänder Art. 86 Rdnr. 48; Gleiss/Hirsch Art. 86 Rdnr. 56 f; a.A. Langen/Niederleithinger/Ritter/Schmidt-Langen § 22 Rdnr. EG 132; GTE^{4}-Schröter Art. 86 Rdnr. 132; Bellamy/Child Tz. 8-040.

100) EuGHE 1973, 215, 247 Rdnr. 29 "Continental Can"; EuGHE 1979, 461, 539 ff "Hoffmann-LaRoche".

Eine solche "Beeinträchtigung" des zwischenstaatlichen Handels liegt nicht nur bei einer negativen Beeinflussung, sondern schon dann vor, wenn sich die innergemeinschaftlichen Warenströme anders entwickeln würden, als sie dies unter dem Einfluß des betreffenden Verhaltens tun.[101] Lediglich rein innerstaatliche Fälle sollen aus dem Anwendungsbereich des EWG-Kartellrechts ausgegrenzt werden.[102]

Entscheidend für den zwischenstaatlichen Bezug ist, ob Nachteile für die Verwirklichung eines einheitlichen zwischenstaatlichen Marktes zu erwarten sind.[103] Die Rechtsprechung ist hier sehr weit und bezieht nach der sog. Bündeltheorie auch verbreitete nationale Vereinbarungen in den Anwendungsbereich des europäischen Rechts ein: Ein ganzes Netz solcher Vereinbarungen, die für sich allein genommen keine Auswirkungen auf die Marktverhältnisse und den zwischenstaatlichen Handel entfalten und daher unbedenklich sind, kann unter Art. 86 EWGV fallen, weil gerade das Zusammentreffen mehrerer gleichartiger Verstöße erhebliche Verfälschungen des Wettbewerbs und der innergemeinschaftlichen Warenströme nach sich ziehen kann.[104]

4. Rechtsfolge

Art. 86 EWGV bestimmt, daß die im Tatbestand als mißbräuchlich charakterisierten Verhaltensweisen "mit dem Gemeinsamen Markt unvereinbar und verboten" sind. Zum zivilrechtlichen Schicksal der "verbotenen"

---

101) Vgl. GTE⁴-Schröter Art. 85 I Rdnr. 141; EuGHE 1967, 543, 556 "De Haecht I"; EuGHE 1975, 563, 584 Rdnr. 38 "Frubo".

102) Vgl. EuGHE 1966, 322, 389 "Grundig/Consten"; EuGHE 1988, 5987, 6008 Rdnr. 11 "Alsatel"; GTE⁴-Schröter Art. 85 I Rdnr. 139.

103) Grdl. EuGHE 1966, 322, 389 "Grundig/Consten"; EuGHE 1969, 295, 302 Rdnr. 5 "Völk/Vervaecke".

104) Diese Problematik zeigte sich insbesondere bei Alleinbezugsverträgen für Bier: EuGHE 1977, 65, 91 Rdnr. 6/8 "Concordia"; EuGHE 1967, 543, 556 "De Haecht I" (zu Art. 85 Abs. 1 EWGV); zuletzt EuGHE 1991-I, 935, 984 Rdnr. 14 "Delimitis/Henninger Bräu".

Vereinbarungen schweigt der EWG-Vertrag. Die weiteren Rechtsfolgen ergeben sich dann aus nationalem Recht. Da Art. 86 EWGV mißbräuchliche Verhaltensweisen unmittelbar verbietet, enthält er ein gesetzliches Verbot i.S.d. § 134 BGB. Verträge, die unter Art. 86 EWGV fallen, sind danach nichtig,[105] also etwa auch der Erwerb von Gesellschaftsanteilen.

Die Anwendung dieses Verbots folgt seit Inkrafttreten des EWG-Vertrages ausnahmslos unmittelbar aus der Verwirklichung des Verbotstatbestands, ohne daß es dafür einer vorherigen Entscheidung bedürfte.[106] Dies liegt darin begründet, daß der Mißbrauch marktbeherrschender Stellungen - im Gegensatz zu abgestimmten Verhaltensweisen, vgl. Art. 85 Abs. 3 EWGV - keinesfalls genehmigungsfähig ist, "jedenfalls nicht in einem Gemeinwesen, daß die Herrschaft des Rechts als obersten Grundsatz anerkennt."[107] Insoweit bestehen entscheidende strukturelle Unterschiede zwischen Artt. 85 und 86 EWGV.[108]

Art. 86 EWGV kann daher auch von nationalen Gerichten angewandt werden, wenn weder die Gemeinschaft ihre Befugnisse nach Art. 87 EWGV, noch ein Mitgliedstaat seine Befugnisse nach Art. 88 EWGV, noch die Kommission ihre Befugnisse nach Art. 89 EWGV wahrgenommen haben. Nach ganz herrschender Ansicht im Schrifttum[109] wird diese unmittelbare Anwendbarkeit des Art. 86 EWGV auch durch Art. 22 Abs. 2 FKVO nicht berührt. Dies hätte die unbefriedigende Konsequenz, daß eine Doppelkontrolle von Unternehmenszusammenschlüssen auf der Grundlage von Verordnung und Art. 86 EWGV entgegen dem ausdrückli-

105) Emmerich, Kartellrecht, S. 592; Bleckmann, Europarecht, Rdnr. 1410; Oppermann, Rdnr. 911; vgl. auch Korah ECLR 1987, 239, 245; GTE^4-Schröter Art. 86 Rdnr. 47; MHS-Mailänder Art. 86 Rdnr. 100.

106) EuGHE 1974, 409, 431 Rdnr. 18 "Sacchi".

107) GA Lenz in EuGHE 1989, 803, 826 Tz. 41 "Ahmed Saeed".

108) GA Lenz in EuGHE 1989, 803, 826 Tz. 40 "Ahmed Saeed".

109) Vgl. nur IM-Mestmäcker Vor § 23 Rdnr. 115; Grabitz-Koch nach Art. 86 Rdnr. 50; GTE^4-Schröter Art. 87 II Rdnr. 287 f; Kirchhoff BB-Beil. 14/1990, S. 13; Axster, FS für Quack, S. 569, 577.

chen Willen des Gemeinschaftsgesetzgebers uneingeschränkt möglich wäre.

5. Praxis der Zusammenschlußkontrolle nach 1973

Nach 1973 hatte die Kommission angekündigt, sie werde, in Ermangelung eines im Bereich des EWG-Vertrages anwendbaren Mittels zur Kontrolle größerer Zusammenschlüsse, diese weiterhin mit Hilfe von Art. 86 EWGV kontrollieren; Art. 86 EWGV biete Möglichkeiten zur Kontrolle von Unternehmenszusammenschlüssen.[110]

Neben den Fällen, in denen ein förmliches Verfahren durchgeführt wurde, hat die Kommission in anderen Fällen die Anwendung des Art. 86 EWGV erwogen und angekündigt, was die beteiligten Unternehmen dazu veranlaßt hat, ihre Vorhaben aufzugeben[111] oder zu ändern, um die Bedenken der Kommission auszuräumen.[112]

Eine Gesamtschau der Fusionskontrollpraxis auf der Grundlage des Art. 86 EWGV führt aber zu folgendem unbefriedigenden Ergebnis: Zwar vertrat die Kommission seit 1965 die Auffassung, daß Art. 86 EWGV grundsätzlich auf Zusammenschlüsse anwendbar sei; in den darauffolgenden Jahrzehnten jedoch war eine nahezu ungebremste Konzentrationsentwicklung zu beobachten, ohne daß dies von europäischem Recht nennenswert behindert worden wäre. Lediglich einmal, nämlich im Continental Can-Fall, hat die Kommission in diesem Zeitraum eine Untersagung ausgesprochen, ist damit jedoch vor dem Gerichtshof gescheitert.

Die Kommission hat allerdings auch nicht den Versuch gemacht, über Continental Can hinauszugehen und die Reichweite des Art. 86 EWGV zu ertasten und so dem Gerichtshof Gelegenheit zu geben, seine Rechtspre-

---

110) 8. Wettbewerbsbericht Tz. 145; 10. Wettbewerbsbericht Tz. 21.

111) Vgl. den Fall Amicon/Fortia (11. Wettbewerbsbericht Tz. 112).

112) BSN/Pilkington (10. Wettbewerbsbericht Tz. 152); British Airways/British Caledonian (18. Wettbewerbsbericht Tz. 81).

chung fortzuentwickeln oder zu erweitern.[113] Vielmehr hat sie selbst Art. 86 EWGV nicht für geeignet gehalten, eine effektive Fusionskontrolle zu gewährleisten, und darauf gesetzt, daß eine entsprechende Verordnung geschaffen werden würde, für die sie gleichsam im Schlepptau von Continental Can einen ersten Entwurf vorgelegt hat. Sie fand sich dabei allerdings in einer mißlichen argumentativen Zwickmühle wieder: Einerseits mußte sie immer wieder drohen, eine systematische Fusionskontrolle nach Artt. 85, 86 EWGV zu praktizieren, um gegen den hinhaltenden Widerstand der Mitgliedstaaten ihr politisches Ziel zu erreichen, andererseits hielt sie Artt. 85, 86 EWGV für ungeeignet, womit sie wiederum das Bedürfnis nach einer Verordnung begründete.

Daß die Kommission auf diese Weise zurückhaltend vorgegangen ist, steht der Folgerung nicht entgegen, daß auch die Praxis[114] erwiesen hat, daß Art. 86 EWGV als Grundlage einer Zusammenschlußkontrolle nicht geeignet ist. Eine extensivere Inanspruchnahme des Art. 86 EWGV ließen die engen tatbestandlichen Voraussetzungen der Vorschrift vielmehr auch nach Ansicht der Kommission nicht zu.

6. Stellungnahme zur Reichweite des Art. 86 EWGV

a) Rechtsdogmatische Einwände gegen eine Zusammenschlußkontrolle aus Art. 86 EWGV

aa) Wortlaut

Art. 86 Abs. 2 EWGV nennt vier Regelbeispiele für einen Mißbrauch im Sinne dieser Vorschrift. Die Formulierung "insbesondere" weist jedoch klar darauf hin, daß dieser Beispielskatalog nicht abschließend ist.

---

113) Dies hätte vor allem im Fall "Carnaud/Metal Box" (19. Wettbewerbsbericht Tz. 69) nahegelegen, der den hochkonzentrierten Markt für Verpackungsmaterial betraf.

114) Vgl. die Nachweise oben Fußn. 48.

Die Regelbeispiele haben Indizwirkung: Sind die Voraussetzungen eines Regelbeispiels erfüllt, so ist ein Mißbrauch i.S.d. Art. 86 Abs. 1 EWGV anzunehmen. Sind sie allerdings nicht erfüllt, so dienen die Regelbeispiele als Bewertungsmaßstab in der Weise, daß ein unbenannter Fall des Mißbrauchs nur dann angenommen werden kann, wenn dieser Fall im Hinblick auf die objektiven Wertvorstellungen des Vertrages (Art. 3 lit. f EWGV) den Regelbeispielen vergleichbar ist: So führt die Ähnlichkeit des fraglichen Falles verbunden mit der Gleichwertigkeit hinsichtlich der Wettbewerbsbeschränkung grundsätzlich zur Annahme eines Mißbrauchs. Mißbrauch einer marktbeherrschenden Stellung kann auch vorliegen, wenn zwar keine Ähnlichkeit, zumindest aber Gleichwertigkeit gegeben ist.[115]

Die Regelbeispiele des Art. 86 Abs. 2 EWGV betreffen sämtlich Fälle des Ausbeutungs- und Behinderungsmißbrauchs; sie beziehen sich auf den Machtmißbrauch des Marktbeherrschers im Vertikalverhältnis. Entsprechende Vorschriften enthält auch Art. 66 § 2 EGKSV. Die ausdrückliche Regelung der Unternehmenszusammenschlüsse im EGKS-Vertrag neben einem Mißbrauchsverbot und einem Beispielskatalog für Mißbrauchsfälle macht deutlich, daß diese nach dem Willen der Vertragsschließenden gerade nicht unter die Mißbrauchsfälle subsumiert werden sollen.[116] Auch Art. 86 Abs. 2 lit. b EWGV kann hier nicht zu einem anderen Ergebnis führen.[117]

---

115) Vgl. Hefermehl, Europees Kartelrecht, S. 161, 169; GTE⁴-Schröter Art. 86 Rdnr. 138 ff.

116) Den Vergleich der Gemeinschaftsverträge untereinander zieht der EuGH in ständiger Rechtsprechung als Auslegungsmethode heran, vgl. EuGHE 1964, 417, 432 "Wagner" und EuGHE 1986, 1339, 1365 f Rdnr. 24 f "Les Verts" zum Vergleich EWGV-EGKSV; EuGHE 1990-I, 2041, 2071 f "EP ./. Rat" zum Vergleich EAGV-EWGV; vgl. auch Mestmäcker, Europäisches Wettbewerbsrecht, S. 32. EuGHE 1973, 215, 244 Rdnr. 22 "Continental Can" schließt nur eine *ausschließlich* vergleichende Argumentation aus.

117) Siehe unten S. 79.

bb) Entstehungsgeschichte

(1) Spaak-Bericht

Im Spaak-Bericht, der die wichtigste zugängliche Quelle der Entstehung des EWG-Vertrages ist, wird empfohlen, in den Vertrag Bestimmungen aufzunehmen, die verhindern, daß marktbeherrschende Stellungen und mißbräuchliche Praktiken die Verwirklichung des Gemeinsamen Marktes vereiteln. Diese Bestimmungen sollten so beschaffen sein, daß es der Kommission ermöglicht werde, allgemeine Durchführungsverordnungen zu erlassen. "Gegenstand dieser Verordnungen wäre die Konkretisierung der Regeln über die Diskriminierung, *die Einrichtung einer Kontrolle der Zusammenschlüsse*, die Verwirklichung eines Verbots der Absprachen, die eine Aufteilung oder Ausbeutung der Märkte, eine Einschränkung der Produktion oder des technischen Fortschritts zur Folge haben können."[118]

Aus der zitierten Passage ist die Verankerung der Zusammenschlußkontrolle im EWG-Vertrag abgeleitet worden, da die Verfasser des Vertrages es als eine Sache von Durchführungsverordnungen gem. Art 87 EWGV betrachtet hätten, eine Kontrolle von Unternehmenszusammenschlüssen einzuführen.[119] Die Konzeption des Spaak-Berichts, in den Vertrag lediglich allgemeine materielle Vorschriften aufzunehmen und diese dann durch Durchführungsverordnungen zu konkretisieren, wurde jedoch, wie die detaillierten Regelungen in Artt. 85, 86 EWGV zeigen, gerade nicht in den Vertrag aufgenommen.[120] Danach läßt sich aus dem Spaak-Bericht kein Hinweis auf die primärrechtliche Erfaßbarkeit einer Zusammenschlußkontrolle gewinnen.

---

118) Bericht der Delegationsleiter des von der Konferenz von Messina eingesetzten Regierungsausschusses an die Außenminister vom 21.4.1956, S. 60.

119) Mestmäcker, Europäisches Wettbewerbsrecht, S. 423; ders., EuR 1988, 349, 367; Blank, S. 113 f.

120) Hefermehl, FS für Nipperdey Bd. II, S. 781 f; Iliopoulos, S. 171; Grabitz-Koch nach Art. 86 Rdnr. 5.

(2) Der EGKS-Vertrag

Den Verfassern des EWG-Vertrages war Art. 66 EGKSV bekannt, ebenso das Monopolisierungsverbot nach Sec. 2 Sherman Act. Es gibt keinen Zweifel, daß die Wettbewerbsregeln des EWG-Vertrages im übrigen ihr Vorbild im EGKS-Kartellrecht haben. EGKS-Vertrag und EWG-Vertrag verbieten übereinstimmend wettbewerbsbeschränkende Verhaltensabstimmungen und die mißbräuchliche Ausnutzung marktbeherrschender Stellungen. Ein Genehmigungserfordernis für Zusammenschlüsse wie in Art. 66 §§ 1-6 EGKSV fehlt aber im EWG-Vertrag.[121]

Auch der Hinweis auf die besonderen Umstände auf dem Kohle- und Stahlsektor rechtfertigt nicht den Schluß, daß der historische Gesetzgeber die Fusionskontrolle des EGKS-Vertrages lediglich *so* nicht übernehmen wollte, dafür aber die Einführung einer Zusammenschlußkontrolle durch Artt. 85, 86 EWGV beabsichtigt hat. Viel näher liegt die Folgerung, daß dies gerade nicht geschehen sollte, wenn man Artt. 65, 66 § 7 EGKSV nahezu identisch übernimmt, Art. 66 §§ 1-6 EGKSV aber einfach wegläßt. Man wollte die Regelung nicht übernehmen und hat die Frage daher im EWG-Vertrag offengelassen.

(3) Die Rechtslage in den Mitgliedstaaten

Bei Gründung der EWG hatte keiner der sechs Gründerstaaten ein eigenes Kartellgesetz. Es entspricht inzwischen nicht nur dem EGKS-Kartellrecht, sondern auch allen Rechtsordnungen, die überhaupt über Regelungen zur Kontrolle der Unternehmenskonzentration verfügen, zwischen Kartellverbot, Verbot des Mißbrauchs marktbeherrschender Stellungen und der Kontrolle von Unternehmenszusammenschlüssen zu unterscheiden.

Gerade in der Bundesrepublik Deutschland ist eine absolut parallel zur EWG verlaufende Rechtsentwicklung zu beobachten: Sie besaß als einziger Teilnehmer der Messinakonferenz - freilich bescheidene - gesetzliche

---

121) Art. 85 Abs. 1 EWGV entspricht Art. 65 § 1 EGKSV; Art. 85 Abs. 2 EWGV - Art. 65 § 4 EGKSV; Art. 85 Abs. 3 EWGV - Art. 65 § 2 EGKSV; Art. 86 EWGV - Art. 66 § 7 EGKSV.

Regeln[122] einer Zusammenschlußkontrolle, hob diese aber zum Zeitpunkt des Inkrafttretens des EWG-Vertrages auf. Man hatte die Aufnahme einer Fusionskontrolle in das gleichzeitig mit dem EWG-Vertrag in Kraft getretene GWB zwar diskutiert, jedoch darauf verzichtet, weil man die Mißbrauchsaufsicht für ausreichend gehalten hat.[123]

Nachrangige Bedeutung auch für eine historische Auslegung haben die Materialien der mitgliedstaatlichen Ratifikationsverfahren. Auch sie weisen indes darauf hin, daß die Vertragsschließenden auf die Schaffung einer präventiven Kontrolle zunächst verzichtet haben und sich damit begnügten, die mißbräuchliche Ausnutzung einer marktbeherrschenden Stellung zu verbieten.[124]

(4) Folgerung

Die historische Auslegung von primärem Gemeinschaftsrecht vermag zwar nur Indizien für ein bestimmtes Ergebnis zu liefern;[125] die Indizien, die sie liefert, sprechen aber gegen eine Verankerung der Zusammenschlußkontrolle im EWG-Vertrag.[126]

cc) Art. 86 EWGV als Instrument der Marktverhaltenskontrolle

Eine Kontrolle von Unternehmenszusammenschlüssen wirkt der Entstehung oder Verstärkung marktbeherrschender Stellungen durch externes Unternehmenswachstum entgegen, richtet sich also typischerweise gegen bestimmte durch den Zusammenschlußvorgang entstehende Marktstrukturen; Ziel der Marktstrukturkontrolle ist es, zukünftig irreparable Ver-

122) Gesetz Nr. 56 der Amerikanischen Militärregierung vom 28.1.1947, sowie VO Nr. 78 der Britischen Militärregierung und VO Nr. 96 des Französischen Oberkommandos vom 9.6.1947.

123) Näher Grabitz-Koch nach Art. 86 Rdnr. 5; zur Diskussion bei der Entstehung des GWB vgl. oben S. 32 Fußn. 10.

124) BT-Drs. 2/3440 Anlage C, S. 126; vgl. zur Stellungnahme der niederländischen Regierung Hefermehl, FS für Nipperdey Bd. II, S. 771, 782.

125) GTE[4]-Zuleeg Art. 1 Rdnr. 31 für die ganz h.M.

126) So im Ergebnis auch Börner, FIW-Heft 80, S. 179, 192.

machtungen der Märkte zu verhindern. Bestehende Marktstrukturen sind hingegen für die Zusammenschlußkontrolle uninteressant. Marktverhaltenskontrolle zielt dagegen auf die Art und Weise des Herbeiführens eines bestimmten Ergebnisses ab, nicht aber auf das Ergebnis selbst.[127]

Diese Unterscheidung ist auch im Tatbestand des Art. 86 Abs. 1 EWGV angelegt, der das strukturelle Element der beherrschenden Stellung enthält, für das Eingreifen der Verbotsfolge aber mit dem Mißbrauchserfordernis auf ein bestimmtes Verhalten abstellt. Den Marktstrukturen gegenüber ist der EWG-Vertrag neutral; nicht auf seinem Markt*struktur*element liegt der Schwerpunkt des Tatbestands des Art. 86 EWGV, sondern auf dem Markt*verhaltens*element.

Demgegenüber wird in der Literatur dafür, daß Art. 86 EWGV auch strukturelle Erwägungen einbeziehe, Art. 86 Abs. 2 lit. b EWGV angeführt.[128] Das auf Marktmacht beruhende Marktverhalten spiele zwar in den Beispielen des Art. 86 Abs. 2 lit. a, c und d EWGV eine Rolle, sei aber in lit. b nur von nachrangiger Bedeutung. Danach ist die Einschränkung der Erzeugung, des Absatzes oder der technischen Entwicklung zum Schaden der Verbraucher als typischer Fall des Mißbrauchs aufgeführt. Hier werde nur vorausgesetzt, daß eine wettbewerbsschädigende Wirkung eintrete. Diese Verhaltensweise gleiche in ihren Wirkungen jenen, die als Folge von Zusammenschlüssen auftreten können.[129]

Die genannten Wirkungen entstehen dann aber nicht durch den Zusammenschluß selbst, sondern weil die betroffenen Unternehmen sich so verhalten, wie in Art. 86 Abs. 2 lit. b EWGV beschrieben. Der Mißbrauchstatbestand wird mithin auch in diesem Regelbeispiel erst durch das über den Zusammenschluß hinausgehende Verhalten der Unternehmen erfüllt.[130]

---

127) Hefermehl, Europees Kartelrecht, S. 161, 171.

128) Schlieder RevMC 1968, 215, 221; ebenso schon Konzentrationsmemorandum, S. 26 Tz. 25.

129) Duesberg WuW 1971, 30, 31.

130) Axster WuW 1971, 758, 763.

Die hier vertretene eindeutige Abgrenzung zwischen Marktverhaltens- und Marktstrukturkontrolle steht auch der Erfaßbarkeit aggressiver Konzentration durch Art. 86 EWGV nicht entgegen. Wenn ein Unternehmen seine beherrschende Stellung, vor allem aber seine Finanzkraft dazu benutzen würde, widerstrebende Unternehmen etwa durch Kampfpreisunterbietung zusammenschlußreif zu machen, so liegt nicht ein Fall der Zusammenschlußkontrolle, sondern ein Spezialfall direkten Behinderungsmißbrauchs vor: Art. 86 knüpft an das *Verhalten im Vorfeld* des Zusammenschlusses an.[131]

b) Rechtspolitische Einwände gegen eine Zusammenschlußkontrolle aus Art. 86 EWGV

Die rechtspolitischen Einwände gegen eine auf Primärrecht gestützte Fusionskontrolle ergeben sich im wesentlichen daraus, daß sie auch in Verbindung mit der VO Nr. 17 kein brauchbares Instrumentarium für die Aufrechterhaltung eines funktionsfähigen Wettbewerbs im Gemeinsamen Markt gibt.

aa) Rechtsfolge des Art. 86 EWGV: Reine Verbotsnorm

Art. 86 EWGV ist als per-se-Verbot, nicht lediglich als Eingriffsnorm konzipiert. Ein Verbot ohne Ausnahmemöglichkeit oder die Möglichkeit, das Verbot durch Auflagen zu vermeiden, zwingt zu "alles-oder-nichts"-Entscheidungen.[132] Den Erfordernissen einer Marktstrukturkontrolle können demgegenüber nur flexible Eingriffstatbestände genügen, die zu rechtssichernden und inter omnes wirkenden Verwaltungsentscheidungen führen. Nur so ist eine sachgerechte Beurteilung von Zusammenschlüssen entsprechend ihrer wettbewerbspolitischen Bedeutung möglich. Art. 86

---

131) Ganz h.M., vgl. Grabitz-Koch Art. 86 Rdnr. 79; MWLV-Waelbroeck Art. 86 Anm. 187; IM-Möschel § 22 Rdnr. 183; Ritter/Braun/Rawlinson, S. 361; Hefermehl, FS für Nipperdey Bd. II, S. 771, 792; Schulte, S. 201; Schlieder RevMC 1968, 215, 220; K. Schmidt BB 1990, 719, 722.

132) MHS-Mailänder Art. 86 Rdnr. 83; Lever/Lasok, Yearbook 1986, 121, 132.

EWGV und dementsprechend auch die VO Nr. 17 stellen kein geeignetes Instrumentarium für eine praktikable Zusammenschlußkontrolle zur Verfügung.

Einen gleichwertigen Ersatz kann auch nicht eine unternehmensfreundliche Verwaltungspraxis der Kommission bieten: Allein die Drohung mit einem Einsatz des Art. 86 EWGV kann das Unternehmensverhalten schon im Vorfeld eines Zusammenschlusses beeinflussen. Auch eine effektive gerichtliche Kontrolle dieser Verwaltungspraxis der Kommission ist nicht gewährleistet. Die Rechtsfolge des Art. 86 EWGV ist nach alledem für eine Marktstrukturkontrolle ungeeignet.

Der Gerichtshof hat in seinem Urteil zu dieser Problematik erstaunlicherweise überhaupt nicht Stellung genommen.[133]

Bedenklich ist allerdings eine Urteilspassage, in der der Gerichtshof erklärt, dem Vertrag könne nicht unterstellt werden, "er habe es in Artikel 86 erlauben wollen", daß Unternehmen durch ihren Zusammenschluß zu einer organisatorischen Einheit eine näher qualifizierte beherrschende Stellung erlangen.[134] Art. 86 EWGV ist kein Erlaubnistatbestand, sondern ein Verbotstatbestand. Es ist nicht etwa so, daß alles verboten ist, was Art. 86 EWGV nicht ausdrücklich "erlaubt", sondern umgekehrt.

bb) Präventivkontrolle nicht möglich

Die Kommission kann die Beteiligten nicht zwingen, ihr Zusammenschlußvorhaben im voraus anzumelden. Art. 86 EWGV selbst bietet für einen solchen Eingriff (anders als Art. 66 § 1 EGKSV) keine Grundlage.[135] Die VO Nr. 17, die generell nicht auf Konzentrationsfälle zugeschnitten ist, sieht insbesondere keine Präventivkontrolle vor. Eine solche erweist sich aber in der Praxis als zwingend erforderlich, weil die ledig-

---

133) Wohl aber GA Roemer in EuGHE 1973, 215, 256, der auch unter diesem Aspekt eine extensive Auslegung des Art. 86 EWGV abgelehnt hat.

134) EuGHE 1973, 215, 245 Rdnr. 25 "Continental Can".

135) Lever/Lasok, Yearbook 1986, 121, 132.

lich repressive Kontrolle das kartellrechtlich bekannte Problem, "scrambled eggs" wieder zu ganzen Eiern zu machen, nicht zu lösen vermag.

In der Literatur wird auf Art. 3 VO Nr. 17 verwiesen, welcher der Kommission nicht nur ein Vorgehen gegen einen bereits vollzogenen Zusammenschluß ermögliche, sondern im Interesse einer schnellen und effektiven Reaktion der Kommission, die im Interesse aller Beteiligten liege, auch ein vorläufiges Vollzugsverbot zulassen könne.[136] Die VO Nr. 17 ist jedoch gem. Art. 22 Abs. 2 FKVO auf Zusammenschlüsse nicht anwendbar.

Selbst wenn man dies außer Acht läßt, so zeigt die Auslegung des Art. 3 VO Nr. 17 durch den EuGH, daß diese Vorschrift keinen Ersatz für eine Präventivkontrolle bieten kann:[137] Der Gerichtshof stellte fest, daß die Kommission im Rahmen ihrer Kontrollbefugnis auch sichernde Maßnahmen ergreifen kann, "sofern diese als unerläßlich erscheinen, um zu vermeiden, daß die Ausübung der in Art. 3 vorgeschriebenen Entscheidungsbefugnis durch das Verhalten gewisser Unternehmen unwirksam oder sogar illusorisch gemacht wird."[138]

Das Bedürfnis nach einer Möglichkeit für die Kommission zu vorherigem Tätigwerden kann nicht geleugnet werden; doch bestehen grundsätzlich Bedenken dagegen, Art. 3 VO Nr. 17 als Eingriffstatbestand über seinen Wortlaut hinaus extensiv auszulegen.[139] Selbst wenn man dies zuläßt, würden hierfür sehr enge Voraussetzungen bestehen: Einstweilige Anordnungen dürfen nur bei erwiesener Dringlichkeit und nur mit dem Ziel ergriffen werden, einer Situation entgegenzutreten, die geeignet ist, der ihren Erlaß beantragenden Partei einen schweren und nicht wiedergutzumachenden Schaden zuzufügen oder die für die Allgemeinheit unerträglich

136) Wyatt/Dashwood, S. 429; Blank, S. 188 f; Korah ECLR 1987, 239, 241.

137) EuGHE 1980, 119 ff "Camera Care".

138) EuGHE 1980, 119, 131 Rdnr. 18 "Camera Care".

139) GA Warner in EuGHE 1980, 133, 134 f "Camera Care", der in seinen Schlußanträgen die Anwendbarkeit des Art. 3 VO Nr. 17 verneint hatte.

ist. Die Kommission hat dabei auch in jedem Einzelfall den Verhältnismäßigkeitsgrundsatz zu beachten, insbesondere ihre Anordnungen auf das unerläßliche Maß zu beschränken.[140]

Um ein Vollzugsverbot zu erreichen, ist in jedem Falle ein positives Tätigwerden der Kommission und damit deren vorherige Kenntnis von dem Zusammenschlußvorhaben erforderlich. Die Kommission ist, mangels einer Pflicht zur vorherigen Anmeldung, auf Beschwerden von Konkurrenten, vorherige informelle Kontakte oder auf Pressemeldungen angewiesen. Unter diesen Umständen ist die Effektivität der Kontrolle aber zweifelhaft; die betroffenen Unternehmen werden nur den Zusammenschluß bis zu seinem Vollzug vertraulich zu behandeln haben.[141] Um diese Umgehung der Präventivkontrolle künftig auszuschließen, bestimmt Art. 7 Abs. 1 FKVO konsequent, daß ein Zusammenschluß unabhängig von der Anmeldung weder vor, noch bis zu drei Wochen nach der Anmeldung vollzogen werden darf.

Angesichts seiner engen Voraussetzungen bietet auch Art. 3 VO Nr. 17 nach alledem keinen Ersatz für eine präventive Fusionskontrolle. Auch in der Praxis ist die Vorschrift, soweit ersichtlich, bisher nur angewandt worden, nachdem ein verbotenes Verhalten festgestellt worden war, nie jedoch präventiv, um ein solches Verhalten zu verhindern.

cc) Erfordernis des Erwerbs *durch* einen Marktbeherrscher

Die Continental Can-Doktrin führt zu der schon erwähnten unbefriedigenden Konsequenz, daß die nur geringfügige Verstärkung einer starken marktbeherrschenden Stellung durch Übernahme eines kleinen Konkurrenten von Art. 86 EWGV erfaßt ist, nicht aber die Schaffung eines Mo-

---

140) EuGHE 1980, 119, 131 Rdnr. 19 "Camera Care".

141) Daher wurde allgemein eine zwingende vorherige Anmeldung für erforderlich gehalten. Korah (ECLR 1987, 239, 244, 251 Fußn. 31) hält demgegenüber eine Anmeldepflicht nicht für unbedingt erforderlich und verweist auf die Praxis in Großbritannien, wo eine Pflicht zur Anmeldung von Zusammenschlüssen nicht besteht, diese Vorhaben aber gleichwohl regelmäßig beim Office of Fair Trading angemeldet werden.

nopols von Unternehmen, die zuvor einzeln nicht marktbeherrschend waren.[142] Eine Zusammenschlußkontrolle nach Art. 86 EWGV könnte somit - ungeachtet ihrer mangelnden Praktikabilität - überhaupt nur den Übergang von einem nicht mehr funktionsfähigen Wettbewerb zur Monopolisierung verhindern.

Ein Defizit besteht auch für den kaum diskutierten[143] Sonderfall, daß ein marktbeherrschendes Unternehmen übernommen *wird*.[144]

Mißbrauch i.S.d. Art. 86 EWGV ist ohne beherrschende Stellung nicht denkbar, da sich nur beim Vorliegen einer marktbeherrschenden Stellung die spezifischen Gefahren für das System unverfälschten Wettbewerbs ergeben können, vor denen Art. 86 EWGV schützen will. Die besondere Verantwortung des Marktbeherrschers für den Wettbewerb rechtfertigt die Einschränkungen, die ihm Art. 86 EWGV für sein Verhalten auferlegt.[145] Diese Rechtfertigung fehlt bei nicht marktbeherrschenden Unternehmen.

Nach der hier vertretenen Auffassung kommen ausschließlich marktbeherrschende Unternehmen als Adressaten des Mißbrauchsverbots in Be-

---

142) Vgl. Emmerich, Kartellrecht (5. Auflage), S. 556; GBTE[3]-Schröter Art. 86 Rdnr. 68b; siehe oben S. 51 ff.

143) Venit CMLR 1990, 7, 12 Fußn. 26; Korah ECLR 1987, 239, 240; Lever/Lasok, Yearbook 1986, 121, 132 vermuten, der EuGH habe bei der Formulierung von Rdnr. 25 der Urteilsgründe zu Continental Can gerade diesen Fall im Auge gehabt.

144) Die Kommission hat bei der Beurteilung der zwischen Philip Morris und Rembrandt 1981 geschlossenen (und später aufgegebenen) Vereinbarung auch die folgende Konstellation als von Art. 86 EWGV erfaßt angesehen:
Rothmans International war beherrschend auf dem Zigarettenmarkt der Benelux-Staaten. Diese Position war über Rothmans Holdings auch Rembrandt zurechenbar. Die Kommission war der Auffassung, Rembrandt habe seine beherrschende Stellung durch den Abschluß der Verträge mit Philip Morris mißbräuchlich ausgenutzt, wodurch die beherrschende Stellung der Firma Rothmans International ausgebaut worden sei (Sitzungsbericht in EuGHE 1987, 4487, 4500; siehe auch unten S. 90).
Der EuGH hat diese Argumentation nicht zurückgewiesen und eine Anwendung des Art. 86 EWGV wegen des nach der Vereinbarung von 1984 fehlenden Kontrollerwerbs durch Philip Morris verneint (EuGHE 1987, 4487, 4584 Rdnr. 65).

145) Vgl. EuGHE 1983, 3461, 3511 Rdnr. 57 "Michelin".

tracht. Daher kann ein Anteilserwerb nur dann mißbräuchlich sein, wenn er *durch* einen Marktbeherrscher erfolgt. Die daraus resultierende Lücke, die auch Umgehungsmöglichkeiten eröffnet, mag als nicht sachgerecht erscheinen; sie zeigt jedoch, daß Art. 86 EWGV eine sachgerechte Kontrolle von Unternehmenszusammenschlüssen nicht ermöglicht.

dd) Das Problem der Entflechtung

Effektive Entflechtungsregeln, wie sie die Fusionskontroll-VO bietet, fehlen im EWG-Vertrag. Zwar kann das Herbeiführen eines bestimmten Zustands verboten werden (vgl. hierzu auch Art. 7 FKVO), für die Kontrolle von Marktstrukturen ist aber erforderlich, daß sie effektiv verhindert und gegebenenfalls entflochten werden. Dem Verbot selbst kommt dabei nur eine flankierende Bedeutung zu. Im Continental Can-Fall hatte die Kommission die Entflechtung des Zusammenschlusses auf der Grundlage von Art. 3 VO Nr. 17 geplant.

Entflechtungsmaßnahmen nach Art. 3 VO Nr. 17 richten sich nicht gegen die Konzentration als solche, d.h. dagegen, daß eine veränderte Struktur vorliegt. Dekonzentration findet nach der VO Nr. 17 ausschließlich deswegen statt, weil dieser Konzentration ein mißbräuchliches Verhalten vorausgegangen ist.[146]

ee) Keine obligatorische Fusionskontrolle

Bei Entscheidungen der Kommission nach Art. 86 EWGV gilt das Opportunitätsprinzip. Der Kommission steht es frei, ob sie einen Fall überhaupt aufgreift. Sie kann auch auf Grund einer (auch: politischen) Ermessensentscheidung darauf verzichten, gegen einen Zusammenschluß nach Art. 86 EWGV einzuschreiten. Damit könnte Art. 86 EWGV zu einem Instrument struktureller Gestaltung des Marktes in den Händen der EG-Kommission werden. Dies hat für die betroffenen Unternehmen Rechtsunsicherheit und letztlich Ungleichbehandlungen zur Folge.

---

146) Konzentrationsmemorandum, S. 24 Tz. 19; Hefermehl, Europees Kartelrecht, S. 161, 169.

Bei Geltung des Opportunitätsprinzips steht die bei der Fusionskontrolle verfolgte "Philosophie" völlig im Belieben der EG-Wettbewerbsbehörde. Daß dies gerade nicht im Interesse der Beteiligten, insbesondere auch der Mitgliedstaaten, ist, mag man daran ablesen, daß die Frage der wettbewerbs- oder industriepolitischen Ausrichtung der Fusionskontroll-VO in den Beratungen bis zum letzten Tag umstritten war.

7. Folgerung

Die Analyse des Tatbestands des Art. 86 EWGV hat ergeben, daß ein friedlicher Unternehmenszusammenschluß nur in extrem gelagerten Ausnahmefällen als mißbräuchliche Ausnutzung einer marktbeherrschenden Stellung anzusehen ist.[147] Insbesondere geht der von der Continental Can-Doktrin nicht erfaßte Bereich über die Präventivkontrolle und das bloße Entstehen einer marktbeherrschenden Stellung hinaus. Daraus folgt, daß der EWG-Vertrag jedenfalls in Art. 86 nicht die zur Erreichung des Zieles des Art. 3 lit. f EWGV erforderlichen Befugnisse vorsieht. Art. 86 EWGV ist für eine effektive und systematische Kontrolle von Unternehmenszusammenschlüssen weder geschaffen, noch geeignet.

Die vom Gerichtshof favorisierte Auslegung des Art. 86 EWGV könnte jedoch dazu führen, daß ein dem Wettbewerb abträgliches Handeln für sich allein schon den Mißbrauchsvorwurf begründen könnte. Die Kommission kann auf der Grundlage der Ziele des Vertrages nur einschreiten, wenn diese in den konkreten Bestimmungen des Vertrages zum Ausdruck gekommen sind. Der Gerichtshof hat es jedoch überhaupt nicht unternommen, dies bei Art. 86 EWGV aufzuzeigen, sondern hat allein aus dem Erfordernis einer Fusionskontrolle zur Erreichung des Zieles des Art. 3

---

147) Ebenso die Kommission im Konzentrationsmemorandum, S. 24 Tz. 18; Schulte, S. 205; Hefermehl, FS für Nipperdey Bd. II, S. 790, 791; Fikentscher, FS für Böhm, S. 261, 275; im Ergebnis übereinstimmend IM-Mestmäcker Vor § 23 Rdnr. 116; Borschette RevMC 1973, 354, 357; Faull ECLR 1984, 358, 373; Goyder, S. 322; auch im Verfahren zu "Continental Can" vor dem EuGH war unstreitig, daß Art. 86 EWGV eine Fusionskontrolle nicht schlechthin erlaube, vgl. GA Roemer EuGHE 1973, 215, 254.

lit. f EWGV gefolgert, daß sie auch vorhanden sei, und zwar in Ermangelung ausdrücklicher Vorschriften in Art. 86 EWGV.[148] Eine derart weite, an Art. 3 lit. f EWGV orientierte Auslegung des Art. 86 EWGV absolutiert die teleologische Auslegung in der Weise, daß sich die Auslegung vom Wortlaut der Wettbewerbsregel löst und sie zu einer Generalklausel für die Schaffung eines Systems unverfälschten Wettbewerbs macht. Sie steht damit im Widerspruch zu den vom Gerichtshof selbst entwickelten Grundsätzen der Auslegung des Gemeinschaftsrechts. Die Konsequenz wäre, daß die Gemeinschaft alle Befugnisse hätte, die ihr zur Verwirklichung ihrer Ziele nützlich sind. Diese Konsequenz widerspricht aber dem Prinzip der begrenzten Ermächtigung.[149]

Die nur auf qualifizierte Sachverhalte beschränkte Anwendbarkeit des Art. 86 EWGV bei Konzentrationsvorgängen ist einer dem materiellen Gleichbehandlungsgebot verpflichteten Regelung und damit auch dem Ziel der Aufrechterhaltung des Wettbewerbs im Gemeinsamen Markt eher abträglich.[150] Dies gilt in gleicher Weise für die Aufrechterhaltung der Continental Can-Doktrin neben der Fusionskontroll-VO. Somit war rechtspolitisch eine ausschließliche Geltung der Fusionskontroll-VO für Zusammenschlüsse anzustreben.[151]

---

148) Joliet EuR 1973, 97, 117 und K. Schmidt BB 1990, 719, 721 werfen dem Gerichtshof zu Recht eine petitio principii vor. Focsaneanu RevMC 1973, 145, 157: "Avant de supposer, il convient de lire."

149) Nach dem Prinzip der begrenzten Ermächtigung kann die Gemeinschaft nur innerhalb der Grenzen der ihr vom EWG-Vertrag übertragenen Befugnisse tätig werden. Dies gilt auch für ein Tätigwerden zur Verwirklichung der Ziele des Vertrages, für das Art. 235 EWGV außerhalb von Spezialermächtigungen besondere Voraussetzungen aufstellt; vgl. GTE^{4}-Krück Art. 164 Rdnr. 1; siehe auch unten S. 183 ff. Diese Konsequenz entspräche einem weiten Verständnis der Implied-powers-Theorie, die aber im Gemeinschaftsrecht neben Art. 235 EWGV nur eine sehr begrenzte Bedeutung hat und allenfalls eine Annexkompetenz zu ausdrücklichen Kompetenzen liefern kann; vgl. Smit/Herzog Anm. 235.05[b]; BBPS-Beutler, S. 78; GTE^{4}-Schwartz Art. 235 Rdnr. 58 f; Bleckmann, Europarecht, Rdnr. 493; Ipsen, S. 437; Kapteyn/VerLoren van Themaat/Gromley, S. 118; Kaiser EuR 1980, 97, 103.

150) MHS-Mailänder Art. 86 Rdnr. 83.

151) K. Schmidt (BB 1990, 719, 721) meint, die Continental Can-Doktrin sei aus der Not geboren und habe sich allein mit Inkrafttreten der Fusionskontroll-VO, welche

III. Reichweite einer Fusionskontrolle gem. Art. 85 EWGV

Nach Art. 85 Abs. 1 EWGV verboten und nach Art. 85 Abs. 2 EWGV nichtig sind alle Vereinbarungen von Unternehmen, Beschlüsse von Unternehmensvereinigungen und aufeinander abgestimmte Verhaltensweisen, die den Handel zwischen Mitgliedstaaten zu beeinträchtigen geeignet sind und eine Verhinderung, Einschränkung oder Verfälschung des Wettbewerbs innerhalb des Gemeinsamen Marktes bezwecken oder bewirken. Art. 85 Abs. 1 EWGV nennt auch eine Reihe von Beispielsfällen verbotener Vereinbarungen. Sind seine Voraussetzungen erfüllt, so kommt jedoch unter den Voraussetzungen des Art. 85 Abs. 3 EWGV eine Freistellung der betreffenden Vereinbarung in Betracht.

1. Vorgeschichte

Die von der Kommission in den sechziger Jahren eingesetzte Expertengruppe hatte mit Mehrheit die Anwendbarkeit des Art. 85 Abs. 1 EWGV auf Unternehmenszusammenschlüsse bejaht, wenn nach dem Zusammenschlußvorgang rechtlich getrennte Unternehmenseinheiten fortbestehen.[152] Demgegenüber hielt die Kommission selbst Art. 85 EWGV für eine ungeeignete Vorschrift zur Kontrolle von Unternehmenszusammenschlüssen.[153] Dies deckte sich mit der ganz herrschenden Meinung im Schrifttum.[154]

---

die Praxis im Nachhinein legitimiert habe, automatisch erledigt. Dieser Argumentation kann nicht gefolgt werden, da keine Vorschrift des Vertrages ersichtlich ist, die die These, Sekundärrecht könne die Auslegung von Primärrecht durch den Gerichtshof automatisch "überflüssig" machen, stützt; dagegen auch Miersch, Diss., S. 229.

152) Konzentrationsmemorandum, S. 21 Tz. 3.

153) Konzentrationsmemorandum, S. 24 Tz. 14; vgl. auch Schröter, FIW-Heft 122, S. 67, 72; Bellamy/Child Tz. 5-003.

154) Grabitz-Koch nach Art. 86 Rdnr. 7; Gleiss/Hirsch Art. 85 Rdnr. 220, 225; MHS-Mailänder Art. 86 Rdnr. 75 ff; Rittner, Wirtschaftsrecht, S. 415; van Ommeslaghe, in: Beiträge zum EWG-Kartellrecht, S. 41 ff; Gessler/Sonnenberger WuW 1971, 159; Faull ECLR 1984, 358, 372; Mestmäcker, Europäisches Wettbewerbsrecht,

Nach dem Continental Can-Urteil hatte die Kommission die Diskussion über eine Fusionskontroll-VO in Gang gesetzt; ein erfolgreicher Abschluß war aber nicht absehbar. Nach 14 Jahren erwog sie schließlich unter dem Eindruck der Untätigkeit des Rates die Rücknahme ihres Verordnungsvorschlags und der zuständige Kommissar Peter Sutherland drohte eine verstärkte Anwendung nicht nur des Art. 86 EWGV, sondern auch des Art. 85 EWGV für den Fall an, daß der Ministerrat sich nicht zu den Kommissionsvorschlägen äußere.[155]

Auf diese politische Situation traf am 17.11.1987 das "Philip Morris"-Urteil des Europäischen Gerichtshofes.

2. Art. 85 EWGV - Philip Morris-Urteil

a) Bedeutung des Urteils

Daß der Erwerb von Anteilen an einem anderen Unternehmen unter Art. 86 EWGV fallen kann, war mit dem Continental Can-Urteil geklärt; daß auf Fälle dieser Art gleichzeitig auch Art. 85 EWGV anwendbar sein könnte, ließ sich erst aus dem Urteil des Gerichtshofs in den verb. Rs. 142 und 156/84 "BAT und Reynolds ./. Kommission"[156] ableiten. Hier hatte der EuGH zum ersten und bisher einzigen Mal Gelegenheit, sich zu dieser zentralen Streitfrage zu äußern. Möglicherweise hat er mit Rdnr. 38-40 der Urteilsbegründung über den konkret entschiedenen Fall hinaus auch allgemeine Hinweise darauf gegeben, unter welchen Umständen die Betei-

---

S. 403 ff; GBTE³-Bail Art. 85 Rdnr. 169 ff; Ulmer WuW 1979, 433, 436; Huber WuW 1978, 677 ff; Harms, S. 123 f m.w.N.; Iliopoulos, S. 169 ff, 172; Hefermehl, FS für Nipperdey Bd. II, S. 771 ff.

155) Vgl. 16. Wettbewerbsbericht Tz. 39; Mitteilung in WuW 1987, 876.

156) EuGHE 1987, 4487 ff; gebräuchlicher ist die Bezeichnung als "Philip Morris"-Urteil, die auch im folgenden verwandt wird.

ligung am Kapital eines Wettbewerbers als Wettbewerbsbeschränkung i.S.d. Art. 85 EWGV gesehen werden kann.[157]

In der Literatur wurde dem EuGH auch zum Philip Morris-Urteil mehr oder weniger scharf vorgeworfen, er habe unter Überschreitung seiner Befugnisse aus Art. 164 EWGV eine politisch motivierte Entscheidung getroffen, um den EG-Gesetzgeber zur Einführung einer europäischen Fusionskontrolle zu drängen, dabei die Reichweite des Kartelltatbestands überzogen und die durch das Urteil verursachte Rechtsunsicherheit bewußt in Kauf genommen.[158]

b) Die für die Anwendbarkeit des Art. 85 EWGV auf Zusammenschlüsse wesentlichen Aussagen

Dem Urteil lag folgender Sachverhalt zugrunde: Vor 1981 kontrollierte die Rembrandt Group Ltd. über ihre 100%-ige Tochter Rothmans Tobacco Holdings die Firma Rothmans International, die auf dem europäischen Zigarettenmarkt in Wettbewerb mit dem amerikanischen Zigarettenhersteller Philip Morris stand. Rothmans Tobacco Holdings hielt zwar auf Grund einer Satzungsbestimmung nur 50% minus einer Stimme der Stimmrechte bei Rothmans International; da die restlichen Stimmrechte weit verstreut waren, ermöglichte dieser Anteil aber eine sichere und effektive Kontrolle über Rothmans International.

Nachdem Verhandlungen mit British American Tobacco (BAT) und Reynolds gescheitert waren, traf Rembrandt 1981 mit Philip Morris eine Vereinbarung, nach der Philip Morris 50% der Anteile an Rothmans Tobacco Holdings erwerben sollte. Daneben trafen die Vertragsparteien eine

---

157) So Satzky DB 1988, 379, 380.

158) Vgl. Benisch, FS für Rittner, S. 17, 20 f; Riesenkampff, FS für Rittner, S. 491, 505; Immenga/Fuchs NJW 1988, 3052, 3059; Sedemund/Montag NJW 1988, 601, 609; v. Winterfeld RIW 1988, 958, 960 f; van de Walle de Ghelcke, Journal des Tribunaux 1990, 245, 248; Blaise RTDE 1989, 471, 472; Koenigs, FIW-Heft 135, S. 137, 151.

Reihe von Abreden, die dazu führten, daß gegen den Willen von Philip Morris keine Entscheidungen mehr in bezug auf Rothmans International getroffen werden konnten.

Die Kommission beanstandete diese Vereinbarungen als einen Verstoß gegen Artt. 85 und 86 EWGV, woraufhin sie in der Weise abgeändert wurden, daß Philip Morris nun unter Aufgabe der Beteiligung an Rothmans Tobacco Holdings 30,8% des Kapitals und 24,9% der Stimmrechte an Rothmans International selbst erwarb. Gleichzeitig verpflichtete sich Philip Morris, seinen Anteil an Rothmans International nicht so zu verstärken, daß der Stimmrechtsanteil 25% übersteigt. Durch diese Vereinbarung war gewährleistet, daß Rothmans International auch weiterhin von Rothmans Tobacco Holdings allein kontrolliert wurde.

Die Kommission sah keinen Anlaß, auf Grund der Beschwerden von BAT und Reynolds, beides Konkurrenten der Vertragsparteien auf dem europäischen Zigarettenmarkt, gem. Art. 3 VO Nr. 17 gegen die Vereinbarung zwischen Philip Morris und Rembrandt einzuschreiten, so daß die Beschwerdeführer Klage vor dem Europäischen Gerichtshof erhoben.

Entsprechend der bisherigen Abgrenzungsregel geht der EuGH vom Erfordernis einer Vereinbarung zwischen Unternehmen aus und stellt zunächst die Prämisse heraus, daß die Anwendbarkeit des Art. 85 EWGV ausgeschlossen sei, wenn eines der beteiligten Unternehmen seine Selbständigkeit verliere. Da die Unternehmen, die den Kapitalerwerb ausgehandelt hatten, selbständig blieben, erklärte der Gerichtshof Art. 85 EWGV für anwendbar.[159]

Zur Anwendbarkeit des Art. 85 EWGV stellt der Gerichtshof allgemein fest, daß der Anteilserwerb an einem Konkurrenzunternehmen für sich genommen kein den Wettbewerb beschränkendes Verhalten darstellt, jedoch als Mittel zur Beeinflussung des geschäftlichen Verhaltens des betreffenden Unternehmens derart dienen könne, daß der Wettbewerb einge-

---

159) EuGHE 1987, 4487, 4575 Rdnr. 31 "Philip Morris".

schränkt oder verfälscht wird, so daß Art. 85 EWGV anwendbar wäre.[160] Auch dies war nicht neu.[161]

Problematisch ist hingegen die weitere Bemerkung des Urteils, Art. 85 EWGV sei insbesondere anwendbar, wenn der Erwerb von Gesellschaftsanteilen eines Wettbewerbers dazu dient, "rechtlich oder faktisch die Kontrolle über das geschäftliche Verhalten des anderen Unternehmens zu [erlangen]."[162] Verlust der Unabhängigkeit und Erwerb der Kontrolle beschreiben den gleichen Tatbestand, der allerdings nach der bis dahin h.M. nicht mehr unter Art. 85 EWGV fällt. Insbesondere Mehrheitsbeteiligungen konnten danach nicht von Art. 85 EWGV erfaßt sein.

Auch sei eine Vereinbarung wettbewerbsbeschränkend i.S.d. Art. 85 EWGV, wenn sie Strukturen schaffe, die einer geschäftlichen Zusammenarbeit zwischen den Unternehmen förderlich sein könnten, oder "wenn die Vereinbarung dem investierenden Unternehmen die Möglichkeit gibt, seine Position später zu stärken, indem es die effektive Kontrolle über das andere Unternehmen erlangt."[163]

Nach diesen Aussagen erscheint die Möglichkeit einer auf der Grundlage des Art. 85 Abs. 1 EWGV praktizierten Fusionskontrolle als nicht ausgeschlossen. Fraglich ist vor allem, wie nunmehr ein konzentratives Gemeinschaftsunternehmen zu beurteilen ist, das die Wettbewerbsverhältnisse spürbar beeinträchtigt. Wenn es unter Art. 3 Abs. 2 FKVO fällt, gilt die VO Nr. 17 nicht, die Kommission kann nicht nach Art. 85 Abs. 3 EWGV freistellen, hat aber die alleinige Kompetenz hierfür. Sonach müßten nationale Gerichte Art. 85 Abs. 1 und 2 EWGV anwenden.

Bemerkenswert ist, daß der Gerichtshof sehr deutlich eine Besonderheit des zu beurteilenden Falles herausstellt: Der relevante (Zigaretten-)markt

---

160) EuGHE 1987, 4487, 4577 Rdnr. 37 "Philip Morris".

161) Siehe oben S. 34 zur Gründung von Gemeinschaftsunternehmen als "Kartellgeschäftsstelle".

162) EuGHE 1987, 4487, 4577 Rdnr. 38 "Philip Morris".

163) EuGHE 1987, 4487, 4577 Rdnr. 38 "Philip Morris".

war sehr stark konzentriert. Dadurch wird der Erwerb der Kontrolle über ein Konkurrenzunternehmen zum entscheidenden Mittel der Vergrößerung des eigenen Marktanteils. Eine Minderheitsbeteiligung an einem Wettbewerber, die zunächst auch nur als ein passives Investment erscheinen mag, kann daher in Wahrheit Grundlage einer wettbewerbswidrigen Kooperation sein. Der Gerichtshof berücksichtigt mit dieser Rechtsprechung den Umstand, daß die Marktstruktur das Verhalten der Unternehmen und seine wettbewerbliche Relevanz mitbestimmt.[164]

Insgesamt fällt auch auf, daß der Gerichtshof die Tatbestandsmerkmale des Art. 85 Abs. 1 EWGV "Vereinbarung zwischen Unternehmen" und "Wettbewerbsbeschränkung" im einzelnen problematisiert, jedoch nicht die auf Art. 3 lit. f EWGV gestützte (fragwürdige) Argumentation aus dem Continental Can-Urteil wiederholt und auf Art. 85 Abs. 1 EWGV überträgt. Die Bedeutung des Schutzgutes Wettbewerb für die Funktionsfähigkeit des Gemeinsamen Marktes bzw. der Grundsatz des "effet utile" rechtfertigen als solche auch noch nicht eine unbegrenzt weite Auslegung der Wettbewerbsregeln.[165]

3. Art. 85 EWGV - Tatbestand

Fraglich ist, ob Art. 85 EWGV unter Berücksichtigung der Philip Morris-Doktrin Grundlage einer Zusammenschlußkontrolle sein kann.

---

164) EuGHE 1987, 4487, 4578 Rdnr. 43 ff "Philip Morris".

165) Zu den Grenzen der teleologischen Auslegung Oppermann, Rdnr. 582; Zuleeg EuR 1969, 97, 107 m.w.N.; Focsaneanu RevMC 1973, 145, 158; a.A. Blank, S. 135 f.

a) Normadressaten

Art. 85 EWGV gilt für Unternehmen und Unternehmensvereinigungen. Der Unternehmensbegriff entspricht dem des Art. 86 EWGV; daher kann auf die Darstellung hierzu verwiesen werden.[166]

b) Verbotene Maßnahmen

Bei der Bestimmung des Kreises der von Art. 85 EWGV erfaßten "Vereinbarungen" legt die Kommission im Interesse eines effektiven Wettbewerbsschutzes einen weiten eher wirtschaftlichen, als streng juristischen Maßstab an. Erfaßt sind nicht nur zwei- und mehrseitige Verträge, sondern auch Vereinbarungen, die rechtlich nicht bindend sind.[167] Ausreichend ist bereits jeder Konsens der Parteien, der das Marktverhalten der Beteiligten in großen Linien bestimmt.[168] Unerheblich ist dabei, ob die beteiligten Unternehmen derselben Marktstufe angehören; im Gegensatz zu § 1 GWB setzt Art. 85 Abs. 1 EWGV nicht voraus, daß die Vereinbarung zwischen den beteiligten Unternehmen zu einem gemeinsamen Zweck geschlossen wird. Horizontale Vereinbarungen sind daher von Art. 85 EWGV in gleicher Weise erfaßt, wie vertikale Vereinbarungen.[169]

Im Bereich einer Zusammenschlußkontrolle stellt sich zum einen vor allem die Frage, ob die für sie relevante Vereinbarung im Erwerb der Anteile an einem anderen Unternehmen selbst oder in einer darüber hinausgehenden Vereinbarung zu sehen ist. Damit verbunden ist die Frage, ob auch ein Anteilserwerb über die Börse unter den Begriff der "Vereinbarung" i.S.d.

---

166) Siehe oben S. 49 ff.

167) KomE ABl. 1974 Nr. L 343, S. 19, 23 "Kugellager"; str.

168) KomE ABl. 1989 Nr. L 33, S. 44, 61 Rdnr. 62 "Flachglas"; EuGHE 1975, 1663, 1942 Rdnr. 26/28 "Suiker Unie".

169) EuGHE 1966, 321, 386 ff "Grundig/Consten"; EuGHE 1966, 457, 485 "Italien ./. Kommission".

Art. 85 Abs. 1 EWGV subsumierbar ist.[170] Zum anderen ist fraglich, ob eine "Vereinbarung" nur dann vorliegt, wenn die beteiligten Unternehmen nach Durchführung der Vereinbarung selbständig bleiben.

Eine Bestimmung des Begriffs der "abgestimmten Verhaltensweisen" erfordert zugleich dessen Abgrenzung zu dem von Art. 85 Abs. 1 EWGV nicht erfaßten bloßen unbewußten Parallelverhalten. Diese Abgrenzung ist häufig problematisch, besonders bei oligopolistischen Märkten. Das von den Wettbewerbsregeln des EWG-Vertrages vorausgesetzte selbständige Unternehmerverhalten verbietet es zwar einem Unternehmer nicht, sich in seinem Verhalten seiner Konkurrenz anzupassen; der Vertrag strebt aber eine lückenlose Erfassung aller Formen der Koordinierung zwischen Unternehmen an, welche die Zusammenarbeit an die Stelle des mit Risiken verbundenen Konkurrenzkampfes im Wettbewerb setzen.[171] Diese Anforderungen kann selbst eine bloße Kontaktaufnahme zwischen den Beteiligten erfüllen, bei der sie sich über ihr künftiges Marktverhalten äußern und dabei davon ausgehen, daß die anderen Beteiligten sich entsprechend verhalten.

Mitunter wird daher in der Literatur auch das Merkmal der abgestimmten Verhaltensweisen dazu herangezogen, auch den Aktienerwerb an der Börse durch Art. 85 Abs. 1 EWGV zu erfassen. Dies beruht auf der Annahme, daß die nach dem Erwerb erforderliche Unterstellung der nun verbundenen Unternehmen unter eine einheitliche Leitung zumindest auf einer abgestimmten Verhaltensweise der beteiligten Konzernunternehmen beruhe.[172]

Die von Art. 85 Abs. 1 EWGV ebenfalls erfaßten "Beschlüsse von Unternehmensvereinigungen" spielen für Unternehmenszusammenschlüsse keine Rolle und können daher vernachlässigt werden.

---

170) In der Literatur wird diese Frage bisher fast durchweg verneint, näher dazu unten S. 131.

171) EuGHE 1972, 713, 734 f Rdnr. 22 "BASF"; EuGHE 1975, 1663, 1942 Rdnr. 26/28 "Suiker Unie"; EuGHE 1981, 2021, 2031 Rdnr. 12 f "Züchner".

172) Emmerich EuR 1971, 295, 308; Fikentscher, Europees Kartelrecht, S. 192.

c) Wettbewerbsbeeinträchtigung

aa) Begriff

Die vorstehend beschriebenen Maßnahmen werden durch Art. 85 Abs. 1 EWGV verboten, wenn sie eine Verhinderung, Einschränkung oder Verfälschung des Wettbewerbs in einer seiner Erscheinungsformen[173] bezwecken oder bewirken.

Eine abstrakte Definition des Begriffs der Wettbewerbsbeschränkung durch den Gerichtshof fehlt bisher. Aus seiner Vorgehensweise bei der Beurteilung einzelner Fälle läßt sich jedoch ableiten, daß die Wettbewerbsbeschränkung in der Einschränkung der Handlungsparameter entweder der am Vertrag beteiligten Unternehmen oder Dritter besteht.[174] Art. 85 Abs. 1 EWGV greift nicht nur dann ein, wenn die Vertragspartner sich selbst gegenseitig Bindungen auferlegen, sondern auch dann, wenn durch ihre Vereinbarung Dritte vom Marktzugang ausgeschlossen werden, z.B. bei der Einräumung von Ausschließlichkeitsrechten.[175]

bb) Wettbewerbsbeschränkung - zwischen wem ?

Für die Subsumtion von Zusammenschlußvorgängen unter Art. 85 Abs. 1 EWGV wird bisweilen darauf verwiesen, daß die Wettbewerbsbeschränkung nicht unbedingt zwischen den Parteien der Vereinbarung i.S.d. Art. 85 Abs. 1 EWGV eintreten müsse. Vielmehr sei auch ein wettbewerbsbeschränkender Effekt zwischen dem Erwerber und dem erworbenen Unternehmen ausreichend. Danach ist die i.S.d. Art. 85 Abs. 1 EWGV relevante Vereinbarung die Kapitalbeteiligung, während die Wettbewerbsbe-

173) Wettbewerb etwa hinsichtlich Qualität, Preis, Service u.a., vgl. EuGHE 1977, 1875, 1905 f Rdnr. 20 "Metro I".

174) EuGHE 1966, 281, 304 "Maschinenbau Ulm"; EuGHE 1966, 321, 387 "Grundig/Consten".

175) KomE ABl. 1989 Nr. L 284, S. 36, 41 f Rdnr. 41 f "Filmeinkauf deutscher Fernsehanstalten".

schränkung zwischen dem Erwerber und dem Erworbenen eintritt.[176] Trennt man auf diese Weise zwischen den Parteien der Vereinbarung und denen des wettbewerbsbeschränkenden Effekts, so scheint auf den ersten Blick die Subsumtion auch einer Mehrheitsbeteiligung unter Art. 85 Abs. 1 EWGV möglich zu sein.

Zwar setzt Art. 85 Abs. 1 EWGV in der Tat eine Wettbewerbsbeschränkung inter partes nicht voraus, was sich bereits daraus ergibt, daß die Vorschrift auf horizontale und vertikale Absprachen gleichermaßen anwendbar ist. Nach der gefestigten Rechtsprechung des EuGH ist ausreichend, daß die wettbewerbsbeschränkende Wirkung der Vereinbarung, wie sie an ihren tatsächlichen Auswirkungen auf den Markt festgestellt wird, zwischen den Parteien dieser Vereinbarung und Dritten oder nur zwischen Dritten eintritt.[177]

Wettbewerbsbeschränkung i.S.d. Art. 85 Abs. 1 EWGV ist aber nicht schon die Marktfolge einer Vereinbarung, erforderlich ist vielmehr eine Beschränkung der wettbewerbsrelevanten Handlungsfreiheit eines der Beteiligten,[178] welche bei einem bloßen Erwerb von Kapitalanteilen als solchem nicht gegeben ist. Danach muß das künftige Verhalten der Parteien in Erfüllung des Vertrages zur Wettbewerbsbeschränkung führen, während die rein tatsächliche Veränderung der Marktstruktur, die mit der Durchführung eines Zusammenschlusses verbunden ist, allein nicht ausreicht.

Infolgedessen genügt es für Art. 85 Abs. 1 EWGV nicht, auf die Wettbewerbsbeschränkung zwischen Erwerber und Erworbenem abzustellen.

---

176) Schödermeier WuW 1988, 185, 188 f; Emmerich, FS für Steindorff, S. 951, 958; Satzky DB 1988, 379, 382.

177) EuGHE 1967, 543, 555 f "De Haecht I"; EuGHE 1971, 69, 83 Rdnr. 10 "Sirena".

178) Gleiss/Hirsch Art. 85 Rdnr. 35 ff; Koenigs, FIW-Heft 135, S. 137, 151; Immenga/Fuchs NJW 1988, 3052, 3053; Grabitz-Koch Art. 85 Rdnr. 45 ff m.w.N.; GTE[4]-Schröter Art. 85 I Rdnr. 71.

cc) Spürbarkeit der Wettbewerbsbeschränkung

Für Art. 85 Abs. 1 EWGV ist erforderlich, aber auch ausreichend, daß die Wettbewerbsbeschränkung, ebenso wie die Beeinträchtigung des zwischenstaatlichen Handels, spürbar ist. Das Spürbarkeitskriterium stellt eine quantitative de-minimis-Regel für die Bestimmung der Wettbewerbsbeschränkung dar. Hierbei legt die Rechtsprechung einen objektiven Maßstab an. Es genügt, daß die wettbewerbsbeschränkende Maßnahme zumindest mittelbare Rückwirkungen innerhalb des Gebiets der Gemeinschaft zeigt, wobei unerheblich ist, wo das Unternehmen seinen Sitz hat.[179]

Maßgebliches Kriterium hierbei ist der Marktanteil; liegt dieser unter 5%, so wird in der Regel die Anwendbarkeit des europäischen Kartellrechts zu verneinen sein, während bei einem Marktanteil von über 5% grundsätzlich von Spürbarkeit ausgegangen werden kann.[180] Die Kommission hat diese Kriterien in ihrer Bagatellbekanntmachung bestätigt.[181]

d) Zwischenstaatlichkeit

Das Erfordernis der Beeinträchtigung des Handels zwischen Mitgliedstaaten entspricht dem in Art. 86 EWGV. Daher kann auf die dortigen Ausführungen verwiesen werden.[182]

e) Bezwecken oder Bewirken

Art. 85 Abs. 1 EWGV setzt weiterhin voraus, daß die Wettbewerbsbeschränkung entweder Zweck oder Wirkung der betreffenden Maßnahme ist.

---

179) Vgl. zum Ganzen: v. Gamm Art. 85 Rdnr. 27; Emmerich, Kartellrecht, S. 535 f.

180) EuGHE 1983, 3151, 3201 Rdnr. 58 "AEG".

181) ABl. Nr. C 231 vom 12.9.1986, S. 2 Ziff. 7.

182) Siehe oben S. 70.

Eine Maßnahme bezweckt eine Wettbewerbsbeschränkung nicht nur dann, wenn die subjektiven Absichten der Parteien auf sie gerichtet sind; vielmehr genügt es, wenn die Vereinbarung bei objektiver Auslegung eine Tendenz zur Wettbewerbsbeschränkung zeigt. Kann nachgewiesen werden, daß eine Maßnahme auf eine Wettbewerbsbeschränkung abzielt, so ist der Nachweis, daß eine Wettbewerbsbeschränkung tatsächlich auch verwirklicht wurde, nicht erforderlich.[183]

Nur wenn sich eine wettbewerbsbeschränkende Zweckrichtung nicht feststellen läßt, ist eine Folgeprüfung erforderlich, bei der zum einen der Vertrag mit seinen Drittwirkungen, zum anderen aber auch die Existenz gleichartiger Verträge zwischen den Beteiligten und Dritten zu berücksichtigen sind.[184] Zur Erfüllung des Tatbestandsmerkmals "bewirken" genügt es, daß die betreffende Maßnahme kausal für die eintretende Wettbewerbsbeschränkung ist; diese Kausalität ist bei Zusammenschlüssen wohl immer gegeben, und zwar auch dann, wenn sie über die Börse erfolgen.[185]

f) Insbesondere: Wettbewerbsbeschränkung bei der Gründung von Gemeinschaftsunternehmen

Die Gründung von Gemeinschaftsunternehmen (GU) steht in gleicher Weise zwischen Kartell und Zusammenschluß wie eine Minderheitsbeteiligung. Möglicherweise ergeben sich aus der Praxis der Beurteilung von GU Rückschlüsse darauf, wann ein Anteilserwerb wettbewerbsbeschränkend und von Art. 85 EWGV erfaßt ist, sowie allgemein auf die Anwendbarkeit des Art. 85 Abs. 1 EWGV auf Konzentrationssachverhalte.

Sowohl die Kommission,[186] als auch die Literatur grenzen zwischen konzentrativen und kooperativen GU ab. Art. 85 EWGV sei nur auf sog. ko-

---

183) EuGHE 1966, 321, 390 f, "Grundig/Consten".

184) EuGHE 1975, 1663, 2025 Rdnr. 548/549 "Suiker Unie".

185) Blank, S. 159.

186) Schlieder, FIW-Heft 77, S. 79, 93.

operative GU anzuwenden, während auf konzentrative GU allenfalls Art. 86 EWGV Anwendung finden könne.[187] Konzentrativ ist ein GU, wenn es alle Funktionen einer selbständigen wirtschaftlichen Einheit hat, d.h. in einem bestimmten Bereich alle Funktionen von Entwicklung über Einkauf und Produktion bis zum Vertrieb wahrnimmt. Ein GU ist dagegen als kooperativ einzustufen, wenn es lediglich ergänzend zur Tätigkeit seiner Gesellschafter Teilfunktionen wahrnimmt.[188]

Der Kommission bereitete es regelmäßig keine Schwierigkeiten, GU unter eine der Kartellformen zu subsumieren, wobei sie Anhaltspunkte für eine verbotene Verhaltenskoordination teils aus der Grundvereinbarung, teils aber auch aus der Gründung des GU als solcher abgeleitet hat.[189] Dies wird auch bei faktischen Rückwirkungen, die mit Gründung und Betrieb eines GU notwendigerweise verbunden sind (Gruppeneffekt, faktischer Wettbewerbsverzicht) sehr extensiv bejaht.[190] Dies steht im Widerspruch zur Praxis des Bundeskartellamts, das selbst kooperative GU, insbesondere Forschungs- und Entwicklungskooperationen, in erster Linie unter dem Gesichtspunkt der Fusionskontrolle prüft und § 1 GWB nur ergänzend heranzieht.[191]

---

187) Langen/Niederleithinger/Ritter/Schmidt § 1 Rdnr. EG 147; v. Gamm Art. 85 Rdnr. 44; Pappalardo RIDE 1990, 3, 13.

188) Benisch, FS für Kaufmann, S. 73, 79 ff.

189) Treffend Korah ECLR 1987, 239, 249: "[The Commission] has always found that some aspect of the transaction infringed Article 85 and required exemtion." Vgl. auch Mestmäcker, Europäisches Wettbewerbsrecht, S. 434; Grabitz-Koch Art. 85 Rdnr. 59.

190) KomE ABl. 1972 Nr. L 14, S. 14, 16 "Henkel/Colgate"; KomE ABl. 1977 Nr. L 48, S. 32, 36 Rdnr. 15 "Vacuum Interrupters"; KomE ABl. 1977 Nr. L 215, S. 11, 15 f "De Laval/Stork"; KomE ABl. 1977 Nr. L 327, S. 26, 31 f "GEC/Weir"; in der Literatur ist die extensive Anwendung des Art. 85 Abs. 1 EWGV auf GU sehr umstritten, vgl. Huber WuW 1978, 677, 696 ff; Grabitz-Koch nach Art. 86 Rdnr. 17; Iliopoulos, S. 288 f; Ulmer WuW 1979, 433, 438 f; Bechtold RIW 1985, 442, 444 ff; vor allem Pathak ECLR 1991, 171, 183: "The Commission created a confusing, complicated and incorrect framework ... without any basis in antitrust logic."

191) Vgl. hierzu Huber, FIW-Heft 80, S. 7, 29 ff; ders., WuW 1987, 677, 688.

Die Abgrenzung ist im Einzelfall problematisch; die Kommission hat Art. 85 Abs. 1 EWGV auch auf den größten Teil der konzentrativen GU angewandt,[192] damit die Grenzlinie zwischen Kartellverbot und Zusammenschlußkontrolle weit innerhalb des Bereichs der konzentrativen GU gezogen und lediglich die seltenen fusionsgleichen konzentrativen GU aus ihrer Kontrolle ausgegrenzt;[193] die überwiegend konzentrativen GU mit kooperativen Elementen dagegen wurden immer nach Art. 85 Abs. 1 EWGV geprüft und in aller Regel gem. Art. 85 Abs. 3 EWGV freigestellt.[194]

Damit hatte die Kommissionspraxis den Art. 85 Abs. 1 EWGV schon weithin zu einem Instrument der Zusammenschlußkontrolle für GU unter Wettbewerbern gemacht, insbesondere durch die sehr weitgehende Bejahung potentiellen Wettbewerbs zwischen den Gründern des GU oder zwischen Gründer und GU. Diese Haltung hat sie 1983 nur zum Teil revidiert, indem sie Art. 85 Abs. 1 EWGV auf GU nur noch dann anwendet, wenn ein Marktzutritt des potentiellen Wettbewerbers auch tatsächlich wahrscheinlich ist.[195] Nach 1984 hat die Kommission zwar erstmals in mehreren Fällen potentiellen Wettbewerb zwischen den Müttern verneint, gleichwohl aber (aus anderen Gründen) ein Negativattest nicht erteilt.[196] Auch danach wurde bis 1990 in keinem Fall ein Negativattest erteilt.[197]

---

192) Grabitz-Koch nach Art. 86 Rdnr. 16; kritisch zur Kommissionspraxis Pathak ECLR 1990, 119, 123; Huber, FIW-Heft 80, S. 7, 106 f; Benisch, FS für Rittner, S. 17, 20; Bellamy/Child Tz. 9-005 ff.

193) Beteiligungsgesellschaften ziehen sich vollständig und endgültig aus dem Tätigkeitsbereich des GU zurück. KomE ABl. 1975 Nr. L 38, S. 14 f "SHV/Chevron"; KomE ABl. 1991 Nr. C 74, S. 7 "Enichem/ICI"; KomE ABl. 1991 Nr. C 33, S. 11 "Stora/Feldmühle"; anders demgegenüber KomE ABl. 1977 Nr. L 215, S. 11, 15 f "De Laval/Stork".

194) Einzige Ausnahme: KomE ABl. 1978 Nr. L 322, S. 26 ff "WANO/Schwarzpulver"; im einzelnen Huber WuW 1978, 677, 693 ff; Korah/Lasok CMLR 1988, 333, 351;

195) 13. Wettbewerbsbericht Tz. 55; zur früheren Praxis vgl. KomE ABl. 1976 Nr. L 51, S. 15, 18 "KEWA" und die oben in Fußn. 190 zitierten Fälle.

196) KomE ABl. 1985 Nr. L 369, S. 6, 8 Rdnr. 15 "BP/Kellogg" und KomE ABl. 1987 Nr. L 41, S. 31, 35 Rdnr. 19 "Mitchell Cotts/Sofiltra" (wettbewerbsbeschränkende Nebenabreden); KomE ABl. 1986 Nr. L 236, S. 30, 36 ff Rdnr. 46 ff

Nach der Bekanntmachung über Kooperations- und Konzentrationstatbestände sollte diese Abgrenzung auch unter dem Regime der Fusionskontroll-VO übernommen werden.[198] Darin hatte die Kommission noch gefordert, daß "sich alle Gründerunternehmen vom Markt des GU zurückziehen und auch nicht in Märkten auftreten, die demjenigen des GU vor- oder nachgelagert oder benachbart sind."[199] Anderenfalls lasse sich eine Verhaltenskoordinierung zwischen den Müttern zumindest nicht ausschließen.[200] Von diesen engen Kriterien der Bekanntmachung ist die Kommission allerdings bereits in einer Reihe von Fällen abgewichen und hat auch GU-Gründungen als konzentrativ eingestuft, bei denen die Mütter des GU sich nicht vollständig aus dem Markt zurückgezogen hatten,[201] bzw. als

---

"Lichtwellenleiter" (Einzelnes GU verstößt nicht gegen Art. 85 Abs. 1 EWGV, wohl aber ein ganzes Netz von GU). Kritisch Korah ELR 1987, 18; Fine ECLR 1992, 51, 51.

197) Dies geschah erstmals im Fall "Elopak/Metal Box-Odin", KomE ABl. 1990 Nr. L 209, S. 15, als die Fusionskontroll-VO bereits verabschiedet war.

198) Vgl. Kleinmann RIW 1990, 605, 607; daher war zunächst davon auszugehen, daß nur wenige GU von der Fusionskontroll-VO erfaßt sind (a.a.O., S. 611); kritisch Pathak ECLR 1991, 171, 175 f.

199) ABl. Nr. C 203, S. 10 v. 14.08.1990 Tz. 20.

200) ABl. Nr. C 203, S. 10 v. 14.08.1990 Tz. 33, 34.

201) In KomE IV/M 101 "Dräger/IBM/HMP" Tz. 10 f wird geprüft, ob sich die GU-Gründung auf das Wettbewerbsverhältnis zwischen den Gründern auf vor- oder nachgelagerten bzw. benachbarten Märkten auswirkt; vgl. auch KomE IV/M 090 "BSN/Nestlé/Cokoladovny" Tz. 12.
Anders dagegen KomE IV/M 086 "Thomson/Pilkington" Tz. 9: Konzentratives GU, obwohl Thomson sich nicht vom Markt des GU zurückziehen will; KomE IV/M 072 "Sanofi/Sterling" Tz. 9: Eine Mutter auf dem Markt des GU außerhalb der EG tätig; KomE IV/M 024 "Mitsubishi/UCAR" Tz. 8; KomE IV/M 012 "VARTA/Bosch" Tz. 5: Mutter in EG oder Drittstaaten als Kommissionär des GU tätig; KomE IV/M 021 "Dresdner Bank/BNP" Tz. 5: Beide Mütter auf benachbarten räumlichen Märkten tätig; KomE IV/M 072 "Sanofi/Sterling" Tz. 7: F & E im Bereich des GU wird teilweise von den Müttern fortgesetzt; KomE IV/M 024 "Mitsubishi/UCAR" Tz. 8; KomE 098 IV/M "ELF/BC/CEPSA" Tz. 6: Eine Mutter im Markt des GU tätig, das allerdings Marktführer ist. In KomE IV/M 101 "Dräger/IBM/HMP" wird die Verhaltenskoordinierung zwischen dem GU und ei-

potentielle Wettbewerber des GU verblieben sind.[202] Sie hat auch angekündigt, sie werde die Bekanntmachung im Lichte der Erfahrungen der Praxis überprüfen.[203]

Die extensive Anwendung des Art. 85 Abs. 1 EWGV auf GU in der Kommissionspraxis ist nach alledem für die Auslegung des Art. 85 Abs. 1 EWGV nicht überzubewerten oder zu verallgemeinern.[204] Sie ist dadurch beeinflußt, daß neben Art. 85 Abs. 1 EWGV kein Instrument zur Kontrolle von GU bestand. Die Praxis ist vom EuGH nicht bestätigt[205] und scheint nach Erlaß der Fusionskontroll-VO schrittweise aufgegeben zu werden.

4. Rechtsfolgen des Art. 85 EWGV

Die in Art. 85 Abs. 1 EWGV beschriebenen Verhaltensweisen sind verboten, die vom Verbot erfaßten Vereinbarungen gem. Art. 85 Abs. 2 EWGV nichtig. Die wesentlichen Voraussetzungen für die Anwendung und Durchsetzung dieses Verbots durch die Kommission enthält die VO

---

nem seiner Gründer nicht untersucht. KomE IV/M 133 "Ericson/Kolbe" Tz. 12: Ericson bleibt Wettbewerber des GU.

202) Potentieller Wettbewerb zwischen den Müttern oder zwischen diesen und dem GU wird oft gar nicht untersucht oder mit nur wenigen Worten verneint, wobei der Begriff des potentiellen Wettbewerbs deutlich restriktiver ausgelegt wird, als in den Vor-FKVO-Entscheidungen; vgl. KomE IV/M 072 "Sanofi/Sterling" Tz. 9; KomE 098 IV/M "ELF/BC/CEPSA" Tz. 6; KomE IV/M 110 "ABC/Générale des eaux/Canal/Smith" Tz. 9 a). Erheblich wurde die Frage nur in den Fällen "Apollinaris/Schweppes" KomE IV/M 093 Tz. 7 ff und "BSN-Nestlé/Cokoladovny" KomE IV/M 090 Tz. 14 (potentieller Wettbewerb zwischen GU und Müttern).

203) Ehlermann WuW 1991, 535, 540.

204) Ebenso Blaise RTDE 1989, 471, 472.

205) Nach Auffassung v. Winterfelds (RIW 1988, 958, 959) hat der EuGH mit seiner Aussage, der Anteilserwerb als solcher sei nicht wettbewerbsbeschränkend, die Übernahme der Lehre vom Gruppeneffekt ausdrücklich abgelehnt.

Nr. 17/62,[206] die jedoch gem. Art. 22 Abs. 2 FKVO für Zusammenschlüsse i.S.d. Art. 3 FKVO nicht mehr gilt.

Für das Problem von Doppelkontrollen durch Art. 85 EWGV und die Fusionskontroll-VO ist daher lediglich interessant, inwieweit die zivilrechtlichen Wirkungen des Art. 85 EWGV unmittelbar aus dem EWG-Vertrag folgen, so daß sich Privatpersonen vor nationalen Gerichten auf sie berufen können.[207] Im "Bosch"-Urteil vom 6.4.1962[208] hat der Gerichtshof die unmittelbare Anwendbarkeit des Art. 85 EWGV im Grundsatz bejaht, jedoch einschränkend entschieden, daß die Nichtigkeitsfolge nicht in Fällen eingreifen könne, in denen noch keine Erklärung nach Abs. 3 abgegeben worden sei, da Art. 85 Abs. 1 und 3 EWGV ein unteilbares Ganzes bildeten. Der Gerichtshof hat allerdings auch ausdrücklich festgestellt, daß Artt. 88, 89 EWGV nicht geeignet sind, die vollständige Anwendung von Art. 85 EWGV zu gewährleisten.[209] Nach dem "Bosch"-Urteil greift die Nichtigkeitsfolge nur bei solchen Vereinbarungen und Beschlüssen ein, bezüglich derer entweder eine Durchführungsverordnung gem. Art. 87 EWGV besteht oder die nationalen Behörden gem. Art. 88 EWGV tätig geworden sind oder die Kommission die in Art. 89 Abs. 2 EWGV vorgesehene Feststellung getroffen hat. Damit ist ohne Vorliegen dieser Voraussetzungen auch ein nationales Gericht nicht befugt, einen Verstoß gegen Art. 85 Abs. 1 EWGV festzustellen.

Diese Auslegung stößt inzwischen auf Kritik aus der Literatur. Der nationale Richter könne angesichts umfangreicher Entscheidungen des Gerichtshofs selbst beurteilen, welche Absprachen freistellungsfähig seien und Art. 85 Abs. 1, 2 EWGV insoweit differenziert anwenden. Für die Aufrechterhaltung der Bosch-Doktrin bestehe daher heute kein Anlaß

206) ABl. 1962, S. 204 ff.

207) Vgl. EuGHE 1974, 51, 62 Rdnr. 15/17 "BRT I"; EuGHE 1980, 2481, 2500 Rdnr. 13 "Lauder".

208) EuGHE 1962, 97, 112 f; bestätigt in EuGHE 1986, 1457 ff "Asjes" und EuGHE 1989, 803 ff "Ahmed Saeed".

209) EuGHE 1962, 97, 112 "Bosch"; ebenso EuGHE 1986, 1457, 1469 Rdnr. 61 "Asjes".

mehr.[210] Die Einschränkung der unmittelbaren Anwendbarkeit des Art. 85 EWGV wird vom Gerichtshof allerdings nach wie vor ausdrücklich aufrechterhalten.[211]

Die Tragweite der Nichtigkeit richtet sich nach den Zielen der Gemeinschaft. Daher bezieht sie sich nur auf die Vertragsklauseln, die die Funktionsfähigkeit des Gemeinsamen Marktes beeinträchtigen, nicht auf die Vereinbarung in ihrer Gesamtheit. Nach dem Zweck des Vertrages sind nur schuldrechtliche Bindungen erfaßt, nicht aber Rechtshandlungen in Ausführung dieser Verbindlichkeiten, es sei denn, der Verstoß gegen Art. 85 Abs. 1 EWGV ist gerade in diesen Rechtshandlungen zu sehen.[212]

5. Meinungsstand zur Reichweite des Art. 85 EWGV bei Zusammenschlüssen

Unmittelbar nach Verkündung des Philip Morris-Urteils hat in der Literatur ein heftiger Streit über seine Bedeutung eingesetzt. Die vertretenen Ansichten ergeben ein facettenreiches Bild der Anwendbarkeit des Art. 85 Abs. 1 EWGV auf Zusammenschlüsse unter Berücksichtigung der neuen Auslegung durch den EuGH. Die Divergenzen betreffen im einzelnen etwa die Fragen, ob nunmehr auch Mehrheitsbeteiligungen, vollständige Übernahmen oder konzentrative Gemeinschaftsunternehmen von Art. 85 EWGV erfaßt werden und ob die Entscheidungsgründe auch auf vertikale und konglomerate Zusammenschlüsse Anwendung finden können.

Das aus dem deutschen Recht bekannte Problem einer gleichzeitigen Anwendung von Kartellverbot und Fusionskontrolle auf Gemeinschaftsunter-

---

210) Grabitz-Pernice Art. 87 Rdnr. 6 f; GTE^4-Schröter Art. 87 I Rdnr. 4; Steindorff, FIW-Skript 10, S. 1.

211) EuGHE 1989, 803, 845 Rdnr. 20 "Ahmed Saeed"; EuGHE 1991-I, 935, 994 Rdnr. 55 "Delimitis/Henninger Bräu".

212) EuGHE 1966, 281, 304 "Maschinenbau Ulm"; EuGHE 1966, 321, 392 "Grundig/Consten"; Grabitz-Koch Art. 85 Rdnr. 142 m.w.N; Gleiss/Hirsch Art. 85 Rdnr. 439.

nehmen[213] stellt sich zunächst wegen des weiten Anwendungsbereichs des Art. 85 EWGV im europäischen Recht noch dringlicher, als im deutschen Recht, insbesondere dann, wenn man von einer prinzipiellen Anwendbarkeit dieser Vorschrift auf Zusammenschlüsse ausgeht. Die Fusionskontroll-VO grenzt zwar in Art. 3 Abs. 2 zwischen kooperativen und konzentrativen Sachverhalten ab, so daß eine Doppelkontrolle nicht in Betracht käme. Fraglich ist aber, ob diese Abgrenzung nicht durch eine extensive Auslegung des Art. 85 Abs. 1 EWGV unterlaufen werden kann.[214]

Angesichts der primärrechtlichen Qualität der Wettbewerbsregeln und der sekundärrechtlichen Qualität der Fusionskontroll-VO ist auch nicht ohne weiteres zu erkennen, daß sich die mit der Auslegung des Art. 85 EWGV bei Zusammenschlüssen zusammenhängenden Probleme automatisch allein mit dem Erlaß der Fusionskontroll-VO praktisch erledigt haben.[215]

Für die vorliegende Fragestellung ist die Problematik unter zwei Gesichtspunkten interessant: (1) Ist die europäische Fusionskontrolle systematisch oder auch nur vorbehaltlich einer entsprechenden Durchführungsverordnung in Art. 85 EWGV geregelt ? (2) Kann es Überschneidungen zwischen Art. 85 EWGV in der vom Gerichtshof ermittelten Auslegung und der Fusionskontroll-VO geben ?

a) Art. 85 Abs. 1 EWGV uneingeschränkt auf Zusammenschlüsse anwendbar

Nach einer Ansicht[216] hat der Gerichtshof die Unterscheidung zwischen Marktverhaltens- und Marktstrukturkontrolle aufgegeben. Nunmehr seien für Art. 85 EWGV nicht mehr nur die begleitenden Abreden von Bedeu-

---

213) Vgl. BGHZ 96, 69 "OAM"; OLG Hamm WuW/E OLG 4033 "Gemeinsamer Zeitungsverlag"; OLG Frankfurt WuW/E OLG 4323 "Nassauische Landeszeitung"; BKartA WuW/E BKartA 2117 "ARAL".

214) Emmerich, Kartellrecht, S. 621.

215) So aber Kulka, FS für Rittner, S. 343, 345.

216) Blaise RTDE 1989, 471, 473; ebenso Emmerich, Kartellrecht, S. 619.

tung, sondern ebenso die konkreten Auswirkungen des Anteilserwerbs als solchem. Art. 85 EWGV sei insbesondere anwendbar auf Verträge zur Übertragung von Aktien. Entscheidend sei allein die Auswirkung auf den Wettbewerb, nicht hingegen die Rechtsnatur der Vereinbarung.

Der EuGH unterscheide bei seinen grundsätzlichen Ausführungen nicht zwischen Mehrheits- und Minderheitsbeteiligung, und der Kontrollerwerb sei gerade das Wesen der Mehrheitsbeteiligung. Wenn, wie im Philip Morris-Fall, Art. 85 Abs. 1 EWGV auf eine Minderheitsbeteiligung anwendbar sei, die die Vorstufe zum späteren Kontrollerwerb sei, so müsse die Vorschrift erst recht anwendbar sein, wenn die Kontrolle gleich übernommen wird.

Emmerich geht davon aus, daß der Gerichtshof bei der Verwendung der Begriffe "Kontrollerwerb" und "Selbständigkeit" verschiedene Unternehmensbeziehungen im Auge gehabt habe; daher zwinge das Urteil nicht zu der Annahme, Unternehmensverschmelzungen i.S.d. §§ 339 ff AktG seien von vornherein dem Anwendungsbereich des Art. 85 Abs. 1 EWGV entzogen.[217] Hierfür spricht auch, daß selbst bei einer reinen Teilfusion durch Ausgliederung von Unternehmensteilen eine Vereinbarung selbständiger Unternehmen vorliegt, welche auch nach Durchführung dieser Vereinbarung selbständig bleiben; dieser Fall wird aber ebenfalls allgemein aus Art. 85 Abs. 1 EWGV ausgegrenzt.

b) Art. 85 Abs. 1 EWGV eingeschränkt auf Zusammenschlüsse anwendbar

Bis zum Erlaß des Philip Morris-Urteils ging die h.M. davon aus, daß Art. 85 EWGV nur dann anwendbar sei, wenn auch nach Vollzug der Vereinbarung zwei selbständige, unabhängig voneinander agierende Un-

---

217) Noch deutlicher Blaise RTDE 1989, 471, 476: "Rien ... ne permet de penser que la Cour fasse du maintien de deux entreprises juridiquement distinctes une condition nécessaire de l'application de l'article 85."

ternehmen als eigenständige Planungseinheiten bestehen blieben.[218] Auch unter dem Eindruck des Urteils wird von den meisten Vertretern einer weiten Auslegung des Art. 85 EWGV die Verschmelzung von Unternehmen aus dem Anwendungsbereich des Kartellverbots ausgegrenzt.[219] Doch wird Art. 85 EWGV auf alle Fälle des Anteilserwerbs für anwendbar gehalten, sofern eine Vereinbarung selbständiger Unternehmen vorliegt, die nach Durchführung der Vereinbarung auch *rechtlich* selbständig bleiben.[220]

Grundlegend für eine derart extensive Auslegung des Kartellverbots und seine Ausdehnung auf Zusammenschlüsse sind die Arbeiten von Mestmäcker,[221] welche zum Teil schon lange vor der einschlägigen Rechtsprechung des Gerichtshofs entstanden sind. Er geht von der Frage aus, ob die nach Durchführung der betroffenen Vereinbarung erforderliche "Selbständigkeit" nur rechtliche Selbständigkeit meint, oder ob darüber hinaus die wirtschaftliche Selbständigkeit der vertragsschließenden Parteien erforderlich ist. Im ersteren Fall wären mit Ausnahme der Fusion alle Fälle von Anteilserwerb erfaßt, im letzteren Fall nur solche, die nicht zum Kontrollerwerb führen, da Kontrollerwerb die wirtschaftliche Selbständigkeit des erworbenen Unternehmens aufhebt. Aus dem Wortlaut des Philip Morris-Urteils und der Systematik der Verwendung des Kontrollbegriffs sei zu

---

218) MHS-Mailänder Art. 85 Rdnr. 8 und Art. 86 Rdnr. 76; Schröter, FIW-Heft 122, S. 67, 75; Mestmäcker, Europäisches Wettbewerbsrecht, S. 410 f; van Ommeslaghe, in: Beiträge zum EWG-Kartellrecht, S. 41, 45; GBTE^3-Wenig Art. 85 Rdnr. 176.

219) Vgl. etwa Satzky DB 1988, 379, 381; Schödermeier WuW 1988, 187; Mestmäcker EuR 1988, 349, 369.

220) Mestmäcker EuR 1988, 349, 360 ff; Schödermeier WuW 1988, 185, 193; Satzky DB 1988, 379, 381; Kommission, 17. Wettbewerbsbericht Tz. 101; Bernini RevMC 1968, 274 f; Dubois, S. 125 ff; Goldman, Europäisches Handelsrecht, S. 296 f; Fikentscher, Europees Kartelrecht, S. 177, 186 ff; Canellos/Silber CMLR 1970, 138, 154 ff; v. Winterfeld RIW 1988, 958; Bolze, Rev. des sociétés 1990, 207, 209; Caspari/Schwarz, FS für Benisch, S. 383, 393; neuestens und sehr detailliert Blank, S. 109-189.

221) FS für Hallstein, S. 322 ff; Europäisches Wettbewerbsrecht, S. 399 ff; EuR 1988, 349, 368 ff und neuestens IM-Mestmäcker Vor § 23 Rdnr. 82 ff.

folgern, daß der Gerichtshof lediglich die rechtliche Selbständigkeit der beteiligten Unternehmen nach Vollzug des Zusammenschlusses gefordert hat. Die von der Kommission in ihrem Konzentrationsmemorandum geäußerte Rechtsauffassung sei damit überholt.[222]

Eine derart unterschiedslose Anwendung des Art. 85 Abs. 1 EWGV auf Kartelle und Zusammenschlüsse wurde für wettbewerbspolitisch wünschenswert gehalten, als die Nachteile des Fehlens einer Zusammenschlußkontrolle im Bereich des EWG-Vertrages spürbar wurden.[223] Sie hätte auch den Vorteil, daß die materielle Grenzziehung zwischen kooperativen und konzentrativen Sachverhalten nicht mehr erforderlich wäre.[224] Außerdem stellt sich bei einer extensiven Auslegung des Art. 85 EWGV das Problem eines möglichen Widerspruchs in der Begründung des Philip Morris-Urteils sicher nicht: Kontrollerwerb und Selbständigkeit nach Durchführung der Vereinbarung widersprechen sich nicht, wenn mit Selbständigkeit lediglich die rechtliche, nicht aber auch die wirtschaftliche Selbständigkeit gemeint ist.[225]

Einschränkend folgert Schödermeier[226] aus der Struktur des Art. 85 EWGV, daß nicht jede Art von Zusammenschluß unter Art. 85 EWGV fällt; vielmehr müsse zumindest eine vertragliche Beziehung zwischen zwei rechtlich selbständigen Unternehmen vorliegen.

Bisweilen wird darauf verwiesen, daß der Gerichtshof grundsätzliche Aussagen gemacht habe, zu denen im konkreten Fall keine Notwendigkeit bestanden habe.[227] Der EuGH habe damit die Voraussetzungen geschaffen

---

222) So auch ausdrücklich Blaise RTDE 1989, 471, 473.

223) Bernini, in: Kommission, 30 Jahre Gemeinschaftsrecht, S. 380; vgl. auch Emmerich EuR 1971, 295, 308.

224) Emmerich EuR 1971, 295, 309.

225) Mestmäcker EuR 1988, 349, 371.

226) WuW 1988, 185, 187 f.

227) v. Winterfeld RIW 1988, 958, 959; vgl. auch Grabitz-Koch Art. 86 Rdnr. 7.

für eine vorbeugende Fusionskontrolle in einem Stadium, in dem ein Fusionstatbestand noch gar nicht vorliegt.

Die Voraussetzungen eines derart weit verstandenen Art. 85 EWGV wären auch bei Gründung eines konzentrativen Gemeinschaftsunternehmens durch Teilfusion oder Ausgliederung erfüllt. Entscheidende Abgrenzungsfrage ist allein, ob der Erwerber bestimmenden Einfluß in der Form einer tatsächlichen oder rechtlichen Kontrollmöglichkeit erlangt. Die besondere praktische Bedeutung einer extensiven Auslegung des Philip Morris-Urteils zeigt sich vor allem auch, wenn man es auf das deutsche Recht überträgt: Danach könnten mit Ausnahme des § 23 Abs. 2 Nr. 1 GWB alle in § 23 Abs. 2 GWB genannten Fälle unter § 1 GWB fallen. Bisher hat allerdings keine deutsche Instanz, die mit Fusionskontrolle befaßt ist, § 1 GWB als die dem Art. 85 Abs. 1 EWGV vom Regelungsgegenstand her am meisten entsprechende Vorschrift auf Zusammenschlüsse angewandt.[228]

c) Art. 85 Abs. 1 EWGV nicht auf Zusammenschlüsse anwendbar

Nach der überwiegend[229] vertretenen restriktiven Auslegung des Art. 85 EWGV ist von der Vereinbarung der Unternehmen auszugehen, welche

---

228) Demgegenüber wurde eine solche Auslegung des § 1 GWB in der Literatur vertreten von Haberkorn WRP 1967, 39 ff.

229) Konzentrationsmemorandum, S. 21 ff; Hefermehl, FS für Nipperdey Bd. II, S. 771 ff und in: Europees Kartelrecht, S. 161 ff; Fikentscher, FS für Böhm, S. 261 ff; Gessler/Sonnenberger WuW 1971, 159 ff; Gleiss/Hirsch Art. 85 Rdnr. 220, 225; Huber WuW 1978, 677, 680; Iliopoulos, S. 169 ff, 172; Bechtold RIW 1985, 442, 446 ff; Korah ECLR 1987, 239 ff; Monopolkommission, Sondergutachten 17 Tz. 30 ff; Immenga/Fuchs NJW 1988, 3052, 3059; Korah/Lasok CMLR 1988, 333 ff; Pathak ECLR 1990, 119, 120; K. Schmidt BB 1990, 719, 722 f und FIW-Heft 134, S. 65, 67 f; van de Walle de Ghelcke, Journal des Tribunaux 1990, 245, 248; Santa Maria, Dir. com. int. 1990, 127, 138; GTE[4]-Schröter Art. 85 (Fallgruppen) Rdnr. 137 ff; Koenigs, FIW-Heft 135, S. 137, 151 f; Koch EWS 1990, 65, 67; Winckler/Gerondeau RevMC 1990, 541, 546; Kirchhoff BB-Beil. 14/1990, S. 12 Fußn. 39; Vonnemann DB 1990, 569, 570; van Empel, World Competition 1990, 5, 11; Pappalardo RIDE 1990, 3, 5; Grabitz-Koch nach Art. 86

unter Art. 85 EWGV zu subsumieren sei und der erst in zweiter Linie der Anteilserwerb zugeordnet werde. Die Kontrollmöglichkeit sei lediglich Zweck oder wettbewerbsbeschränkende Folge der Vereinbarung über den Anteilserwerb; der Erwerb der Kontrolle sei aber an sich kein Vorgang, der unter Art. 85 EWGV fällt.[230]

Rdnr. 37 des Philip Morris-Urteils zeige, daß der Gerichtshof Art. 85 Abs. 1 EWGV gerade nicht zu einer Fusionskontrolle durch "die richterliche Hintertür" gemacht habe, sondern lediglich die Anwendung des Art. 85 Abs. 1 EWGV auf alle Erscheinungsformen von Kartellen klargestellt habe, zu denen eben auch der Anteilserwerb an einem Wettbewerber gehöre. Danach hätte das Urteil die bisher schon herrschende Literaturmeinung, Art. 85 Abs. 1 EWGV sei auf Zusammenschlußvorgänge unanwendbar, völlig unberührt gelassen, wenn nicht sogar bestätigt.[231]

Die restriktive Auslegung kommt allerdings in Schwierigkeiten bei der Auflösung des "Widerspruchs" in den Urteilsgründen zur Frage des Erwerbs einer Kontrollbeteiligung. Einerseits fordert der EuGH für die Anwendung des Art. 85 EWGV die fortdauernde Selbständigkeit der Beteiligten nach Vertragsschluß, andererseits aber sieht er Kontrollerwerb als mögliche Wettbewerbsbeschränkung an.[232]

Nach Meinung der Vertreter der restriktiven Auslegung ist daraus jedoch nicht zwingend zu folgern, daß auch der Kontrollerwerb über einen Wettbewerber durch Vertrag mit irgendeinem beliebigen Dritten einen Verstoß gegen Art. 85 Abs. 1 EWGV darstelle. Die Ausführungen des Gerichtsho-

---

Rdnr. 7; Venit CMLR 1990, 7 ff; Einsele RIW-Beil. 2/1992 Rdnr. 25; zweifelnd GBTE[3]-Bail Art. 85 Rdnr. 169 f; Steindorff ZHR 152 (1988), S. 57 ff; ders., FIW-Skript 10, S. 8.

230) Immenga/Fuchs NJW 1988, 3052, 3054.

231) Immenga/Fuchs NJW 1988, 3052, 3059; vgl. auch Riesenkampff WuW 1988, 465, 469 ff; Grabitz-Koch nach Art. 86 Rdnr. 7; Monopolkommission, Sondergutachten 17 Tz. 31; Koch EWS 1990, 65, 67; K. Schmidt, FIW-Heft 134, S. 65, 67 f.

232) EuGHE 1987, 4487, 4575 ff Rdnr. 30, 38 f "Philip Morris"; vgl. dazu Steindorff ZHR 152 (1988), S. 57, 62; Riesenkampff WuW 1988, 465, 468 f; Immenga/Fuchs NJW 1988, 3052, 3058.

fes seien nicht eindeutig; unklar sei, ob er stets Kontrolle im Sinne einer Mehrheitsbeteiligung meine, oder nur die Möglichkeit, gewissen Einfluß auf die Geschäftspolitik auszuüben.[233] Der Begriff des Kontrollerwerbs sei im Lichte von Rdnr. 38 und 39 der Entscheidungsgründe zu interpretieren und lediglich in Abgrenzung zum bloßen passiven Investment herangezogen worden. Die Anwendung des Art. 85 Abs. 1 EWGV setze eine "qualifizierte Minderheitsbeteiligung" voraus.[234]

Zudem wird darauf verwiesen, daß der EuGH nicht zwischen den Beziehungen zwischen Philip Morris und Rembrandt und zu Rothmans International trennt, da er die letzteren als wirtschaftliche Einheit ansieht. Der EuGH bestätige, daß eine Vereinbarung zwischen unabhängigen Unternehmen erforderlich sei, die auch nach der Durchführung des Vertrages wirtschaftlich selbständig blieben.[235]

Danach könnten Mehrheitsbeteiligungen und vollständige Übernahmen auch weiterhin aus dem Anwendungsbereich des Art. 85 EWGV ausgeklammert werden.

---

233) Gegen diese Interpretation läßt sich allerdings einwenden, daß der Gerichtshof bei seinen Ausführungen zur Anwendbarkeit von Art. 86 EWGV ausdrücklich zwischen Kontrollerwerb und Einfluß auf die Geschäftspolitik differenziert: Art. 86 EWGV komme nur in Betracht, wenn "eine effektive Kontrolle ... *oder zumindest* ein Einfluß auf dessen Geschäftspolitik gegeben" sei, EuGHE 1987, 4487, 4584 Rdnr. 65 "Philip Morris".

234) Monopolkommission, Sondergutachten 17 Tz. 32; Immenga/Fuchs NJW 1988, 3052, 3058; Korah/Lasok CMLR 1988, 333, 350; vgl. auch Benisch, FS für Rittner, S. 17, 25 f; dagegen Emmerich, FS für Steindorff, S. 951, 960.

235) Immenga/Fuchs NJW 1988, 3052, 3055 zitieren an dieser Stelle die Rdnr. 31 des Urteils. Dort ist allerdings nur von Selbständigkeit, nicht aber von *wirtschaftlicher* Selbständigkeit die Rede. Eine nähere Erläuterung des Begriffs der "Selbständigkeit" liefert der Gerichtshof nicht; ebenso fehlt eine Begründung für diese Feststellung.

6. Kommissionspraxis zu Art. 85 EWGV nach 1987

Nach 1987 versuchte die Kommission, die entwickelten Grundsätze des Gerichtshofs zur Anwendung zu bringen[236] und (anders als zuvor bei Art. 86 EWGV !) ihre Befugnisse "case-by-case" zu erweitern, ohne jedoch eine systematische Fusionskontrolle auf der Grundlage des Art. 85 EWGV zu praktizieren.[237]

Im Fall "Carnaud/Sofreb" hat sie kurze Zeit nach Philip Morris unter Berufung auf dieses Urteil Art. 85 EWGV im Zusammenhang mit dem Erwerb einer *Mehr*heitsbeteiligung (66,6%) des Getränkedosenherstellers Carnaud an Sofreb angewandt, das zu dem verbleibenden minderen Kapitalanteil im Eigentum des Wettbewerbers Continental Can blieb. Dabei betonte die Kommission auch ihre Befugnis, künftig die *Struktur* des Anteilsbesitzes an Gesellschaften zu kontrollieren. Sie begründete die Anwendung des Art. 85 EWGV allein damit, "daß das Nebeneinanderbestehen zweier unmittelbarer Wettbewerber innerhalb von Sofreb geeignet war, eine mit den Wettbewerbsregeln der Gemeinschaft unvereinbare Zusammenarbeit zu fördern."[238]

Zudem hat die Kommission Art. 85 EWGV auf die gemeinsame Übernahme eines Unternehmens durch mehrere Wettbewerber angewandt,[239] wobei sie in diesen Fällen aber eher auf die begleitenden Vereinbarungen der Übernehmer abzustellen scheint.

---

236) Vgl. dazu auch van de Walle de Ghelcke, Journal des Tribunaux 1990, 245, 248; Winckler/Gerondeau RevMC 1990, 541, 542 f.

237) vgl. Elland ECLR 1990, 111 f.

238) Der Fall wurde nach Änderung der Vereinbarung durch comfort letter abgeschlossen; 17. Wettbewerbsbericht Tz. 70; vgl. Pressemitteilung der EG-Kommission IP [88] 14 vom 12.1.1988, WuW 1988, 222.

239) So die Fälle "Irish Destillers" (18. Wettbewerbsbericht Tz. 80) und "Plessey-GEC-Siemens" (KomE ABl. 1990 Nr. C 239, S. 2 ff; 19. Wettbewerbsbericht Tz. 66).

Letztlich hielt aber auch die Kommission selbst - trotz kraftvoller Ankündigungen[240] - Art. 85 Abs. 1 EWGV nicht für geeignet, Zusammenschlüsse umfassend zu erfassen: Sie hätte dann im Wege einer Gruppenfreistellungsverordnung Regeln für eine Zusammenschlußkontrolle auf Gemeinschaftsebene erlassen können. Die Kommission fand sich nach dem Philip Morris-Urteil auch bei Art. 85 EWGV in einem Spagat wieder: Einerseits hatte sie sich grundsätzlich gegen eine Anwendung des Art. 85 Abs. 1 EWGV auf Unternehmenszusammenschlüsse ausgesprochen und betrieb aus diesem Grund auch den Erlaß einer entsprechenden Verordnung; andererseits aber hatte ihr der Gerichtshof nun (möglicherweise) schon auf primärrechtlicher Grundlage die geforderten Kompetenzen zuerkannt, die ihr zumindest als Drohpotential politisch von Nutzen waren und die sie nicht vorschnell aus der Hand geben wollte.[241]

7. Stellungnahme

a) Dogmatische Einwände gegen eine Zusammenschlußkontrolle gem. Art. 85 EWGV

aa) Wortlaut

Art. 85 Abs. 1 EWGV nennt lediglich bestimmte näher charakterisierte Verträge, Beschlüsse und abgestimmte Verhaltensweisen, ohne selbst klarzustellen, inwieweit sich dies auf Kartelle und/oder Zusammenschlüsse be-

---

240) EG-Kommissar Sutherland: "fantastic", "a landmark decision" (Wall Street Journal v. 8.11.1987; Nachweis bei Riesenkampff WuW 1988, 465); Caspari/Schwarz, FS für Benisch, S. 383, 393: Einladung zur Fortentwicklung der Frage, wie weit man mit Art. 85 in der Fusionskontrolle kommt. Vgl. auch 18. Wettbewerbsbericht Tz. 33 ff; Antwort von Sir Leon Brittan auf eine schriftliche Anfrage des Abg. Martin, RTDE 1989, 800, 801.

241) Vgl. Monopolkommission, Sondergutachten 17 Tz. 33; Emmerich AG 1989, 369, 370; Venit CMLR 1990, 7, 13; Janicki WuW 1989, 193, 201.

zieht. Beide Begriffe kommen in der Vorschrift nicht vor. Deren Anwendungsbereich ist daher durch Auslegung zu ermitteln.

Die Formulierung "*alle* Vereinbarungen zwischen Unternehmen, Beschlüsse von Unternehmensvereinigungen und aufeinander abgestimmte Verhaltensweisen" legt zunächst eine weite Auslegung des Art. 85 Abs. 1 EWGV nahe. Als eine solche Vereinbarung ist auch der Zusammenschluß von Unternehmen oder die Gründung eines Gemeinschaftsunternehmens denkbar, und zwar unabhängig davon, ob die Beteiligten nach Durchführung des Vertrages wirtschaftlich oder rechtlich selbständig bleiben.[242] Die darauf bezogene Einschränkung der Anwendbarkeit des Art. 85 Abs. 1 EWGV, von der der Gerichtshof ausgeht, läßt sich aus dem Wortlaut der Vorschrift nicht unmittelbar herleiten.

Andererseits kommt in Betracht, aus der Nichterwähnung von Zusammenschlüssen im Beispielskatalog zu folgern, Zusammenschlüsse seien von Art. 85 Abs. 1 EWGV nicht erfaßt.[243] Dem könnte jedoch - wie schon bei Art. 86 EWGV - entgegengehalten werden, daß der Beispielskatalog nicht abschließend ist.[244] Der Katalog bezieht sich zwar nicht auf das Tatbestandsmerkmal der verbotenen Vereinbarung, sondern auf das der Wettbewerbsbeschränkung;[245] allerdings deutet die Nichtaufnahme der Unternehmenszusammenschlüsse darauf hin, daß diese nicht als eine verbotene Wettbewerbsbeschränkung i.S.d. Art. 85 Abs. 1 EWGV gewertet worden sind.

Man mag dies damit begründen, daß die Väter des EWG-Vertrages auf Grund des zur Zeit der Entstehung des EWG-Vertrages niedrigen Konzentrationsgrades Unternehmenszusammenschlüsse nicht für den wichtig-

---

242) Faull ECLR 1984, 358, 372; van Ommeslaghe, in: Beiträge zum EWG-Kartellrecht, S. 41, 62.

243) So Hefermehl, FS für Nipperdey Bd. II, S. 780.

244) Emmerich, Kartellrecht, S. 539.

245) GTE[4]-Schröter Art. 85 I Rdnr. 117.

sten Anwendungsfall des Art. 85 Abs. 1 EWGV gehalten haben.[246] Zwingend ist dieser Schluß aber nicht. Vielmehr läßt sich aus der Nichterwähnung genauso gut folgern, daß Unternehmenszusammenschlüsse überhaupt nicht erfaßt sein sollen.

Eine Wortlautauslegung des Art. 85 Abs. 1 EWGV führt nach allem nicht zu einem eindeutigen Ergebnis.

bb) Entstehungsgeschichte

Wie bereits festgestellt, sprechen die aus der historischen Auslegung gewonnen Indizien gegen eine Verankerung der Zusammenschlußkontrolle in den Wettbewerbsregeln einschließlich Art. 85 EWGV.[247]

cc) Art. 85 EWGV als Instrument der Marktverhaltenskontrolle

Art. 85 EWGV hat nicht ausdrücklich die Neugestaltung von Eigentumsverhältnissen und Änderungen der Unternehmensstruktur zum Gegenstand, sondern die Koordinierung des Marktverhaltens im übrigen selbständig bleibender Unternehmen.[248] Eine Vereinbarung i.S.d. Art. 85 Abs. 1 EWGV setzt eine Willenseinigung zwischen den Beteiligten mit der Verpflichtung zu einem bestimmten Verhalten voraus. Beim Erwerb einer Kapitalbeteiligung stellt sich die Frage, worin diese Vereinbarung besteht. Sieht man den Akt des Anteilserwerbs selbst als die relevante wettbewerbsbeschränkende Verhaltensweise, so könnte jeder Anteilserwerb, einschließlich des Börsenerwerbs, jedenfalls grundsätzlich von Art. 85 Abs. 1 EWGV erfaßt werden.[249]

---

246) Blank, S. 112.

247) Siehe oben S. 76 ff.

248) GTE^4-Schröter Art. 85 (Fallgruppen) Rdnr. 138; Mestmäcker, FS für Hallstein, S. 322, 327; Konzentrationsmemorandum, S. 21 Tz. 1; Fikentscher, FS für Böhm, S. 270 ff.

249) So Schödermeier WuW 1988, 190 f; vgl. auch Immenga/Fuchs NJW 1988, 3052, 3053.

Abgesehen von der praktischen Schwierigkeit, beim sukzessiven Börsenerwerb von Anteilen festzustellen, welcher konkrete Erwerbsakt gem. Art. 85 Abs. 2 EWGV nichtig sein soll,[250] erscheint das Abstellen auf den Anteilserwerb als solchen vom Philip Morris-Urteil nicht gedeckt zu sein: Danach stellt der bloße Kapitalerwerb am Wettbewerber "für sich genommen" kein wettbewerbsbeschränkendes Verhalten dar. Der Anteilserwerb als solcher ist wettbewerblich neutral. Auch wenn er als "Mittel" zur Wettbewerbsbeschränkung dienen kann oder ein Indiz für verbotene Verhaltensweisen liefern kann,[251] so ist damit klargestellt, daß der Anteilserwerb selbst noch keine wettbewerbsbeschränkende abgestimmte Verhaltensweise darstellt.[252] Erforderlich ist vielmehr eine darüber hinausgehende "Grundvereinbarung", welche die Handlungsfreiheit zumindest eines der Beteiligten beeinträchtigt.

Eine derartige Haltung des Gerichtshofes wäre im übrigen nicht neu. Im "Sirena"-Fall[253] wurde diese Konzeption schon angewandt, um eine Marktaufteilung mit Hilfe gewerblicher Schutzrechte zu verhindern. Danach bleibt die bloße Innehabung der Rechte von Art. 85 Abs. 1 EWGV unberührt (vgl. auch Art. 222 EWGV). Art. 85 Abs. 1 EWGV greift erst

---

250) Hierauf weisen Immenga/Fuchs NJW 1988, 3052, 3053 hin.

251) Korah/Lasok CMLR 1988, 333, 348 f; Immenga/Fuchs NJW 1988, 3052, 3053; Riesenkampff WuW 1988, 465, 468.

252) EuGHE 1987, 4487, 4577 Rdnr. 37 "Philip Morris"; Wissel, FIW-Heft 122, S. 85, 87; Immenga/Fuchs NJW 1988, 3052, 3053; Monopolkommission, Sondergutachten 17 Tz. 31; a.A. van de Walle de Ghelcke, Journal des Tribunaux 1990, 245, 247 f.
Der hier vertretenen Ansicht entspricht aber auch die Praxis der Kommission bei Unternehmenskäufen, wo ebenfalls nicht der Veräußerungsvertrag als solcher an Art. 85 Abs. 1 EWGV gemessen wird, sondern lediglich wettbewerbsbeschränkende Zusatzabreden darauf geprüft werden, ob sie im Rahmen des unbedingt Erforderlichen bleiben, vgl. EuGHE 1985, 2545, 2571, Rdnr. 19 f "Nutricia"; KomE ABl. 1983 Nr. L 376, S. 22, 27 Rdnr. 35 f "Nutricia"; KomE ABl. 1976 Nr. L 254, S. 40, 46 f "Reuter/BASF"; siehe auch Gleiss/Hirsch Art. 85 Rdnr. 226.

253) EuGHE 1971, 69, 83 Rdnr. 9.

dann ein, wenn ihre Ausübung "Gegenstand, Mittel oder Folge einer Kartellabsprache ist."[254]

Hierfür spricht auch die folgende Erwägung, auf die weder Kommission, noch Gerichtshof eingehen: Nachdem die ursprüngliche, 1981 getroffene, Vereinbarung zwischen Rembrandt und Philip Morris bereits vollzogen worden war, mußte Philip Morris auf Grund des Widerstands der Kommission die erworbenen Anteile an Rothmans International wieder der Firma Rembrandt zurückübertragen. Dies wäre nicht möglich gewesen, wenn der Anteilserwerb als solcher von Art. 85 EWGV erfaßt und nichtig gewesen wäre.

Zudem kann es für die Beurteilung des zukünftigen Marktverhaltens der Beteiligten auf die verbleibende wirtschaftliche Selbständigkeit des Veräußerers sinnvollerweise nicht ankommen.[255] Das entscheidende Abgrenzungskriterium ist demgegenüber, ob eine strukturelle, d.h. definitive und dauerhafte Veränderung der Wettbewerbsverhältnisse eintritt, oder ob die Verfälschung des Wettbewerbs nur von vorübergehender Natur ist.[256] Der Erwerb einer Kontrollbeteiligung schafft eine neue Wirtschaftseinheit und ist als solcher rein konzentrativer Natur. Die gegenteilige Auffassung führt zu Wertungswidersprüchen zwischen der Behandlung rein konzentrativer Gemeinschaftsunternehmen und von Unternehmenskäufen.[257]

Nach alledem ist auch nach dem Philip Morris-Urteil eine weiterhin zu koordinierende Marktplanung selbständiger Unternehmen Tatbestandsvor-

---

254) Vgl. auch Korah/Lasok CMLR 1988, 333, 349 Fußn. 40; Grabitz-Koch Art. 85 Rdnr. 200; Immenga/Fuchs NJW 1988, 3052, 3053.

255) Riesenkampff WuW 1988, 465, 469.

256) Immenga/Fuchs NJW 1988, 3052, 3056.

257) Vgl. Fußn. 252; Immenga/Fuchs NJW 1988, 3052, 3056. Schödermeier WuW 1988, 185, 187 sieht bei rein konzentrativen Gemeinschaftsunternehmen (Teilfusion) die Nichtanwendbarkeit des Art. 85 Abs. 1 EWGV mit der Zusammenfassung bestimmter Geschäftsbereiche zu einer einzigen irreversiblen Struktur begründet, beim Erwerb der Mehrheitsbeteiligung dagegen gerade in der Entstehung eines faktischen Konzerns den wettbewerbsbeschränkenden Effekt i.S.d. Art. 85 Abs. 1 EWGV (a.a.O., S. 190).

aussetzung des Art. 85 Abs. 1 EWGV. Das Urteil rechtfertigt nicht den Schluß, daß sich für das materielle Gemeinschaftsrecht die Unterscheidung zwischen Marktverhaltens- und Marktstrukturkontrolle erledigt hat.[258]

dd) Eingriffskriterium ungeeignet

Die Anwendung des Art. 85 Abs. 1 EWGV auf Zusammenschlüsse führt mit dem Spürbarkeitskriterium zu einer extrem niedrigen Eingriffsschwelle, die womöglich ihrerseits nicht mehr mit einem ordnungsgemäßen Funktionieren den Gemeinsamen Marktes in Einklang steht. Die Bagatellbekanntmachung differenziert begrifflich nicht zwischen verschiedenen Arten von Wettbewerbsbeschränkungen und schließt die Anwendung des Art. 85 Abs. 1 EWGV nur bei Marktanteilen unter 5% in einem wesentlichen Teil des Gemeinsamen Marktes und einem Umsatz von weniger als 200 Mio. ECU aus.[259]

Das Spürbarkeitskriterium bezweckt lediglich die (negative) Ausgrenzung von rein theoretischen und wirtschaftlich völlig unbedeutenden Störungen des Wettbewerbs und dient nicht der positiven Beurteilung von Sachverhalten, wie dies im Rahmen einer Zusammenschlußkontrolle erforderlich wäre.[260] Hier würde es einen generellen Abschreckungseffekt entwickeln und wäre damit geeignet, auch eine Vielzahl wettbewerbspolitisch wünschenswerter Zusammenschlüsse dem Verdikt des Art. 85 Abs. 1 EWGV zu unterwerfen. Keine Rechtsordnung schreitet bereits auf dieser niedrigen Schwelle gegen Zusammenschlüsse ein.

Allerdings muß die Spürbarkeit einzelfallbezogen festgestellt werden, so daß wettbewerbspolitisch unterschiedlich zu beurteilende Vorgänge in ihren wettbewerbspolitischen Auswirkungen auch unterschiedlich "spürbar" sind. Danach erscheint es auf den ersten Blick möglich, Unternehmenszu-

---

258) So aber v. Winterfeld RIW 1988, 958, 960; Blaise RTDE 1989, 471, 473; Blank, S. 127 f.

259) Siehe oben Fußn. 181.

260) GTE[4]-Schröter Art. 85 I Rdnr. 152; EuGHE 1969, 295, 302 Rdnr. 5-7 "Völk/Vervaecke"; EuGHE 1971, 351, 356 Rdnr. 7/10 "Cardillon/Höss".

sammenschlüsse auch unter Art. 85 Abs. 1 EWGV sachgerecht zu beurteilen, wenn man nur das Spürbarkeitskriterium entsprechend hoch ansetzt.

Die Spürbarkeit einer Wettbewerbsbeschränkung fehlt, wenn die Ausweichmöglichkeiten der anderen Marktseite nicht nennenswert geschmälert werden.[261] Dies ist jedoch gerade bei einem Zusammenschluß der Fall, wenn ein Unternehmen vom Markt verschwindet. Auch dürfte eine im Hinblick auf das Erfordernis von Rechtssicherheit hinreichend klare Abgrenzung nicht möglich sein, da nach der Rechtsprechung des EuGH grundsätzlich jede Wettbewerbsbeschränkung geeignet ist, den innergemeinschaftlichen Handel zu beeinträchtigen.[262]

b) Rechtspolitische Einwände gegen eine Zusammenschlußkontrolle gem. Art. 85 EWGV

aa) Freistellung ungeeignet

(1) Allgemeines

Unter den Voraussetzungen des Art. 85 Abs. 3 EWGV können Vereinbarungen, die gegen Art. 85 Abs. 1 EWGV verstoßen, vom Verbot des Abs. 1 freigestellt werden. Dies setzt voraus, daß bestimmte positive Effekte eintreten, zwei negative Kriterien hingegen nicht erfüllt sind.

(2) Erfordernis positiver Wirkungen

Freistellungsfähig sind nur Vereinbarungen, die unter angemessener Beteiligung der Verbraucher an dem entstehenden Gewinn zur Verbesserung der Warenerzeugung oder -verteilung oder zur Förderung des technischen oder wirtschaftlichen Fortschritts beitragen. Letzteres ist danach zu beurteilen, ob sich bei objektiver Betrachtungsweise eine Verbesserung gegen-

261) Emmerich, Kartellrecht, S. 535 f.

262) EuGHE 1985, 391, 425 Rdnr. 29 "BNIC/Clair".

über dem Zustand ergibt, der ohne Beschränkung bestehen würde.[263] Hierbei ist eine Prognose hypothetischer Geschehensabläufe erforderlich, wie sie an sich auch bei der Beurteilung von Zusammenschlüssen anzustellen ist. Bei letzteren bezieht sich die Prognose aber nur auf die nach dem Zusammenschluß entstehenden Marktstrukturen. Das Vorliegen der Voraussetzungen des Art. 85 Abs. 3 EWGV kann hier nicht so sicher beurteilt werden, wie bei Kooperationen.[264]

Die Argumentation der Kommission ist zwar auch in diesem Punkt nicht konsistent, wenn sie einerseits Art. 85 Abs. 3 EWGV für unpassend hält, andererseits aber erklärt, die Genehmigungskriterien der Verordnung seien in Anlehnung an Art. 85 Abs. 3 EWGV entwickelt worden. Doch hat sie sich damit gleichwohl noch nicht "selbst widerlegt",[265] weil die Tatbestandsmerkmale, die sowohl in Art. 85 Abs. 3 EWGV, als auch in Art. 2 FKVO genannt sind, verschiedene systematische Funktionen erfüllen: Art. 85 EWGV ist als Verbotstatbestand konzipiert; Art. 85 Abs. 3 EWGV ist die Ausnahme zum grundsätzlichen Verbot. Demgegenüber sind Zusammenschlüsse grundsätzlich erlaubt. Die dem Art. 85 Abs. 3 EWGV entsprechenden Kriterien im Eingriffstatbestand (Art. 2 Abs. 1 FKVO) dienen zusammen mit anderen Merkmalen der einstufigen Feststellung der Vereinbarkeit eines Zusammenschlusses mit dem Gemeinsamen Markt.[266]

(3) Möglichkeit der Ausschaltung des Wettbewerbs

Gem. Art. 85 Abs. 3 lit. b EWGV ist eine Vereinbarung ungeachtet der positiven Voraussetzungen einer Freistellung jedenfalls dann nicht freistellungsfähig, wenn den beteiligten Unternehmen Möglichkeiten eröffnet

---

263) KomE ABl. 1976 Nr. L 30, S. 13, 19 "Bayer/Gist"; KomE ABl. 1977 Nr. L 16, S. 8, 11 "Gerofabriek".

264) Konzentrationsmemorandum, S. 23 Tz. 8.

265) So aber Mestmäcker EuR 1988, 349, 370; vgl. auch Emmerich, FS für Steindorff, S. 951, 962. Zum Zeitpunkt der Veröffentlichung dieser Stellungnahmen war die Bedeutung der aus Art. 85 Abs. 3 EWGV übernommenen Kriterien noch größer. Näher zum ganzen unten S. 239 ff.

266) Hierzu schon Konzentrationsmemorandum, S. 24 Tz. 13.

werden, für einen wesentlichen Teil der betreffenden Waren den Wettbewerb auszuschalten. Der EuGH sieht in dieser Vorschrift ein grundsätzliches Verbot der Monopolisierung;[267] diesen Grundsatz auf Zusammenschlüsse zu übertragen wäre nicht sachfremd. Art. 85 Abs. 3 lit. b EWGV liefert keine Anhaltspunkte gegen eine Anwendung des Art. 85 Abs. 1 EWGV auf Zusammenschlüsse.

(4) Unerläßlichkeit der Wettbewerbsbeschränkung

Nach Art. 85 Abs. 3 lit. a EWGV können gem. Art. 85 Abs. 1 EWGV an sich verbotene Maßnahmen nur dann freigestellt werden, wenn sie zur Erreichung der positiven Ziele unerläßlich sind. Unerläßlich ist eine wettbewerbsbeschränkende Maßnahme nur dann, wenn die durch sie zu erzielenden Vorteile nicht auch durch eine die Handlungsfreiheit der Unternehmen weniger beeinträchtigende Maßnahme erreicht werden können. Damit wird eine administrative Verhältnismäßigkeitsprüfung in die Fusionskontrolle eingebaut.[268] Die Kommission müßte bei jedem Zusammenschlußvorhaben prüfen, ob eine dauerhafte Änderung der Unternehmensstrukturen zwingend erforderlich ist, um die damit verfolgten Ziele zu erreichen. Diese Voraussetzungen sind sehr eng: Freistellungsfähig ist eine Vereinbarung erst dann, wenn ein Vertrag, der die Strukturveränderung nicht vorsieht, für die potentiellen Partner generell unannehmbar ist.[269] Dieses strenge Kriterium ist für die Freistellung von Kartellen sachgerecht, bei Zusammenschlüssen angesichts ihrer möglichen positiven Wirkungen auf den Wettbewerb jedoch sicher nicht. Da ein Zusammenschluß den Wettbewerb zwischen den beteiligten Unternehmen völlig ausschaltet, würde man kaum je den Nachweis der Freistellungsfähigkeit eines Zusammenschlusses führen können.

---

267) EuGHE 1973, 215, 245 Rdnr. 25 "Continental Can".

268) Vgl. GTE[4]-Schröter Art. 85 Rdnr. 222.

269) KomE ABl. 1972 Nr. L 143, S. 31, 36 Tz. 13 "Davidson Rubber"; vgl. auch KomE ABl. 1985 Nr. L 233, S. 1, 6 "Grundig EG-Vertriebsbindung"; KomE ABl. 1990 Nr. L 32, S. 19, 24 f Rdnr. 19 f "Alcatel/Espaceant".

(5) Zwingende Befristung

Die Genehmigung bzw. Freistellung eines Zusammenschlusses zeitlich zu befristen wird einhellig als für die Betroffenen unzumutbar abgelehnt, weil es praktisch unmöglich ist, vollzogene Zusammenschlüsse nach Fristablauf wieder so rückgängig zu machen, daß der vor Vollzug des Zusammenschlusses vorhandene Zustand exakt wiederhergestellt wird.

Ein Erfordernis der zeitlichen Befristung einer Freistellungsentscheidung ist aber dem Wortlaut des Art. 85 Abs. 3 EWGV nicht ausdrücklich zu entnehmen, sondern ergibt sich erst Art. 8 Abs. 1 VO Nr. 17. Sicher läßt sich nicht aus der von der VO Nr. 17 vorgesehenen Befristung folgern, daß Art. 85 Abs. 1 EWGV für Zusammenschlüsse unanwendbar sein soll; allenfalls könnte man hier zu dem Ergebnis kommen, daß die VO Nr. 17 selbst nicht paßt. In diesem Fall wäre es auch möglich, durch eine spezielle Durchführungsverordnung die Anwendung des Art. 85 Abs. 1 EWGV auf Unternehmenszusammenschlüsse zu regeln.

Dies setzt aber gerade voraus, daß Art. 85 Abs. 1 EWGV auf Zusammenschlüsse anwendbar ist. So wenig man mit der mangelnden Geeignetheit der VO Nr. 17 die Unanwendbarkeit des Art. 85 Abs. 1 EWGV auf Unternehmenszusammenschlüsse begründen kann, so wenig kann man seine Anwendbarkeit durch die Möglichkeit rechtfertigen, eine passende Gruppenfreistellungsverordnung zu erlassen. Eine Durchführungsverordnung schafft nicht die Anwendbarkeit des Art. 85 Abs. 1 EWGV auf Zusammenschlüsse, sondern setzt sie voraus.

Das Erfordernis der zeitlichen Befristung einer Freistellungsentscheidung wird auch nicht erst durch die VO Nr. 17 geschaffen, sondern hat seinen Ursprung bereits in Art. 85 Abs. 3 EWGV selbst, wie eine systematische und teleologische Auslegung dieser Vorschrift ergibt:

Das Verbot nach Abs. 1 ist nach dem System des Art. 85 EWGV die Regel, die Freistellung nach Abs. 3 die Ausnahme.[270] Die Freistellungsmög-

---

270) Dies gilt unabhängig davon, ob man die Rechtsnatur des Art. 85 Abs. 3 EWGV dogmatisch als Legalausnahme (GTE[4]-Schröter Art. 85 Rdnr. 200) oder als Verbot

lichkeit besteht nur so lange, wie die Voraussetzungen des Art. 85 Abs. 3 EWGV erfüllt sind. Dies macht eine Überprüfung der positiven Auswirkungen nach gewisser Zeit zwingend erforderlich; die Wirkung des Art. 85 Abs. 3 lit. a EWGV als Freistellungssperre würde erheblich eingeengt werden, wenn man es ausreichen ließe, daß lediglich im Moment der Erteilung der Freistellung die Unerläßlichkeit gegeben ist. So ist es gerade Sinn der Befristung, eine wirksame Überwachung der Freistellung bei möglichst einfacher Verwaltungskontrolle sicherzustellen.[271]

Bei wettbewerbsbeschränkenden Kooperationen kann die Unerläßlichkeit nach einer bestimmten Zeit entfallen, weil die beteiligten Unternehmen zur Erreichung der angestrebten Ziele nicht mehr auf eine Zusammenarbeit angewiesen sind.[272] Der spätere Wegfall der Voraussetzungen für die Unerläßlichkeit ist bei einer Änderung der Marktverhältnisse prinzipiell auch bei Zusammenschlüssen denkbar, so daß diese dann im Nachhinein unter die Nichtigkeitsfolge des Art. 85 Abs. 2 EWGV fallen würden.

Dies zeigt, daß Art. 85 Abs. 3 EWGV auf Kooperationen zugeschnitten ist. Börner[273] schlägt aus dieser Erwägung zur Lösung des Problems der materiellrechtlichen Anwendbarkeit des Art. 85 Abs. 1 EWGV auf Gemeinschaftsunternehmen vor, gerade danach abzugrenzen, ob das Vorhaben nur mit einer Dauergenehmigung zu realisieren sei oder nicht.

Im Ergebnis ist festzuhalten, daß Freistellungsentscheidungen gem. Art. 85 Abs. 3 EWGV zwingend zeitlich zu befristen sind,[274] die Anwendung dieses Systems auf Zusammenschlüsse daher nicht sachgerecht ist.

---

mit Erlaubnisvorbehalt (Gleiss/Hirsch Art. 85 Rdnr. 464; MHS-Mailänder Art. 85 Rdnr. 52) definiert, vgl. hierzu Grabitz-Koch Art. 85 Rdnr. 154.

271) Grabitz-Pernice nach Art. 87 zu Art. 8 VO Nr. 17 Rdnr. 1.

272) Vgl. GTE^4-Schröter Art. 85 III Rdnr. 229.

273) FIW-Heft 80, S. 179, 206 ff.

274) A.A. Blank, S. 179.

(6) Praktische Probleme

Gegen die Übertragung der Freistellungsregelung auf Zusammenschlüsse sprechen auch praktische Gründe. Gem. Art. 9 Abs. 1 VO Nr. 17 hat die Kommission für Freistellungen vom Kartellverbot das Monopol. Sie kann aber auf Grund der Erforderlichkeit umfangreicher und komplizierter ökonomischer Analysen erfahrungsgemäß nur wenige Einzelfreistellungen im Jahr für den gesamten Gemeinsamen Markt bewältigen.[275] Die Freistellungsverfahren nehmen zudem lange Zeit in Anspruch, ein für Zusammenschlüsse besonders ungünstiger Umstand. Daher ist es gängige Praxis, durch Verwaltungsschreiben ("comfort letters") den Betroffenen zu signalisieren, daß ihre Vereinbarung freistellungsfähig ist.[276]

Diese Praxis ist gerade bei einem Zusammenschluß für die Betroffenen aber nicht befriedigend, weil einem eventuell mit der Sache befaßten nationalen Gericht damit ausdrücklich bestätigt wird, daß die betreffende Vereinbarung jedenfalls von Art. 85 Abs. 1 EWGV erfaßt ist, ohne daß eine förmliche Freistellungsentscheidung vorliegt. Zwar können nationale Gerichte ein anhängiges Verfahren bis zum Erlaß einer Entscheidung gem. Art. 85 Abs. 3 EWGV aussetzen; sie sind dazu aber nicht verpflichtet.[277] Bisweilen wird dies auch aus Zeitgründen nicht möglich sein. Andererseits sind nationale Gerichte selbst befugt und aufgerufen, europäisches Wettbewerbsrecht anzuwenden. Da das Gericht nicht in der Lage ist, selbst eine Freistellungsentscheidung zu treffen, kann es den Vertrag nur für nichtig erklären.[278]

---

275) Statistische Angaben zur Arbeitsbelastung der GD IV bei Hölzler WM 1990, 489, 493.

276) Vgl. zu Art. 86 EWGV den Fall Pont-à-Mousson/Stanton & Stavely (14. Wettbewerbsbericht Tz. 110).

277) EuGHE 1973, 77, 78 Rdnr. 11/13 "De Haecht II"; EuGHE 1980, 2481, 2500 Rdnr. 10/13 "Lauder".

278) Vgl. GTE^{4}-Schröter vor Artt. 85-89 Rdnr. 132.

Im übrigen wäre ein nationales Gericht auch an einen "comfort letter" nicht gebunden, der die Vereinbarung ausdrücklich genehmigt.[279] Da das Verwaltungsschreiben keine verbindliche Erklärung enthält und weder als Negativattest, noch als Freistellungsentscheidung zu klassifizieren ist, wäre nicht einmal die Kommission selbst gehindert, später einen Zusammenschluß zu untersagen.[280]

Eine Freistellungserklärung kann gem. Art. 8 Abs. 1 2. Halbs. VO Nr. 17 von Bedingungen und Auflagen abhängig gemacht werden. Die Kommission hat hier die Möglichkeit zu politischer Einflußnahme schon im Vorfeld eines Zusammenschlußvorhabens bzw. im informellen Verfahren,[281] ohne einer effektiven gerichtlichen Kontrolle zu unterliegen oder rechtlich genau vorgegebene Eingreifkriterien beachten zu müssen.[282]

(7) Ergebnis

Nach alledem kann die Anwendung des Art. 85 Abs. 3 EWGV, insbesondere infolge der zwingenden zeitlichen Befristung der Freistellung, zu einer dauernden Verhaltenskontrolle über Unternehmen führen. Eine sachgerechte Beurteilung von Unternehmenszusammenschlüssen, insbesondere

---

279) EuGHE 1980, 2327, 2374 Rdnr. 13 "Guerlain"; EuGHE 1980, 2481, 2500 Rdnr. 16 "Lauder".

280) EuGHE 1980, 2481, 2499 Rdnr. 9 "Lauder"; EuGHE 1980, 2511, 2533 Rdnr. 10 f. "Lancôme"; EuGHE 1977, 2359, 2370 Rdnr. 11/16 "de Bloos".

281) Vgl. z.B. 6. Wettbewerbsbericht Tz. 178 f.

282) Die Rechtfertigung einer solchen Befürchtung lieferte EG-Kommissar Sutherland bei einer Stellungnahme zum Fall "Carnaud/Sofreb", als er erklärte, daß dieser Fall ein wichtiges Beispiel dafür sei, wie die Kommission Artikel 85 auf Zusammenschlüsse nach der EuGH-Rechtsprechung im Fall Philip Morris anwendet. Die Kommission habe in diesem Falle gezeigt, daß sie ... den *Bedürfnissen der europäischen Industrie Rechnung trägt* und daß sie eine *wünschenswerte wirtschaftliche Umstrukturierung ermöglicht...* (Presseerklärung der EG-Kommission IP [88] 14 vom 12.1.1988, abgedruckt in WuW 1988, 222). Offen bleibt, wo die Rechtsgrundlage hierfür zu finden ist.

bei Gemeinschaftsunternehmen, nach Art. 85 Abs. 1, 3 EWGV ist daher nicht möglich.[283]

bb) Nichtigkeitsfolge ungeeignet

(1) Problem

Mit den Rechtsfolgen einer Anwendung der Artt. 85, 86 EWGV auf Zusammenschlüsse hat sich der EuGH nicht auseinandergesetzt; sie sind aber der entscheidende Grund dafür, Zusammenschlüsse nicht unter Art. 85 Abs. 1 EWGV zu fassen.[284] Ein Zusammenschluß könnte nichtig sein, bis die Kommission über eine Freistellung entschieden hat. Die Nichtigkeitsfolge des Art. 85 Abs. 2 EWGV hängt dann monatelang wie ein Damoklesschwert über dem Zusammenschluß.[285]

Bereits in ihrem Konzentrationsmemorandum weist die Kommission darauf hin, daß im Falle einer Konzentration die Rechtsfolge des Art. 85 Abs. 2 EWGV die Vernichtung einer Unternehmenseinheit bedeute und die Folgen einer Vernichtung über die bloße Wiederherstellung des alten Zustands hinausgehen könnten.[286] Das gleiche gilt für die Gemeinschaftsunternehmen, die die Kommission unter Art. 85 EWGV subsumiert und für die konzentrativen Gemeinschaftsunternehmen mit kooperativen Elementen, die bei Geltung der Fusionskontroll-VO vom Konzentrationsprivileg erfaßt sind.[287] Bei einem Zusammenschluß durch Börsenerwerb[288] hätte

283) Konzentrationsmemorandum, S. 23 Tz. 8; Hefermehl, FS für Nipperdey Bd. II, S. 771, 780; van Ommeslaghe, in: Beiträge zum EWG-Kartellrecht, S. 41, 88; a.A. Blank, S. 173 ff; Mestmäcker, Europäisches Wettbewerbsrecht, S. 437 f; Emmerich EuR 1971, 295, 309; zweifelnd Steindorff ZHR 152 (1988), S. 57, 65.

284) Mestmäcker, FS für Hallstein, S. 322, 327; van Ommeslaghe, in: Beiträge zum EWG-Kartellrecht, S. 41, 69; Wissmann, S. 39 f; Hefermehl, FS für Nipperdey Bd. II, S. 771, 780; Harms, S. 131.

285) Bechtold RIW 1985, 442, 447.

286) Konzentrationsmemorandum, S. 23 Tz. 11; vgl. auch Hefermehl, FS für Nipperdey Bd. II, S. 771, 780; van Ommeslaghe, in: Beiträge zum EWG-Kartellrecht, S. 41, 69; Bechtold RIW 1985, 442, 447.

287) Vgl. Huber, FIW-Heft 80, S. 91-93, mit Bezug auf § 1 GWB.

eine Nichtigkeit der Aktientransaktion zur Folge, daß diese rückabzuwikkeln wäre, was kaum praktisch vorstellbar ist.

Die Entflechtung von Zusammenschlüssen mag demgegenüber zwar ein unbefriedigendes Mittel gegen bereits vollzogene Zusammenschlüsse sein, jedenfalls aber ist sie flexibler und weniger einschneidend als die automatische Nichtigkeit.[289]

All dies fällt zwar weniger ins Gewicht, wenn man den Anteilserwerb als solchen nicht von der Nichtigkeitsfolge erfaßt ansieht. Probleme, die sich aus dem Weiterverkauf der nichtig erworbenen Anteile oder daraus ergeben, daß der Erwerber bereits das Management ausgewechselt hat, könnten dann nicht mehr auftreten. Angesichts der Unklarheiten bei der Auslegung des Urteils wird diese Erleichterung aber relativiert.

(2) Übertragbarkeit der Regelung für Altkartelle ?

Eine Anwendung des Art. 85 Abs. 1 EWGV auf Zusammenschlüsse würde die Frage aufwerfen, ob auch solche Unternehmenszusammenschlüsse vom Verbotsbereich erfaßt wären, die längere Zeit zurückliegen. Die Kommission hatte schon im Konzentrationsmemorandum 1965 darauf hingewiesen, daß es sich hierbei um eine unübersehbare Anzahl von Fällen handelt.[290]

Art. 85 Abs. 2 EWGV gilt nicht für Altkartelle, d.h. solche, die vor Erlaß der VO Nr. 17 abgeschlossen wurden, um für diese Vereinbarungen Vertrauensschutz und Rechtssicherheit zu schaffen. Hier hat der Gerichtshof die Nichtigkeitsfolge nur für anwendbar erklärt, wenn sie von einer zu-

288) Näher unten S. 131.

289) Korah/Lasok CMLR 1988, 333, 349.

290) S. 23 Tz. 12; vgl. auch Huber WuW 1978, 677, 697.

ständigen Behörde ausgesprochen worden ist.[291] In Betracht kommt, diese Regelung auf Zusammenschlüsse zu übertragen.

In der "De Haecht II"-Entscheidung hat der EuGH festgestellt, daß die Rechtsprechung über die vorläufige Gültigkeit von Altkartellen nicht auf Vereinbarungen übertragbar ist, die nach 1962 abgeschlossen wurden;[292] damit ist diese Regelung insbesondere auf Zusammenschlüsse nicht anwendbar.[293]

(3) Rettung durch die Regeln über die fehlerhafte Gesellschaft ?

Die Gefahr der rückwirkenden Vernichtung bestehender Unternehmenseinheiten wäre ausgeschlossen, wenn die Regeln der fehlerhaften Gesellschaft anwendbar wären, die lediglich zu einer ex-nunc-*Unwirksamkeit* führen würden. Der Zusammenschluß müßte nicht mehr ex tunc abgewikkelt werden.[294] Diese Ansicht stellt darauf ab, daß es in allen Mitgliedstaaten der Gemeinschaft vergleichbare Rechtsinstitute gebe, die die Rechtsfolge der Nichtigkeit für das Gesellschaftsrecht auf Grund dessen besonderer Struktur abmilderten. Auch sehe die erste gesellschaftsrechtliche Richtlinie des Rates die Möglichkeit vor, der Nichtigkeit keine rückwirkende Kraft beizulegen.[295]

Die zivilrechtliche Folge der Nichtigkeit von gegen Art. 85 Abs. 1 EWGV verstoßenden Vereinbarungen ist im EWG-Vertrag selbst vorgesehen; Umfang und Wirkungsweise dieser Nichtigkeit müssen daher in allen Mitgliedstaaten die gleichen Wirkungen haben. Insofern gewährleistet Art. 85

---

291) EuGHE 1962, 97, 113 "Bosch"; EuGHE 1969, 309, 316 Rdnr. 11/16 "Portelange"; EuGHE 1970, 127, 137 Rdnr. 10 f "Bilger"; EuGHE 1973, 77, 86 f Rdnr. 6 ff "De Haecht II"; EuGHE 1977, 2359, 2369 f Rdnr. 8/16 "De Bloos".

292) EuGHE 1973, 77, 87 Rdnr. 11/13 "De Haecht II".

293) Ganz h.M., vgl. nur Korah/Lasok CMLR 1988, 333, 356; Mestmäcker, Europäisches Wettbewerbsrecht, S. 405.

294) Vgl. Blank, S. 187.

295) ABl. 1968 Nr. L 65, S. 8; vgl. auch Langen/Niederleithinger/Ritter/Schmidt § 1 Rdnr. EG 157; Ritter/Overbury CMLR 1977, 601, 621.

Abs. 2 EWGV die gemeinschaftsweite Unerzwingbarkeit kartellverbotswidriger Verträge durch eine vorweggenommene Angleichung des Zivilrechts der Mitgliedstaaten.[296] Die Anwendung der Regeln über die fehlerhafte Gesellschaft würde dies unterlaufen und daher eine Verletzung des Art. 85 Abs. 2 EWGV darstellen. Eine praeter legem entwickelte nationale Rechtsfigur kann nicht Art. 85 Abs. 2 EWGV außer Kraft setzen, und zwar auch dann nicht, wenn es in allen Mitgliedstaaten eine dahingehende gemeinsame Rechtsüberzeugung geben würde: Aus Art. 85 Abs. 2 EWGV folgt, daß die Nichtigkeit gerade nicht ein Produkt der gemeinsamen zivilrechtlichen Überzeugung der Mitgliedstaaten ist, sondern ein eigenständiger Begriff des Gemeinschaftsrechts.[297] Als solcher jedoch ist er eigenständig und nicht mit Bezug auf die Rechtsordnungen der Mitgliedstaaten auszulegen.[298]

Zu einem anderen Ergebnis kann hier auch nicht die erste gesellschaftsrechtliche Richtlinie des Rates kommen, die als Sekundärrecht, das auf Art. 54 Abs. 3 lit. g EWGV gestützt ist, nicht die vom Primärrecht unmittelbar angeordnete Nichtigkeitsfolge tangieren kann. Dies ist auch nicht der Sinn dieser zur Rechtsangleichung in den Mitgliedstaaten erlassenen Vorschrift.

Die Regeln der "fehlerhaften Gesellschaft" sind daher nicht auf Vereinbarungen anwendbar, die gegen Art. 85 Abs. 2 EWGV verstoßen.

(4) Ergebnis

Die Nichtigkeitsfolge des Art. 85 Abs. 2 EWGV greift zwingend und ausnahmslos bei allen Maßnahmen ein, die gegen Art. 85 Abs. 1 EWGV verstoßen. Die Regelung ist jedoch auf Verhaltensabstimmungen zugeschnitten und wird den Bedürfnissen einer Fusionskontrolle nicht gerecht.

---

296) Grabitz-Koch Art. 85 Rdnr. 137.

297) EuGHE 1966, 282, 304 "Maschinenbau Ulm"; MHS-Mailänder Art. 85 Rdnr. 79; Grabitz-Koch Art. 85 Rdnr. 138.

298) EuGHE 1970, 1125, 1135 Rdnr. 3; EuGHE 1982, 13, 24 Rdnr. 8 "Corman".

cc) Börsenerwerb nicht erfaßt

Ungeklärt ist, ob von Art. 85 Abs. 1 EWGV alle Formen des Anteilserwerbs erfaßt werden könnten. Dies ist insbesondere bei Zusammenschlüssen durch den Erwerb von Aktien an der Börse oder auf Grund einer Kapitalerhöhung und bei "takeover bids" höchst zweifelhaft.

Beim Börsenerwerb fehlt es bereits an der für die Wettbewerbsregeln erforderlichen Unternehmenseigenschaft der Beteiligten, wenn auf der Verkäuferseite ein Aktionär an dem Geschäft beteiligt ist, der rein private Ziele verfolgt und sich ansonsten nicht wirtschaftlich betätigt.[299] Darüber hinaus wird weitgehend das Vorliegen einer "Vereinbarung" verneint.[300] Dem scheint prima facie zu widersprechen, daß auch Aktien durch Kaufverträge erworben werden. Der Börsenerwerb als einseitiger Akt beruht aber nicht auf einer Verhaltenskoordinierung zwischen den beteiligten Unternehmen und erfolgt im Extremfall sogar gegen den Willen des übernommenen Unternehmens, so daß er nicht von Art. 85 Abs. 1 EWGV erfaßt werden kann.[301] Der Anteilserwerb selbst kommt als Gegenstand der Kontrolle durch Art. 85 Abs. 1 EWGV nicht in Betracht, weil er als solcher nicht wettbewerbsbeschränkend ist.[302]

In Betracht kommt jedoch, die nach dem Beteiligungserwerb noch erforderliche Unterstellung der verbundenen Unternehmen unter einheitliche

---

299) Hefermehl, FS für Nipperdey Bd. II, S. 771, 784; Lever/Lasok, Yearbook 1986, 121, 128.

300) Konzentrationsmemorandum, S. 24 Tz. 13; Gleiss/Hirsch Art. 86 Rdnr. 100; Satzky DB 1988, 397, 381; Harms, S. 127; Mestmäcker, Europäisches Wettbewerbsrecht, S. 436; van Ommeslaghe, in: Beiträge zum EWG-Kartellrecht, S. 41, 67; Immenga/Fuchs NJW 1988, 3052, 3053; Schröter, FIW-Heft 122, S. 67, 70; Faull ECLR 1984, 358, 372; Deimel, S. 89.

301) Korah ECLR 1987, 239, 253; Mestmäcker, Europäisches Wettbewerbsrecht, S. 436; Immenga/Fuchs NJW 1988, 3052, 3053.

302) So ausdrücklich EuGHE 1987, 4487, 4577 Rdnr. 37. Daher geht der Hinweis Schödermeiers (WuW 1988, 185, 190 f, ihm folgend Mestmäcker EuR 1988, 349, 371) auf EuGHE 1967, 543, 557 "De Haecht I" fehl, wo es um die kumulative Auswirkung mehrerer Vereinbarungen geht, die an sich wettbewerbsbeschränkend sein *können*.

Leitung als abgestimmte Verhaltensweise aller beteiligten Konzernunternehmen unter Art. 85 Abs. 1 EWGV zu ziehen.[303] Entscheidend ist, ob der Konzentrationsvorgang, dem das nachfolgende Verhalten nicht mehr zugerechnet werden kann, selbst als abgestimmte Verhaltensweise von Art. 85 Abs. 1 EWGV erfaßt werden kann. Gerade dies ist nicht der Fall, weil auch hier nur ein einseitiger Akt des beherrschenden Unternehmens vorliegen kann.[304]

Nach dem Wortlaut des Philip Morris-Urteils kann nur ein Anteilserwerb, der Gegenstand von *Vereinbarungen* zwischen Unternehmen ist, unter Art. 85 Abs. 1 EWGV fallen.[305] Daher bietet Art. 85 EWGV auch in der Auslegung des Europäischen Gerichtshofs keine Grundlage für eine Extension seines Anwendungsbereichs auf den Börsenerwerb von Anteilen.

Daß der Börsenerwerb nicht erfaßt ist, rechtfertigt allerdings nicht schon notwendigerweise die Ablehnung der Anwendbarkeit des Art. 85 Abs. 1 EWGV für alle Fälle des Zusammenschlusses.[306] Die schlechtere Behandlung einer vertraglich vereinbarten Unternehmensübernahme gegenüber einem unfriendly takeover, wie sie bei einer selektiven Anwendung der Artt. 85, 86 EWGV zu erwarten wäre, ist aber rechtspolitisch kaum zu rechtfertigen.[307]

Daraus folgt, daß auf Grund von Art. 85 Abs. 1 EWGV allenfalls eine partielle, nicht aber eine systematisch geschlossene Lösung möglich ist. Eine sachgerechte Marktstrukturkontrolle muß demgegenüber die Entstehung oder Verstärkung beherrschender Stellungen durch Kontrollerwerb

---

303) Mestmäcker, Europäisches Wettbewerbsrecht, S. 436; Fikentscher, Europees Kartelrecht, S. 177, 190; Emmerich EuR 1971, 295, 308.

304) vgl. Langen/Niederleithinger/Ritter/Schmidt-Ritter § 1 Rdnr. EG 135; GTE^4-Schröter Art. 85 I Rdnr. 90; Gleiss/Hirsch Art. 85 Rdnr. 59; insbes. Wissmann, S. 26; Immenga/Fuchs NJW 1988, 3052, 3053.

305) EuGHE 1987, 4487, 4575 Rdnr. 31 "Philip Morris".

306) Mestmäcker, Europäisches Wettbewerbsrecht, S. 403; Blank, S. 133 m.w.N.

307) Vgl. Caspari/Schwarz, FS für Benisch, S. 383, 393.

unabhängig davon erfassen, auf welche Weise der Kontrollerwerb zustandekommt.

dd) Nur horizontaler Anteilserwerb erfaßt

Fraglich ist, ob die Ausführungen des Philip Morris-Urteils so weit gefaßt sind, daß sie auch auf den vertikalen Beteiligungserwerb übertragen werden können. Dies ist insbesondere bei stark konzentrierten Märkten von Bedeutung. Sieht man den Anteilserwerb als eine Vereinbarung i.S.d. Art. 85 Abs. 1 EWGV, dann könnten die anderen Voraussetzungen des Art. 85 Abs. 1 EWGV auch bei vertikalen Vereinbarungen erfüllt sein. Diesen Schritt ist der Gerichtshof aber im Philip Morris-Urteil eindeutig nicht gegangen: Rdnr. 37 bezieht sich ausdrücklich nur auf den Erwerb von Anteilen an einem Wettbewerber.[308]

8. Folgerungen

Die Auslegung des Art. 85 Abs. 1 EWGV unter Berücksichtigung der Rechtsprechung des Gerichtshofs und der Kommissionspraxis hat kein klares Bild ergeben.

Zwar kann die Anwendbarkeit des Art. 85 EWGV auf einen Anteilserwerb nicht mehr generell verneint werden; angesichts der divergierenden Auslegungsversuche läßt sich dem Urteil aber auch nicht ohne weiteres entnehmen, daß jegliche Form des Anteilserwerbs, einschließlich des Erwerbs einer Mehrheitsbeteiligung oder der vollständigen Übernahme eines Konkurrenten, von Art. 85 EWGV erfaßt wird.

Die Extension des Art. 85 Abs. 1 EWGV findet im Wortlaut des Art. 85 EWGV keine Stütze und kann sich auch nicht entscheidend auf das Philip

308) Korah/Lasok CMLR 1988, 333, 351; Korah ECLR 1987, 239, 247; ebenso Pappalardo RIDE 1990, 3, 5; a.A. Emmerich, FS für Steindorff, S. 951, 963; differenzierend Schödermeier WuW 1988, 185, 188 f, der nur konglomerate Zusammenschlüsse aus Art. 85 Abs. 1 EWGV ausgrenzen will.

Morris-Urteil stützen, weil der dort zu entscheidende Fall eine Entscheidung der Streitfrage nicht erfordert hatte. Die Auslegung des Art. 85 Abs. 1 EWGV spricht demgegenüber eher für eine restriktive Begrenzung seiner Anwendbarkeit.

Art. 85 EWGV kann nach gegenwärtig sicherer Erkenntnis nur eingreifen, wenn eine Minderheitsbeteiligung zwischen unabhängig bleibenden Wettbewerbern vertraglich vereinbart wird. Der bloße Kontrollerwerb ist nicht schlechthin, sondern nur dann von Art. 85 EWGV erfaßt, wenn die Vereinbarung über den Anteilserwerb auf eine wettbewerbsschädigende Wirkung abzielt.

Relativiert wird diese Aussage jedoch durch die Vorgehensweise der Kommission im Fall "Carnaud/Sofreb" und dadurch, daß der Gerichtshof seine Urteilsbegründung unter die Prämisse gestellt hatte, hier sei die [grundsätzliche] Frage aufgeworfen, unter welchen Voraussetzungen der Erwerb einer Minderheitsbeteiligung am Kapital eines Wettbewerbers einen Verstoß gegen die Artt. 85, 86 EWGV darstellen kann.[309] GA Mancini hatte in seinen Schlußanträgen zum Philip Morris-Fall über den zu entscheidenden Fall hinaus vermutet, daß der Gerichtshof, würde ihm ein entsprechender Fall vorliegen, die grundsätzliche Anwendung des Art. 85 Abs. 1 EWGV auf Konzentrationsvorgänge bejahen würde.[310]

Indes läßt eine auf Art. 85 Abs. 1 EWGV gestützte Zusammenschlußkontrolle selbst bei weiter Auslegung i.S.d. Philip Morris-Doktrin Lücken, welche den Rückschluß nahelegen, daß auch auf der Grundlage des Philip Morris-Urteils eine systematisch geschlossene Regelung der europäischen Fusionskontrolle durch Art. 85 Abs. 1 EWGV nicht erreicht wird. Die Parteien der zugrundeliegenden Kooperation müssen sowohl vor, als auch nach Vertragsdurchführung selbständig sein; danach ist jedenfalls der Fall der Veschmelzung nicht von der Philip Morris-Doktrin erfaßt. Ebensowenig kann der Börsenerwerb eines anderen Unternehmens unter Art. 85

---

309) EuGHE 1987, 4487, 4575 Rdnr. 20 "Philip Morris".

310) EuGHE 1987, 4545, 4559 f "Philip Morris".

Abs. 1 EWGV fallen, da es in diesem Fall an einer "Vereinbarung" mangelt. Nach dem klaren Wortlaut betrifft das Urteil nur den Anteilserwerb an einem Wettbewerber; vertikale und konglomerate Zusammenschlüsse können nicht erfaßt werden.

Die Vereinbarungen zwischen Philip Morris und Rembrandt selbst würden, da Rembrandt die alleinige Kontrolle über Rothmans International behält, nicht unter Art. 3 Abs. 1 FKVO fallen; Art. 85 EWGV wäre nach wie vor anzuwenden. Problematisch ist nur die Begründung dieses Ergebnisses durch den EuGH, die Überschneidungen zwischen der Verordnung und Art. 85 Abs. 1 EWGV auf Grund der unklaren Reichweite des Art. 85 Abs. 1 EWGV denkbar erscheinen läßt. Für eine abschließende und genaue Ermittlung der Reichweite der Philip Morris-Doktrin reichen die kryptischen Aussagen des EuGH nicht aus; sie bedürften der näheren Klärung durch weitere Rechtsprechung. Beim derzeitigen Stand erscheint auch eine weitere Auslegung des Urteils denkbar, wenngleich nicht zwingend und mit erheblichen Bedenken verbunden.[311]

Art. 85 EWGV wurde in der Literatur - unabhängig von dem dogmatischen Streit über die theoretische Reichweite der Vorschrift - einhellig als in der Praxis ungeeignet für eine Zusammenschlußkontrolle angesehen. Mit den in der vorangegangenen Diskussion in der Literatur ins Feld geführten Argumenten hat sich der Gerichtshof allerdings nicht auseinandergesetzt.

Für die hier entscheidende Frage läßt sich aber schlußfolgern: Eine systematische und institutionelle Verankerung der Zusammenschlußkontrolle in Art. 85 Abs. 1 EWGV ist weder dessen Tatbestand, noch der Philip Morris-Doktrin zu entnehmen. Dies entspricht auch der einhelligen Ansicht der von der Kommission 1965 beauftragten Professorengruppe.[312]

---

311) Ebenso Korah/Lasok CMLR 1988, 333, 367; Niemeyer RIW 1991, 448, 449.

312) Konzentrationsmemorandum, S. 22 Tz. 3.

IV. Ergebnis

Artt. 85, 86 EWGV sind auf einzelne konzentrative Vorgänge anwendbar, erfassen die Fusionskontrolle aber weder systematisch, noch vollständig. Hinsichtlich der Kontrolle von Unternehmenszusammenschlüssen ist der EWG-Vertrag lückenhaft. Eine Fusionskontrolle auf der Grundlage der Artt. 85, 86 EWGV würde angesichts dieser Lücken und Uneinheitlichkeiten zu wettbewerbspolitisch unerträglichen Verzerrungen führen.

In Konsequenz dessen hat sich der Rat der Gemeinschaften nicht für eine bloße Ausführungsverordnung entschieden, die diese Lücken zwangsläufig weiter offengelassen hätte, sondern hat eine systematische Neuregelung gewählt, die mit Art. 85 EWGV jedenfalls bei einer weiten Auslegung kollidiert. Sowohl materiell, als auch verfahrensrechtlich ist eine sachgerechte Regelung einer Zusammenschlußkontrolle nur durch solche spezielle Vorschriften möglich.

3. Kapitel: ERSCHEINUNGSFORMEN DER DOPPELKONTROLLE

I. Fragestellung

Vielleicht hält der Gerichtshof seine möglicherweise politisch motivierte Rechtsprechung zur möglichen Anwendung der Wettbewerbsregeln auf Zusammenschlüsse nicht aufrecht.[1] Derartiges bewegt sich ganz offensichtlich im Bereich des Spekulativen und kann weder Grundlage einer rationalen Unternehmensplanung sein, noch das Bedürfnis nach Rechtssicherheit für die Unternehmen ersetzen. Auch der Rat war hiervon nicht ausgegangen.

Eine Doppelkontrolle von Zusammenschlußvorhaben ist nicht nur aus wettbewerbspolitischen Gründen, sondern auch aus Gründen der Rechtssicherheit nicht wünschenswert. Beides war bei der Entstehung der Fusionskontroll-VO auch unstreitig anerkannt. Als problematisch erwies sich lediglich die rechtliche Durchführung dieses Grundsatzes. Art. 22 Abs. 2 FKVO, der inhaltlich von Anfang an in den von der Kommission vorgelegten Entwürfen einer Fusionskontroll-VO enthalten war, schließt die Anwendung der Durchführungsverordnungen zu Artt. 85, 86 EWGV auf die von der Verordnung als Zusammenschlüsse definierten Sachverhalte aus.

Bei dieser Regelung ist bereits äußerst zweifelhaft, ob sie überhaupt geeignet ist, ihr Ziel zu erreichen. Durch den Ausschluß der Durchführungsverordnungen wird nämlich nur das in diesen Verordnungen vorgesehene Instrumentarium zur Durchsetzung der Wettbewerbsregeln des EWG-Vertrages unanwendbar, nicht jedoch dasjenige Instrumentarium, das aus dem

1) Bolze, Rev. des sociétés 1990, 207, 208, 217; Korah/Lasok CMLR 1988, 333, 362, 367; Blaise RTDE 1990, 743, 776; de la Laurencie, Rec. Dal. Sir. 1990, 141, 146.

EWG-Vertrag selbst folgt und damit eine Doppelkontrolle möglich macht. Die Probleme stellen sich hier innerhalb und außerhalb des Anwendungsbereichs der Fusionskontroll-VO, lediglich mit umgekehrten Vorzeichen: Fraglich ist, ob die Kommission in ihrem Zuständigkeitsbereich damit rechnen muß, daß auch nationale Behörden und Gerichte einen Zusammenschluß aufgreifen, und ob letztere in ihrem Kompetenzbereich mit einem Tätigwerden der Kommission zu rechnen haben.

Zu betonen ist, daß hierbei nicht von den Fällen einer Falschanwendung der Verordnung die Rede ist. Es geht lediglich um die Gefahren, die sich aus der Unklarheit hinsichtlich der Reichweite der Artt. 85, 86 EWGV selbst bei Unternehmenszusammenschlüssen ergeben.

II. Die "gemeinschaftsweite Bedeutung" eines Zusammenschlusses als Grenze des Anwendungsbereichs der Verordnung

1. Fallgruppenbildung durch Umsatzschwellen

Gem. Art. 1 Abs. 1 FKVO gilt die Verordnung für alle Zusammenschlüsse von gemeinschaftsweiter Bedeutung. Ein Zusammenschluß hat gem. Art. 1 Abs. 2 FKVO diese Bedeutung, wenn bestimmte Umsatzschwellen überschritten werden und sich die Bedeutung des Zusammenschlusses nicht auf einen Mitgliedstaat konzentriert. Politisch war äußerst umstritten, von welcher Schwelle an eine gemeinschaftsweite Bedeutung zu bejahen ist; dies hat in den Entwürfen mehrfach zu substantiellen Veränderungen der Werte geführt.[2]

Der Gesetzgeber hat zur Bestimmung des Anwendungsbereichs der Verordnung mit Umsatzkriterien als maßgebliches Merkmal letztlich eine ab-

---

2) Entwurf 1973 (ABl. Nr. C 92 v. 31.10.1973, S. 14): 200 Mio. ECU; Entwurf 1981 (ABl. Nr. C 36 v. 12.2.1982, S. 3): 500 Mio. ECU; Entwurf 1984 (ABl. Nr. C 51 v. 23.2.1984, S. 8): 750 Mio. ECU; Entwurf 1988 (ABl. Nr. C 22 v. 28.1.1989, S. 14): 1 Mrd. ECU weltweiter Gesamtumsatz der Beteiligten.

solute Grenze gewählt, wie dies auch in §§ 23 Abs. 1 Satz 1, 24 Abs. 8 GWB der Fall ist. Ein in früheren Entwürfen[3] vorgeschlagenes (relatives) Marktanteilskriterium wurde nicht übernommen.

Die Vorschrift des Art. 1 FKVO bezweckt eine klare "Arbeitsteilung"[4] zwischen der Kommission und den nationalen Behörden. Überschreitet ein Zusammenschluß die Schwellenwerte, so ist gem. Art. 21 Abs. 1 FKVO die Kommission ausschließlich zuständig und wenden gem. Art. 21 Abs. 2 FKVO die Mitgliedstaaten ihr gesamtes nationales Wettbewerbsrecht nicht an. Werden die Schwellen unterschritten, greift das nationale Fusionskontrollrecht ein. Das Merkmal der gemeinschaftsweiten Bedeutung hat somit, wie das Erfordernis der Eignung zur Beeinträchtigung des Handels zwischen Mitgliedstaaten in Artt. 85, 86 EWGV, die Aufgabe, den Geltungsbereich des Gemeinschaftsrechts von dem des innerstaatlichen Rechts abzugrenzen. Gleichzeitig wird eine Grenze festgelegt, unterhalb derer das Gemeinschaftsrecht einen Zusammenschluß als für den Wettbewerb im Gemeinsamen Markt irrelevant ansieht. So soll das in Erwägungsgrund 9 genannte Ziel verwirklicht werden, wonach die Verordnung lediglich für bedeutsame Strukturveränderungen gelten soll, deren Auswirkungen auf den Markt die Grenzen eines Mitgliedstaates überschreiten.

Auf die in Art. 5 FKVO geregelten Einzelheiten der Umsatzberechnung soll nicht näher eingegangen werden. Sie erfolgt im wesentlichen ähnlich dem deutschen Recht (letztes Geschäftsjahr; Umsätze, die dem normalen geschäftlichen Tätigkeitsbereich zuzuordnen sind, Abzug unmittelbar umsatzbezogener Steuern; Sonderregelungen für Banken und Versicherungen). Hinzuweisen ist lediglich auf die Konzernverbundklausel des Art. 5 Abs. 4 FKVO: Die Umsätze der Konzernunternehmen werden addiert; konzerninterne Umsätze bleiben unberücksichtigt.

---

3) Bis einschließlich Entwurf von 1984 (ABl. Nr. C 51 v. 23.2.1984, S. 8).

4) Den Begriff verwendet Brittan ELR 1990, 351; vgl. auch die Nachweise unten S. 172, Fußn. 5.

2. Die Schwellenwerte im einzelnen

a) Weltumsatz

Art. 1 lit. a FKVO setzt für gemeinschaftsweite Bedeutung einen weltweiten Gesamtumsatz der beteiligten Unternehmen von 5 Mrd. ECU voraus. Diese Grenze spiegelt die globale wirtschaftliche und finanzielle Bedeutung des Zusammenschlusses wieder und soll dem Ausschluß von Bagatellfusionen dienen, hat aber letztlich zur Folge, daß allein Großfusionen in den Anwendungsbereich der Verordnung fallen. Der Schwellenwert liegt auch erheblich über dem Aufgreifkriterium des § 23 Abs. 1 Satz 1 GWB (500 Mio. DM) und über dem der zwingenden Präventivkontrolle des § 24a Abs. 1 GWB (2 Mrd. DM).

b) Gemeinschaftsweiter Umsatz

Art. 1 Abs. 2 lit. b FKVO fordert für mindestens zwei der am Zusammenschluß beteiligten Unternehmen einen gemeinschaftsweiten Gesamtumsatz, d.h. Umsatz mit in der EG ansässigen Abnehmern, von 250 Mio. ECU. Damit ist einerseits eine gewisse Präsenz der Beteiligten im Gemeinsamen Markt gefordert, andererseits wird der "Anschluß" von kleinen und mittleren Unternehmen als wettbewerblich irrelevanter Bagatellfall von der Anwendung der Verordnung ausgeschlossen.[5]

c) "Zwei-Drittel-Klausel"

Selbst wenn die beiden genannten Voraussetzungen erfüllt sind, fällt ein Zusammenschluß dann nicht in den Anwendungsbereich der Verordnung,

---

5) Vgl. Niederleithinger EWS 1990, 73, 76; Huber, Europäische Fusionskontrolle, S. 10.

wenn die beteiligten Unternehmen jeweils mehr als zwei Drittel ihres gemeinschaftsweiten Umsatzes in ein und demselben Mitgliedstaat erzielen. Damit soll sichergestellt werden, daß die Kommission ausschließlich Zusammenschlüsse mit grenzüberschreitendem Charakter zu überprüfen hat. Zumindest ein Beteiligter muß also in nennenswertem Umfang in einem oder mehreren anderen Mitgliedstaaten tätig sein. Mit dieser Regelung bleibt die Verordnung hinter dem sonstigen europäischen Wettbewerbsrecht zurück, welches auch dann anwendbar bleibt, wenn eine Wettbewerbsbeschränkung nur innerstaatlich vereinbart wird.[6]

3. Kritik

a) Umsatzschwellen als maßgebliches Merkmal

Umsatzschwellen bieten für die Abgrenzung der Zuständigkeiten ein größtmögliches Maß an Rechtssicherheit, da sich das anzuwendende Recht durch die in Zahlen konkretisierten Richtwerte eindeutig feststellen läßt.[7]

Andererseits erweist sich die ausschließliche Orientierung an starren Grenzwerten als äußerst unflexibel und führt unweigerlich zu willkürlichen Ergebnissen: Es sind durchaus Zusammenschlüsse vorstellbar, die zwar nicht alle Umsatzschwellen überschreiten, sich aber bis hin zur Monopolisierung sehr wohl auf den Wettbewerb im Gemeinsamen Markt auswirken. Dagegen könnten andere, für den Wettbewerb im Gemeinsamen Markt wünschenswerte Zusammenschlüsse durch strengeres nationales Recht ver-

---

6) Kirchhoff BB-Beil. 14/1990, S. 3; Grabitz-Koch Art. 85 Rdnr. 93 f.

7) Dies war auch für die Wahl des Umsatzkriteriums von ausschlaggebender Bedeutung, vgl. Pressemitteilung IP (90) 751 der EG-Kommission v. 24.9.1990 über eine Rede von Vizepräsident Brittan, abgedruckt in WuW 1991, 29, 31; im Ergebnis zustimmend Grabitz-Koch nach Art. 86 Rdnr. 22; Axster, FS für Quack, S. 569, 574; Kirchhoff BB-Beil. 14/1990, S. 3.

hindert werden.[8] Solche Fälle könnten tatbestandsmäßig auch von Artt. 85, 86 EWGV erfaßt sein, soweit diese auf Zusammenschlüsse anwendbar sind und soweit diese Zusammenschlüsse den Handel zwischen den Mitgliedstaaten spürbar beeinträchtigen.

Umgekehrt führt die ausschließliche Orientierung an starren Grenzwerten dazu, daß auch Zusammenschlüsse angemeldet werden und das Vorprüfungsverfahren durchlaufen müssen, bei denen die Voraussetzungen des Art. 2 Abs. 3 FKVO ganz offensichtlich nicht erfüllt sind, etwa weil der Marktanteil der Beteiligten unter 5% liegt.[9]

b) Höhe der Schwellenwerte

Ob die Schwellenwerte sachgerecht sind und alle relevanten Fälle abdekken, erscheint schon auf den ersten Blick zweifelhaft angesichts der erheblich niedrigeren Schwellenwerte, die in früheren Verordnungsentwürfen vorgesehen waren. Unbeschadet der (politischen) Gründe[10] für die Festsetzung der Werte wird immerhin deutlich, daß nach Auffassung der Kommission schon Zusammenschlüsse von weit geringerer Bedeutung einer Europäischen Fusionskontrolle unterworfen werden sollten; hieraus kann sich das Bedürfnis nach einem Rückgriff auf Artt. 85, 86 EWGV ergeben, den sich die Kommission in ihrer Protokollerklärung auch ausdrücklich vorbehalten hat.[11]

Eine spürbare Beeinträchtigung des Handels zwischen Mitgliedstaaten ist bei vielen Zusammenschlüssen unterhalb der Schwellen denkbar: Die Grenze von 5 Mrd. ECU beschränkt die Wirkung der Verordnung auf Großfusionen; doch können insbesondere auf kleinen Märkten auch Zu-

---

8) Venit CMLR 1990, 7, 18; Kirchhoff BB-Beil. 14/1990, S. 3; Ebenroth/Parche BB-Beil. 18/1988, S. 4.

9) So im Fall "Mondi/Frantschach" (KomE IV/M 210).

10) Vgl. dazu Weitbrecht EuZW 1990, 18, 19; zur Entwicklung Sauter, FS für Quack, S. 657 ff, insbes. S. 662.

11) WuW 1990, 240, 243.

sammenschlüsse von weit geringerer Größenordnung zu einer erheblichen Beeinträchtigung wirksamen Wettbewerbs führen.[12] Die Fälle zwischen 2 und 5 Mrd. ECU machen einen Großteil der nationalen, gemeinschaftsweiten und internationalen Zusammenschlüsse aus.[13] Als problematisch erweist sich die Regelung dann, wenn die Anwendung strengeren nationalen Rechts in Betracht kommt, da dies zu einer Bevorzugung von Großfusionen führen würde. Rat und Kommission haben daher bereits konkrete Werte für eine Absenkung der Schwellenwerte ins Auge gefaßt.[14]

Die Schwelle von 250 Mio. ECU gemeinschaftsweiten Umsatzes erscheint zunächst insoweit bedenklich, als ein europäisches Großunternehmen ungestört mit einem außereuropäischen Konkurrenten fusionieren kann, wenn dieser noch nicht auf den europäischen Markt vorgedrungen ist.[15] Probleme können sich aber auch bei innergemeinschaftlichen Zusammenschlüssen ergeben: Die Gründung eines Gemeinschaftsunternehmens zwischen Aérospatiale und MBB konnte die Aufgreifschwellen nur übertreffen, weil auf den Umsatz der Mutterunternehmen insgesamt abzustellen war.[16] Hätte Aérospatiale die alleinige Kontrolle über MBB übernommen, wäre der Zusammenschluß zwischen dem führenden europäischen Hubschrauberproduzenten und einem bedeutenden Wettbewerber nicht unter die Europäische Fusionskontrolle gefallen, weil MBB selbst nur einen gemeinschaftsweiten Umsatz von weniger als 250 Mio. ECU erzielt.[17]

---

12) Blank, S. 217; Elland ECLR 1991, 19, 20; Kirchhoff BB-Beil. 14/1990, S. 3.

13) 350 von 1122 Fällen, vgl. 19. Wettbewerbsbericht Tz. 242 und Tabelle 7.

14) Erwägungsgrund 10, Art. 1 Abs. 3 FKVO i.V.m. der Protokollerklärung der Kommission zu Art. 1 FKVO, abgedruckt in WuW 1990, 240.

15) Monopolkommission, Sondergutachten 17 Tz. 68; Niederleithinger EWS 1990, 73, 76; Kirchhoff BB-Beil. 14/1990, S. 3; Pappalardo RIDE 1990, 3, 20.

16) KomE IV/M 017.

17) Vgl. Ehlermann WUW 1991, 535, 538.

Die 2/3-Klausel führt dazu, daß nicht alle Großfusionen von der Verordnung erfaßt sind. Gerade die Bildung "nationaler Champions" hat aber für den Wettbewerb in der Gemeinschaft erhebliche Bedeutung.[18]

Im Ergebnis ist auf Grund der hohen Schwellenwerte der Anwendungsbereich der EG-Fusionskontrolle erheblich eingeschränkt, so daß sich für die Praxis die Frage stellt, ob ergänzend zur Fusionskontroll-VO noch Artt. 85, 86 EWGV eingreifen sollen. Dann aber wären die erklärten Ziele der Verordnung, die Integration der Märkte und die Schaffung von Rechtssicherheit durch ein einheitliches Kontrollinstrument allenfalls für eine kleine Anzahl von Fällen erreicht worden.[19]

c) Absenkung der Schwellenwerte

Bei der Festsetzung der hohen Schwellenwerte war beabsichtigt, die Anzahl der von der Kommission zu beurteilenden Fälle auf 40-60 pro Jahr zu begrenzen, um erste Erfahrungen mit der Anwendung der Verordnung zu gewinnen. Am Ende einer ersten Anwendungsphase sollen die Schwellenwerte im Lichte der bis dahin gewonnenen Erfahrungen überprüft werden. Dies bietet Gelegenheit, die Schwellenwerte an die Zwischenstaatlichkeitsklausel anzupassen.

Erwogen werden Schwellen von 2 Mrd. ECU weltweiten Gesamtumsatzes und 100 Mio. ECU gemeinschaftsweiten Umsatzes. Für Fälle, die diese Schwellen unterschreiten, nimmt die Kommission an, daß "normalerweise" ein Zusammenschluß den Handel zwischen Mitgliedstaaten nicht

---

18) Weitbrecht EuZW 1990, 18, 19 führt als Beispiel den deutschen Daimer/MBB-Fall an; Zusammenschlüsse von Siemens werden nur erfaßt, wenn der Partner ein Drittel seines gemeinschaftsweiten Umsatzes außerhalb Deutschlands erzielt. Vgl. auch den Zusammenschluß Krupp/Hoesch, WuW 1991, 961; kritisch auch Axster, FS für Quack, S. 569, 576; Niederleithinger, FS für Quack, S. 645, 647; Ehlermann WuW 1991, 535, 538; Blank, S. 218 f; Riesenkampff, FS für Rittner, S. 491, 493.

19) Vgl. Brittan ELR 1990, 351, 352.

beeinträchtigt.[20] Schon diese unklare Formulierung, aber auch die Tatsache, daß die Kommission ursprünglich einen Gesamtumsatz von 200 Mio. ECU für gemeinschaftsweit bedeutsam gehalten hat, macht deutlich, daß das Problem einer Doppelkontrolle von Zusammenschlüssen auf europäischer Ebene durch eine Absenkung der Schwellenwerte nur auf eine andere Ebene verlagert, nicht aber aus der Welt geschafft wird.

Fraglich ist zudem, ob die einstimmig beschlossenen Schwellenwerte - wie beabsichtigt - mit qualifizierter Mehrheit (Art. 148 EWGV) geändert werden können, wie Art. 1 Abs. 3 FKVO dies vorsieht. Rat und Kommission waren einmütig der Auffassung, dies sei möglich. Die Festsetzung der Werte falle unter Art. 87 EWGV, der die Anwendung der Artt. 85, 86 EWGV auf Zusammenschlüsse regele und dabei ausdrücklich die Bestimmung des Verhältnisses zu den innerstaatlichen Rechtsvorschriften mit qualifizierter Mehrheit vorsehe.[21]

In der Literatur werden Zweifel geäußert, ob eine derart substantielle Änderung des Geltungsbereichs der Verordnung von Art. 87 EWGV erfaßt sei. Jedenfalls sei eine materielle Änderung oder Ergänzung der Aufgreifkriterien, welche in der Protokollerklärung der Kommission ebenfalls angesprochen wird,[22] nur einstimmig möglich.[23]

Nicht nur der Erlaß, auch die Änderung der einstimmig zu beschließenden Verordnung bedarf der Einstimmigkeit. Dies gilt insbesondere auch für die Fusionskontroll-VO, die vor allem auf Art. 235 EWGV und nur sekundär auf Art. 87 EWGV gestützt ist und die Befugnisse der Gemeinschaft über den bisher schon von Artt. 85, 86 EWGV erfaßten Bereich hinausgehend wesentlich erweitert. Dabei kann es keinen Unterschied machen, ob das abweichend von Art. 235 EWGV geregelte Erfordernis der qualifizierten

---

20) Protokollerklärung, WuW 1990, 240, 243.

21) Brittan ELR 1990, 351, 352; ebenso Ritter/Braun/Rawlinson, S. 353.

22) Protokollerklärung der Kommission zu Art. 1 FKVO, WuW 1990, 240.

23) Grabitz-Koch nach Art. 86 Rdnr. 22; Riesenkampff, FS für Rittner, S. 491, 494; Kirchhoff BB-Beil. 14/1990, S. 4.

Mehrheit und die Beschlußfassung über die Schwellenwerte, andere Kriterien oder den gesamten Inhalt der Verordnung betrifft.[24]

Zuletzt wird es von der politischen Beurteilung der Entscheidungspraxis der Kommission abhängen, ob eine Revision der Schwellen überhaupt durchsetzbar sein wird.[25]

III. Befugnisse nationaler Behörden aus Art. 88 EWGV

Nach der bisherigen Untersuchung erweisen sich Doppelkontrollen infolge der unklaren Reichweite der Artt. 85, 86 EWGV und der unsachgerecht hohen Aufgreifschwellen als materiellrechtlich denkbar. Diese Gefahr bliebe jedoch eine rein theoretische, wenn alle Wege der verfahrensmäßigen Durchsetzung versperrt wären. Gerade diesen Trick haben Rat und Kommission mit Art. 22 Abs. 2 FKVO einzusetzen versucht. Fraglich ist, ob diese verfahrensrechtliche Lösung ihr Ziel erreichen kann. In Betracht kommen zunächst Befugnisse nationaler Behörden aus Art. 88 EWGV.

1. Anwendungsbereich des Art. 88 EWGV

a) Bedeutung des Art. 88 EWGV

Art. 88 EWGV ist als Übergangsbestimmung konzipiert. Für den Zeitraum bis zum Erlaß von Durchführungsverordnungen gem. Art. 87 EWGV haben nationale Behörden die Befugnis, "im Einklang mit ihren

---

24) Riesenkampff, FS für Rittner, S. 491, 494; Pathak ECLR 1990, 119, 120.

25) Deutliche Zweifel hieran äußern Hölzler WM 1990, 489, 491; Elland ECLR 1991, 19, 20. Dem Vernehmen nach ist derzeit auch eine qualifizierte Mehrheit für eine Absenkung der Schwellenwerte nicht in Sicht. Der neue Wettbewerbskommissar van Miert steht einer Absenkung der Schwellen zurückhaltend gegenüber, vgl. Kurzinformation in WuW 1993, 272; vgl. auch Monopolkommission, Hauptgutachten 9 Tz. 598 f; Groger/Janicki WuW 1992, 991, 1001.

eigenen Rechtsvorschriften" über die Zulässigkeit von Verhaltensweisen, die unter Artt. 85, 86 EWGV fallen, zu entscheiden.[26] Art. 88 EWGV ist damit ein wesentliches Mittel der von der Kommission angestrebten dezentralen Anwendung der Wettbewerbsregeln des EWG-Vertrages.[27] Die Vorschrift steht im Dienste der Artt. 85, 86 EWGV und könnte daher die Doppelkontrolle einzelner Vorhaben ermöglichen.

b) Die "Behörden" i.S.d. Art. 88 EWGV

"Behörden" i.S.d. Art. 88 EWGV sind diejenigen innerstaatlichen Stellen, denen nach nationaler Zuständigkeitsregelung die verwaltungsmäßige Anwendung und Durchsetzung des Kartellrechts übertragen ist.[28] Dazu gehören auch nationale Gerichte, jedoch nur insoweit, als ihnen die verwaltungsmäßige Überwachung der Einhaltung der Kartellvorschriften oder die Rechtmäßigkeitskontrolle über die damit befaßten Verwaltungsbehörden übertragen ist.[29] Nationale Gerichte fallen nicht unter Art. 88 EWGV, wenn sie nur in einem Zivilrechtsstreit über eine Vereinbarung nach Artt. 85, 86 EWGV zu entscheiden haben.

2. Anwendbarkeit des Art. 88 EWGV bei Zusammenschlüssen ohne gemeinschaftsweite Bedeutung

Wenn der Gemeinschaftsgesetzgeber bereits erlassene Durchführungsverordnungen wieder aufhebt oder sie für bestimmte Bereiche für unanwendbar erklärt, stellt er den Zustand wieder her, der vor ihrem Erlaß bestan-

---

26) Vgl. Grabitz-Pernice Art. 88 Rdnr. 1.

27) Vgl. dazu 20. Wettbewerbsbericht Tz. 13; GTE^4-Schröter Art. 88 Rdnr. 3.

28) EuGHE 1974, 51, 62 f Rdnr. 18/23 "BRT I"; Grabitz-Pernice Art. 88 Rdnr. 4; Gleiss/Hirsch Art. 88 Rdnr. 3; GTE^4-Schröter Art. 88 Rdnr. 5.

29) In Deutschland sind dies das BKartA, sowie KG und BGH, soweit diese Entscheidungen des BKartA überprüfen.

den hat; danach leben die Befugnisse der Mitgliedstaaten aus Art. 88 EWGV wieder auf.[30]

Art. 88 EWGV ist anwendbar, wenn die nationalen Behörden zugleich nach ihrem nationalen Recht mit dem Zusammenschluß befaßt sind.[31] Sie müssen daher auch auf Grund nationalen Rechts den Fall zu entscheiden haben, um die EG-Wettbewerbsregeln anwenden zu können.

3. Anwendbarkeit des Art. 88 EWGV parallel zur Fusionskontroll-VO

Umstritten ist, ob Art. 88 EWGV auch parallel zur Fusionskontroll-VO anwendbar ist.

a) Vorrang des Art. 21 Abs. 2 FKVO ?

In Betracht kommt zunächst, aus Art. 21 Abs. 1, 2 FKVO zu folgern, daß die Mitgliedstaaten auch die Kompetenz aus Art. 88 EWGV verlieren sollen; anderenfalls könnte ja auf diese Weise Art. 21 Abs. 2 FKVO unterlaufen werden.[32] Wenn die Mitgliedstaaten jedoch gem. Artt. 88, 85, 86 EWGV vorgehen, wenden sie nicht ihr innerstaatliches Recht, sondern Gemeinschaftsrecht an, so daß schon die Voraussetzungen des Art. 21 Abs. 2 FKVO nicht erfüllt sind. Im übrigen würde der Ausschluß der primärrechtlichen Kompetenz zur Anwendung des Gemeinschaftsrechts durch eine Vorschrift in der Verordnung zumindest rechtliche Zweifel aufwer-

---

30) Vgl. EuGHE 1986, 1457, 1467 Rdnr. 51 f "Asjes"; GTE[4]-Schröter Art. 88 Rdnr. 2; Korah, EEC Competition Law, S. 215; Einsele RIW-Beil. 2/1992 Rdnr. 22; Kovar, Yearbook 1990, 71, 100 f; Deimel, S. 168; ebenso wohl auch Axster, FS für Quack, S. 569, 577.

31) Monopolkommission, Sondergutachten 17 Tz. 145 unter Hinweis auf EuGHE 1986, 1457, 1469 Rdnr. 62 "Asjes" und KG WuW/E OLG 4291, 4294 "Landegebühr".

32) Santa Maria, Dir. com. int. 1990, 127, 134.

fen. Die Frage einer Anwendbarkeit des Art. 88 EWGV muß daher aus dem primären Gemeinschaftsrecht selbst beantwortet werden.

b) Ausschluß des Art. 88 EWGV auf Grund von Art. 87 EWGV ?

Nach einer Ansicht besteht die Kompetenz der nationalen Behörden nur bis zum Inkrafttreten der nach Art. 87 EWGV erlassenen Vorschriften. Da auch die Fusionskontroll-VO auf Art. 87 EWGV gestützt sei, sei im Anwendungsbereich der Verordnung die Kompetenz der Mitgliedstaaten durch Art. 87 EWGV ausgeschlossen.[33]

Es ist jedoch fraglich, ob allein die Tatsache, daß die Verordnung ausweislich ihrer Erwägungsgründe auch auf Art. 87 EWGV gestützt ist, eine solche Folgerung trägt. Die Fusionskontroll-VO dient nicht, wie dies etwa bei der VO Nr. 17 ausdrücklich der Fall ist, der Durchführung der Artt. 85, 86 EWGV, sondern soll ein neues, eigenständiges Kontrollinstrument sein.[34] Es ging nicht um die Freistellungsvoraussetzungen nach Art. 85 Abs. 3 EWGV. Daran ändert auch nichts, daß die Kriterien des Art. 85 Abs. 3 EWGV in Art. 2 Abs. 1 lit. b FKVO übernommen wurden. Sie erfüllen dort eine grundlegend andere Funktion und dienen nicht der Umsetzung des Art. 85 Abs. 3 EWGV selbst.[35] Hinzu kommt, daß das Kriterium der Vereinbarkeit mit dem Gemeinsamen Markt in der Fusionskontroll-VO weder das des Art. 85, noch das des Art. 86 EWGV ist; die Verordnung weicht vom Vereinbarkeitskriterium des Art. 86 EWGV ab und geht weit darüber hinaus. Außerdem wird Art. 87 EWGV erst an zweiter Stelle als Ermächtigungsgrundlage genannt.[36]

---

33) Niemeyer RIW 1991, 448, 451; Ebenroth/Lange BB 1991, 845, 850; Winckler/Gerondeau RevMC 1990, 541, 549; Deimel, S. 131.

34) Erwägungsgrund 7; vgl. Grabitz-Koch nach Art. 86 Rdnr. 4.

35) IM-Mestmäcker Vor § 23 Rdnr. 198 f; vgl. im einzelnen unten S. 239 ff.

36) Fine ELR 1990, 47, 50.

Durch die Bewilligung oder Ablehnung von Freistellungen nach Art. 85 Abs. 3 EWGV wird die Wettbewerbspolitik der Gemeinschaft auf der Grundlage der Artt. 85, 86 EWGV gestaltet. Der EuGH hat festgestellt, daß der einzige Grund für die Weiteranwendung der Artt. 88, 89 EWGV darin liegt, daß Vereinbarungen i.S.d. Art. 85 Abs. 1 EWGV auch nach Art. 85 Abs. 3 EWGV freigestellt werden können.[37] Nichts anderes zu regeln ist auch der Sinn der nach Art. 87 EWGV erlassenen Durchführungsverordnungen.[38] Art. 88 EWGV gilt bis zum Erlaß *der* in Art. 87 EWGV vorgesehenen Vorschriften. Art. 88 EWGV wird daher nur durch eine Verordnung ausgeschlossen, die auf Art. 87 EWGV gestützt ist *und* den Anforderungen des Gerichtshofs an eine Durchführungsverordnung genügt. Es kann also nicht sein, daß weder eine Verordnung existiert, die den Anforderungen des Gerichtshofs an eine Durchführungsverordnung entspricht und zur unmittelbaren Anwendung des Art. 85 EWGV führt, noch Art. 88 EWGV anwendbar ist, wo der Tatbestand des Art. 85 Abs. 1 EWGV erfüllt ist.[39]

Nach alledem genügt die Fusionskontroll-VO nicht den Anforderungen an eine Durchführungsverordnung, die Art. 85 EWGV unmittelbar anwendbar machen würde.[40] Daß die Verordnung überhaupt auf Art. 87 EWGV gestützt wurde, ist auf die Unklarheit hinsichtlich der materiellen Anwendbarkeit der Artt. 85, 86 EWGV auf Zusammenschlüsse zurückzuführen; angesichts der EuGH-Rechtsprechung wäre es unzulässig gewesen,

37) EuGHE 1989, 803, 848 Rdnr. 32 "Ahmed Saeed"; vgl. auch Rdnr. 5: "Mangels einer Durchführungsverordnung sind die Übergangsvorschriften der Artt. 88, 89 EWGV anwendbar *geblieben.*" Auch diese Formulierung macht klar, daß Art. 85 EWGV entweder über Art. 87 EWGV oder über Artt. 88, 89 EWGV unmittelbar anwendbar ist, daneben aber kein Fall denkbar ist, bei dem keine dieser Vorschriften eingreift.

38) EuGHE 1986, 1457, 1470 Rdnr. 67 "Asjes".

39) A.A. Staudenmayer WuW 1992, 475, 479, der zwar Art. 88 EWGV nicht anwenden will, weil die FKVO auf Art. 87 EWGV gestützt sei, andererseits aber mangels Durchführungsverordnung auch die Anwendbarkeit des Art. 85 Abs. 2 EWGV durch nationale Gerichte verneint.

40) Fine ECLR 1990, 47, 50 f.

die Verordnung allein auf Art. 235 EWGV zu stützen.[41] Sie sollte insoweit die materiellen Grundsätze der Artt. 85, 86 EWGV für Unternehmenszusammenschlüsse konkretisieren, ohne daß klar war, wie weit diese reichten.

c) Ergebnis

Festzuhalten ist, daß Art. 88 EWGV grundsätzlich neben der Fusionskontroll-VO ein Eingreifen mitgliedstaatlicher Behörden gem. Artt. 85, 86 EWGV ermöglichen würde.[42] Da die Befugnis aus Art. 88 EWGV akzessorisch zur Reichweite der Artt. 85, 86 EWGV ist, könnte sie nur durch einen Ausschluß der Anwendbarkeit der Artt. 85, 86 EWGV selbst vermieden werden.

4. Konfliktfälle

Da über Art. 88 EWGV sowohl eine Anwendung des Art. 85 Abs. 1 EWGV, als auch des Art. 86 EWGV in Betracht kommt, stellt sich die Frage des Vorrangs im Konfliktfall. Die denkbare Doppelkontrolle wäre erträglich, wenn hier eine klare Vorrangregel bestünde.

a) Kommission gegen nationale Behörde

Art. 21 Abs. 2 FKVO betrifft nur die Zusammenschlüsse im Anwendungsbereich der Verordnung und entzieht sie nur einer Doppelkontrolle nach der Verordnung einerseits und nationalem Recht andererseits. Soweit

---

41) Siehe zur Frage der Zulässigkeit einer alternativen oder kumulativen Anwendung des Art. 235 EWGV näher unten S. 190 ff.

42) Ebenso, allerdings ohne Begründung, Grabitz-Koch nach Art. 86 Rdnr. 50; IM-Mestmäcker Vor § 23 Rdnr. 115; van Arnheim, S. 70; van de Walle de Ghelcke, Journal des Tribunaux 1990, 245, 256; Pappalardo RIDE 1990, 3, 41; Janicki WuW 1989, 193, 201; Koch EWS 1990, 65, 72.

Artt. 85, 86 EWGV eingreifen, gilt das in Art. 21 Abs. 1 FKVO vorgesehene Entscheidungsmonopol der EG-Kommission nicht und die Behörden der Mitgliedstaaten sind uneingeschränkt zuständig. Für das Bundeskartellamt wurden erst unlängst mit § 47 Abs. 1 GWB die rechtlichen Voraussetzungen hierfür geschaffen. Das Amt könnte die in § 47 Abs. 2 GWB vorgesehenen Entscheidungen treffen.[43]

Dann aber stellt sich die Frage nach dem Verhältnis der Gemeinschaftszuständigkeit zu den Zuständigkeiten der nationalen Behörden. Art. 88 EWGV regelt dabei nur das "Ob" der Zuständigkeit nationaler Behörden, nicht aber auch, wie sich deren Entscheidungen zu denen der Kommission verhalten.

Im Urteil "Walt Wilhelm ./. Bundeskartellamt" hatte sich der EuGH grundlegend mit dieser Frage zu befassen. Der Gerichtshof hat darin nicht nur für Normenkonflikte den Grundsatz des relativen Vorrangs des Gemeinschaftsrechts aufgestellt,[44] sondern auch allgemein festgestellt, daß derselbe Sachverhalt Gegenstand zweier paralleler Verfahren sein kann.[45] Dies gilt insbesondere auch, wenn die nationale Behörde auf Grund von Art. 88 EWGV einschreitet.[46] Eine generelle Exklusivität der Gemeinschaftszuständigkeit besteht also nicht. Der Gerichtshof hat lediglich ent-

---

43) Die Neuregelung war auf Grund eines Urteils des Berliner Kammergerichts (WuW/E OLG 4291, 4295 "Landegebühr") erforderlich geworden, welches dem Bundeskartellamt sowohl weithin die materielle Zuständigkeit, als auch das Bestehen eigener Verfahrensrechte abgesprochen hat.

44) EuGHE 1969, 1, 13 f; diese Lösung ist allerdings sehr umstritten, vgl. Emmerich, Kartellrecht, S. 516 m.w.N.

45) EuGHE 1969, 1, 13 Rdnr. 3 "Walt Wilhelm"; bestätigt in EuGHE 1980, 2327, 2374 f Rdnr. 15 ff "Guerlain".
Die zitierten Urteile sind zu Art. 85 EWGV ergangen. Nicht ausdrücklich hat der Gerichtshof entschieden, wie sich Art. 86 EWGV zum nationalen Recht verhält. Die zu Art. 85 EWGV entwickelten Grundsätze dürften aber auf Art. 86 EWGV übertragbar sein, so Korah ECLR 1987, 239, 243.

46) So GA Roemer in EuGHE 1969, 17, 21 "Walt Wilhelm".

schieden, daß die nationale Behörde bei ihrer Vorgehensweise den Wirkungen der Kommissionsentscheidungen Rechnung tragen muß.[47]

b) Nationale Behörden gegeneinander

Wird eine Doppelkontrolle nach Artt. 85, 86 EWGV und der Fusionskontroll-VO nicht ausgeschlossen, so müssen die fusionswilligen Unternehmen wie bisher auch damit rechnen, von verschiedenen Verwaltungsbehörden nach unterschiedlichen Rechtsordnungen kontrolliert zu werden.

Sachgerecht wäre hier zumindest, daß die Mitgliedstaaten gem. Art. 89 Abs. 1 Satz 2 EWGV die Kommission um die Beurteilung des Falles ersuchen würden;[48] eine Verpflichtung hierzu besteht aber nicht.

5. Mehrfachkontrollen

Wenn es zu Konflikten zwischen nationalen Behörden und der Kommission über einen Zusammenschluß mit gemeinschaftsweiter Bedeutung kommt, ist nicht auszuschließen, daß nationale Behörden versuchen werden, über Art. 88 EWGV zu einer Anwendung der Artt. 85, 86 EWGV auf diesen Zusammenschluß zu gelangen. Demnach kommt ohne Rücksicht auf die Schwellen die Anwendung der Artt. 85, 86 EWGV durch nationale Behörden zusätzlich zur Fusionskontroll-VO bei Zusammenschlüssen mit und zusätzlich zu nationalem Recht bei Zusammenschlüssen ohne gemeinschaftsweite Bedeutung in Betracht. Hinzu kommen, wie zu zeigen ist, Befugnisse der Kommission aus Art. 89 EWGV. Gerade bei grenzüberschreitenden Zusammenschlüssen ergeben die denkbaren Kombinationen zwischen diesen Zuständigkeiten und Kontrollbefugnissen ein buntes

---

47) EuGHE 1969, 1, 14 Rdnr. 7 "Walt Wilhelm".

48) Grabitz-Pernice Art. 88 Rdnr. 5.

Bild von Mehrfachkontrollen, das für die Betroffenen zu einem "Schikane-Parcours"[49] führt, der Zusammenschlüsse von vornherein verhindert.

Für die betroffenen Unternehmen ist im Einzelfall nicht sicher kalkulierbar, mit wessen Einschreiten jeweils zu rechnen ist. Van Ommeslaghe charakterisiert unter diesem Aspekt die durch den Erlaß der Verordnung geschaffene Rechtssicherheit zutreffend als "très relative".[50]

Auch diese Mehrfachkontrollen können nicht durch Art. 22 Abs. 2 FKVO, sondern nur durch einen Ausschluß der Anwendbarkeit der Artt. 85, 86 EWGV selbst auf Zusammenschlüsse vermieden werden.

IV. Befugnisse der Kommission aus Art. 89 EWGV

1. Bedeutung und Anwendungsbereich des Art. 89 EWGV

Art. 89 Abs. 1 EWGV verpflichtet die Kommission, auf die Verwirklichung der in den Artikeln 85 und 86 niedergelegten Grundsätze zu achten und stellt damit eine Konkretisierung der allgemeinen Aufgaben der Kommission aus Art. 155 EWGV dar. Die Kommission ist berechtigt, in den Fällen, in denen sie eine Zuwiderhandlung gegen Artt. 85, 86 EWGV vermutet, auf Antrag eines Mitgliedstaates oder von Amts wegen Untersuchungen aufzunehmen. Dazu ist sie jedoch andererseits auch verpflichtet.[51] Die Kommission hat freilich keine eigenen Zwangsmittel zur Verfügung. Stellt sie eine Zuwiderhandlung fest, so schlägt sie geeignete Mittel zur Abstellung der Zuwiderhandlung vor. Wird die Zuwiderhandlung nicht abgestellt, stellt die Kommission das Vorliegen der Zuwiderhandlung durch Entscheidung fest (Art. 89 Abs. 2 EWGV); kommt der betreffende Mitgliedstaat den darin festgelegten Abhilfemaßnahmen nicht nach, so

---

49) Axster, FS für Quack, S. 569, 575.

50) CahDE 1991, 259, 268.

51) Grabitz-Pernice Art. 89 Rdnr. 3; GTE^4-Schröter Art. 89 Rdnr. 1.

steht der Kommission gem. Art. 169 EWGV der Rechtsweg offen. Das Verfahren ist sicher - besonders im Vergleich zu den in der VO Nr. 17 und der Fusionskontroll-VO vorgesehenen Verfahren - umständlich; es macht jedoch grundsätzlich die Anwendung der Artt. 85, 86 EWGV auf Zusammenschlüsse auch in Zukunft möglich.

Art. 89 EWGV war zunächst als Übergangsvorschrift konzipiert worden, um eine Durchsetzung der Wettbewerbsregeln von Anfang an zu gewährleisten und den Zeitraum bis zum Erlaß von Verfahrensbestimmungen zu überbrücken; daher verliert die Vorschrift mit dem Erlaß von Durchführungsverordnungen an praktischer Bedeutung. Sie steht in gleicher Weise wie Art. 88 EWGV im Dienst der Artt. 85, 86 EWGV. Wo immer diese eingreifen, hat die Kommission aus Art. 89 EWGV die Befugnisse zu ihrer Durchsetzung. Dies hat der Gerichtshof grundlegend im "Bosch"-Urteil[52] klargestellt und in den Urteilen "Asjes"[53] und "Ahmed Saeed"[54], bestätigt.

2. Anwendbarkeit des Art. 89 EWGV bei Zusammenschlüssen ohne gemeinschaftsweite Bedeutung

a) Anwendbarkeit des Art. 89 EWGV bei nachträglicher Abschaffung bestehender Durchführungsverordnungen

Nachdem durch Art. 22 Abs. 2 FKVO die Durchführungsverordnungen auf Zusammenschlüsse insgesamt für nicht anwendbar erklärt wurden, verbleiben der Kommission nur noch die Befugnisse aus Art. 89 EWGV.[55]

---

52) EuGHE 1962, 97, 112 f.

53) EuGHE 1986, 1425, 1469 f Rdnr. 61-68.

54) EuGHE 1989, 803, 847 ff.

55) GTE[4]-Schröter Art. 87 II Rdnr. 287; Pathak ECLR 1990, 119, 120; Bright ECLR 1991, 139, 140; Bechtold RIW 1990, 253, 261; Winckler/Gerondeau RevMC 1990, 541, 549; Niederleithinger EWS 1990, 73, 75; Weitbrecht EuZW 1990, 18,

b) Bindung der Kommission an die Protokollerklärung zu Art. 22 FKVO ?

Für die Behandlung der Fälle, die die Schwellenwerte unterschreiten und nicht in den Anwendungsbereich der Fusionskontroll-VO fallen, stellt sich angesichts der grundsätzlichen Anwendbarkeit des Art. 89 EWGV die Frage, ob die Kommission nicht auf Grund ihrer Protokollerklärung, wonach sie normalerweise nicht beabsichtige, Artt. 85, 86 EWGV anders als im Wege der Verordnung anzuwenden, dazu verpflichtet ist, nicht nach Art. 89 EWGV vorzugehen.[56]

Die Kommission ist - wie alle anderen Gemeinschaftsorgane auch - verpflichtet, *alle* Vertragsbestimmungen anzuwenden und zwar grundsätzlich überall dort, wo sie tatbestandlich eingreifen. Dies gilt insbesondere auch für Artt. 85, 86 EWGV, die seit Inkrafttreten des Vertrages geltendes Recht sind und nicht etwa unter dem Vorbehalt von Sekundärrecht stehen.[57] Stehen der Kommission oberhalb der Schwellenwerte Befugnisse zu, so hat sie diese wahrzunehmen. Dies gilt aber auch und vor allem für Fälle ohne gemeinschaftsweite Bedeutung i.S.d. Art. 1 Abs. 2 FKVO, wo die Verordnung nicht eingreift, und zwar ohne Rücksicht auf bestimmte andere quantitative Schwellenwerte.[58] Es ist kein Grund ersichtlich, weshalb ausgerechnet unterhalb der von der Kommission genannten Grenze (2 Mrd. ECU weltweiter Umsatz, 100 Mio. ECU gemeinschaftsweiter Umsatz) von vornherein kein Zusammenschluß den Handel zwischen Mit-

---

21 Fußn. 31; Alexander CahDE 1990, 529, 550; Ritter/Braun/Rawlinson, S. 361; Korah, EEC Competition Law, S. 215; de la Laurencie, Rec. Dal. Sir. 1990, 141, 146; Koch EWS 1990, 65, 72; Venit CMLR 1990, 7, 48 f; Deimel, S. 151; zweifelnd van de Walle de Ghelcke, Journal des Tribunaux 1990, 245, 256; a.A. Niemeyer, Die Europäische Fusionskontrollverordnung, S. 31.

56) WuW 1990, 240, 243; diese politische Absicht der derzeit amtierenden Kommission wird bekräftigt von Sir Leon Brittan ELR 1990, 351, 357.

57) EuGHE 1962, 97, 112 "Bosch".

58) Entscheidend ist allein die Eignung zur spürbaren Handelsbeeinträchtigung, vgl. EuGHE 1985, 391, 425 Rdnr. 29 "BNIC/Clair"; wie hier auch Keppenne CahDE 1991, 42, 61.

gliedstaaten spürbar beeinflussen soll. Namentlich bei kleinen Märkten kann ein Zusammenschluß, der die genannten Werte unterschreitet, durchaus einen solchen Effekt haben.[59] Insofern ist auch die Rechtmäßigkeit dieser Protokollerklärung sehr zweifelhaft.

Praktische Bedeutung hat dies jedoch nur, wenn diese Protokollerklärung Bindungswirkung für das zukünftige Verwaltungshandeln der Kommission hätte. Dies ist jedoch bei einer Protokollerklärung nicht der Fall: In Art. 189 EWGV sind Protokollerklärungen nicht als Rechtsakte genannt. Sie entfalten daher keine verbindliche Rechtswirkung.[60] Bei der hier in Frage stehenden Erklärung handelt es sich zudem um eine Protokollerklärung der Kommission zu einem von den Mitgliedstaaten im Rat erlassenen Rechtsakt. Der Gerichtshof hat einer solchen Protokollerklärung der Kommission zu einer vom Rat erlassenen Richtlinie keine Bedeutung für die subjektiv-historische Auslegung der Richtlinie beigemessen.[61] Nicht anders ist bei einer Verordnung zu entscheiden.[62] Für die Ermittlung der Pflichten und Befugnisse der Kommission zur Anwendung der Wettbewerbsregeln über Art. 89 EWGV muß die Protokollerklärung der Kommission daher außer Betracht bleiben.

c) Ergebnis

Damit wäre unterhalb der Aufgreifschwellen der Fusionskontroll-VO unter den Voraussetzungen der Artt. 85, 86 EWGV in der Auslegung des Euro-

---

59) Vgl. Heidenhain EuZW 1990, 84 f; Blank, S. 225; Kirchhoff BB-Beil. 14/1990, S. 12; vgl. auch Hölzler WM 1990, 489, 491.

60) Pechstein EuR 1990, 249, 250 ff; Karl JZ 1991, 593, 596.

61) EuGHE 1986, 1247, 1256 Rdnr. 17 "Kommission ./. Belgien".

62) Vgl. Herdegen ZHR 155 (1991), S. 52, 64 f; Pechstein EuR 1990, 249, 253; Einsele RIW-Beil. 2/1992 Rdnr. 23; Vonnemann DB 1990, 569, 570 Fußn. 8; differenzierend Everling, in: Bieber/Ress, S. 417, 426 ff.
A.A. Niemeyer RIW 1991, 448, 450 und Bechtold RIW 1990, 253, 261, die zumindest eine Selbstbindung der Kommission annehmen. Vertrauensschutz kommt allerdings nur bei einer rechtmäßigen Protokollerklärung in Betracht.

päischen Gerichtshofs eine Doppelkontrolle nach Gemeinschaftsrecht und nationalem Recht möglich. Dieser Bereich hätte jedoch dem nationalen Recht allein vorbehalten bleiben sollen.

3. Anwendbarkeit des Art. 89 EWGV parallel zur Fusionskontroll-VO

Die Anwendbarkeit des Art. 89 EWGV parallel zur Fusionskontroll-VO ist umstritten. Während sie von der überwiegenden Ansicht des Schrifttums bejaht wird,[63] werden vereinzelt auch abweichende Ansichten vertreten. Letztere werden damit begründet, daß Art. 89 EWGV lediglich Übergangscharakter habe bzw. nicht mehr anwendbar sei, nachdem auf der Grundlage des Art. 87 EWGV die Fusionskontroll-VO erlassen worden sei.[64]

Ein Vergleich mit Art. 88 EWGV könnte Zweifel erwecken, ob Art. 89 EWGV tatsächlich mit dem Erlaß von Verordnungen auf der Grundlage des Art. 87 EWGV gegenstandslos wird; schließlich fehlt in Art. 89 EWGV die in Art. 88 EWGV enthaltene ausdrückliche zeitliche Begrenzung "bis zum Inkrafttreten der gemäß Artikel 87 erlassenen Vorschriften". Die Rechte der Kommission bestünden sonach auch nach Inkrafttreten dieser Vorschriften fort. Dies folge aus dem Charakter des Art. 89 EWGV als einer Grundsatznorm und werde durch die ausdrückliche Erwähnung des Art. 89 EWGV in Artt. 11, 14 VO Nr. 17 bestätigt.[65] Dem letzteren Gesichtspunkt könnte entgegengehalten werden, die mit Artt. 11, 14 VO Nr. 17 fast identischen Artt. 11, 13 FKVO enthielten den Verweis

---

63) Allerdings meist ohne Diskussion, vgl. Grabitz-Koch nach Art. 86 Rdnr. 50; Elland ECLR 1990, 111, 117; Emmerich, Kartellrecht, S. 619; Pappalardo RIDE 1990, 3, 41; IM-Mestmäcker Vor § 23 Rdnr. 115; van Arnheim, S. 70; Fine ECLR 1990, 47, 51; Winckler/Gerondeau RevMC 1990, 541, 549; Koch EWS 1990, 65, 72; Kirchhoff BB-Beil. 14/1990, S. 13; Alexander CahDE 1990, 529, 550; van de Walle de Ghelcke, Journal des Tribunaux 1990, 245, 256; GTE^4-Schröter Art. 87 II Rdnr. 287.

64) Niemeyer, S. 31; Staudenmayer WuW 1992, 475, 479; Deimel, S. 120.

65) GTE^4-Schröter Art. 89 Rdnr. 9.

auf Art. 89 EWGV gerade nicht. Sekundärrecht spielt jedoch für die Auslegung von Primärrecht wenn überhaupt, so nur eine geringe Rolle.

Der Gerichtshof ist auf den Unterschied im Wortlaut in seiner einschlägigen Rechtsprechung nie eingegangen und hat Art. 89 EWGV immer nur bis zum Inkrafttreten von Durchführungsvorschriften i.S.d. Art. 87 EWGV für anwendbar gehalten.[66] Dies entspricht auch der Systematik der Artt. 87 ff EWGV, die die einheitliche Funktion der Umsetzung und Durchsetzung der Artt. 85, 86 EWGV haben. Sind die in Art. 87 Abs. 2 EWGV vorgesehenen Einzelregelungen getroffen, so besteht auch kein Anlaß mehr zu einer parallelen Befugnis der Kommission aus Art. 89 EWGV. Die Fusionskontroll-VO erfüllt jedoch, wie bereits festgestellt, nicht die Voraussetzungen, die der Gerichtshof an eine Durchführungsverordnung i.S.d. Art. 87 EWGV stellt und ist daher auch nicht geeignet, die Befugnis der Kommission nach Art. 89 EWGV auszuschließen.

Ein paralleles Vorgehen der Kommission gem. Art. 89 EWGV außerhalb der Fusionskontroll-VO ist nach alledem möglich.[67] Allerdings kann man einschätzen, daß diese Möglichkeit eine recht theoretische ist, da der Kommission mit der Fusionskontroll-VO ein umfassendes und praktikableres Instrumentarium zur Verfügung steht und insoweit ein Rückgriff auf das umständliche Verfahren des Art. 89 EWGV nicht erforderlich ist. Außerdem kann, wie zu zeigen ist, ein Tätigwerden der Kommission von Konkurrenten nicht im Klagewege erzwungen werden.[68]

---

66) EuGHE 1986, 1457, 1468 Rdnr. 58 "Asjes"; EuGHE 1989, 803, 845 Rdnr. 20 f "Ahmed Saeed"; ebenso Grabitz-Pernice Art. 89 Rdnr. 1.

67) Die Kommission nimmt offenbar auch selbst eine solche Befugnis an, wenn sie erklärt, sie wolle Artt. 85, 86 EWGV "nicht anders als im Wege der Verordnung" (WuW 1990, 240, 243) auf Zusammenschlüsse anwenden. Das heißt, sie könnte auch anders, will aber nicht. Als andere Möglichkeit käme lediglich Art. 89 EWGV in Betracht. Vgl. auch Brittan ELR 1990, 351, 357.

68) Niemeyer RIW 1991, 448, 449; Pappalardo RIDE 1990, 3, 41.

4. Ergebnis

Trotz des Art. 22 Abs. 2 FKVO ist eine Anwendung der Wettbewerbsregeln auf Zusammenschlüsse durch die Kommission gem. Art. 89 EWGV möglich, und zwar sowohl neben der Fusionskontroll-VO (wenn auch hier praktisch unwahrscheinlich), als auch neben der nationalen Fusionskontrolle.

Eine Doppelkontrolle nach Artt. 85, 86, 89 EWGV und der Fusionskontroll-VO bzw. nationaler Fusionskontrolle kann nach alledem nur durch einen Ausschluß der Anwendbarkeit der Artt. 85, 86 EWGV selbst auf Zusammenschlüsse vermieden werden.

V. Befugnisse nationaler Gerichte

Die Zuständigkeit nationaler Gerichte zur unmittelbaren Anwendung der Artt. 85, 86 EWGV folgt nicht aus Art. 88 EWGV; nach der Rechtsprechung des Gerichtshofs ergibt sie sich unmittelbar aus Artt. 85, 86 EWGV selbst, da anderenfalls den einzelnen Bürgern Rechte genommen werden, die ihnen auf Grund des Vertrages selbst zustehen.[69] Die Kommission hat die Mitgliedstaaten auch wiederholt aufgefordert, durch ihre Gerichte die dezentrale Durchsetzung der Wettbewerbsregeln zu unterstützen.

Geschieht dies jedoch bei Unternehmenszusammenschlüssen oberhalb der Schwellenwerte, so droht eine Doppelkontrolle nach Artt. 85, 86 EWGV durch die nationalen Gerichte und nach Fusionskontroll-VO durch die Kommission. Ein Zusammenschluß, den die Kommission gem. Art. 6 oder Art. 8 FKVO für unbedenklich erklärt hat, könnte nach beliebig langer Zeit von einem Konkurrenten angegriffen und von einem nationalen Gericht für nichtig erklärt werden. Denkbar sind auch Schadensersatzkla-

---

69) EuGHE 1973, 77, 86 Rdnr. 3/5 "de Haecht II"; EuGHE 1974, 51, 62 Rdnr. 15/17 "BRT I"; EuGHE 1986, 1457, 1468 Rdnr. 55 f "Asjes"; EuGHE 1980, 2481, 2500 Rdnr. 13 "Lauder"; EuGHE 1980, 3775, 3790 Rdnr. 13 "L'Oréal"; vgl. auch GA Lenz in EuGHE 1989, 803, 821 Tz. 14 "Ahmed Saeed".

gen gegen die Parteien eines Zusammenschlusses.[70] Außerdem kommt für Konkurrenzunternehmen oder solche, die einem unfriendly takeover ausgesetzt oder schon unterlegen sind, in Betracht, gegen Zusammenschlußvorhaben einstweilige Verfügungen mit der Begründung zu erwirken, der Zusammenschluß verstoße gegen Art. 86 EWGV.[71] Allein die Drohung mit einer solchen Klage kann genauso eine scharfe Waffe im Arsenal der Konkurrenten sein, wie es die Kommission durch die Drohung mit einer Anwendung des Art. 86 EWGV erreicht hat, daß Zusammenschlußvorhaben verändert oder aufgegeben wurden. Daran ändert auch die Kommissionserklärung nichts, so nicht vorzugehen. Diese Erklärung entfaltet keine Bindungswirkung, insbesondere nicht für die mit dem Fall befaßten nationalen Gerichte.

Allerdings hält sich die Befugnis der nationalen Gerichte zur Anwendung der Wettbewerbsregeln in den Grenzen, die das Gemeinschaftsrecht vorgibt, d.h. sie besteht nur insoweit, als die Wettbewerbsregeln unmittelbar anwendbar sind. Demnach ist Art. 86 EWGV weiterhin uneingeschränkt anwendbar, während die Anwendbarkeit des Art. 85 Abs. 1, 2 EWGV infolge von Art. 22 Abs. 2 FKVO nur unter den Voraussetzungen der Artt. 87, 88, 89 Abs. 2 EWGV in Betracht kommt.[72]

Hier allerdings stellt sich die Frage, ob nicht Art. 85 EWGV deswegen unmittelbar anwendbar ist, weil auch die Fusionskontroll-VO auf der Grundlage des Art. 87 EWGV erlassen worden ist und damit die Voraus-

---

70) Vgl. hierzu Elland ECLR 1991, 19, 27 m.w.N; Steindorff, FIW-Skript 10, S. 9; Bechtold RIW 1990, 253, 261.

71) Z.B. der Fall Plessey-GEC-Siemens, 19. Wettbewerbsbericht Tz. 66. Vor allem die Industrie in Großbritannien äußerte während der Beratungen der Fusionskontroll-VO erhebliche Sorgen vor Konkurrentenklagen auf Grund von Artt. 85, 86 EWGV.

72) GTE[4]-Schröter Art. 87 II Rdnr. 288; Pappalardo RIDE 1990, 3, 41; Cook/Soames, Int. Business Lawyer 1991, 330; Fine ECLR 1990, 47, 51; Weitbrecht EuZW 1990, 18, 21; Kirchhoff BB-Beil. 14/1990, S. 13; Koch EWS 1990, 65, 72; teilw. a.A. Montag IWB 1990, 681, 689: "Art. 86 EWGV für Zusammenschlüsse von gemeinschaftsweiter Bedeutung unanwendbar"; Bechtold RIW 1990, 253, 260 f; K. Schmidt BB 1990, 719 ff; Vonnemann DB 1990, 569, 571: "Art. 86 EWGV für alle Zusammenschlüsse unanwendbar".

setzungen der "Bosch"-Doktrin nicht voll erfüllt sind.[73] Wie oben festgestellt, erfüllt die Fusionskontroll-VO jedoch nicht die materiellen Anforderungen des Art. 87 EWGV, so daß die nationalen Gerichte Art. 85 EWGV nicht unmittelbar anwenden können.

Wo die Gerichte allerdings selbst "zuständige Behörden" i.S.d. Art. 88 EWGV sind, können auch Klagen auf der Grundlage des Art. 85 Abs. 1 EWGV gegen Zusammenschlüsse mit und ohne gemeinschaftsweite Bedeutung vorkommen. Bei Art. 86 EWGV ist letztere Voraussetzung auf Grund der unmittelbaren Anwendbarkeit ohnehin nicht erforderlich.[74]

Damit aber ist die für die fusionswilligen Unternehmen erforderliche Rechtssicherheit hinsichtlich der Endgültigkeit einer Genehmigungsentscheidung der Kommission nicht gegeben. Diese erfordert vielmehr, die Befugnis der nationalen Gerichte, über Zusammenschlüsse im Anwendungsbereich der Fusionskontroll-VO zu entscheiden, von vornherein auszuschalten; da diese Befugnis unmittelbar auf Artt. 85, 86 EWGV basiert, bedeutet dies, daß die Anwendbarkeit von Artt. 85, 86 EWGV selbst ausgeschlossen werden muß, wofür Art. 22 Abs. 2 FKVO nicht ausreicht.

VI. Klagemöglichkeiten Dritter ?

Möglicherweise können Konkurrenten der am Zusammenschluß Beteiligten durch direkte Klage beim Europäischen Gerichtshof die Kommission zum Einschreiten gegen einen Zusammenschluß zwingen. Dies kommt auch im Geltungsbereich der Fusionskontroll-VO in Betracht, wenn ein Konkurrent im Fusionskontrollverfahren gem. Art. 18 Abs. 4 FKVO beteiligt war, sich jedoch nicht durchsetzen konnte.

---

73) Dies wurde vor allem in der französischen Literatur vertreten, vgl. die Nachweise bei Staudenmayer WuW 1992, 475, 477.

74) Elland ECLR 1991, 19, 26.

1. Art. 173 Abs. 2 EWGV

a) Allgemeines

Ob die Bestimmungen der Fusionskontroll-VO eingehalten wurden, kann der Konkurrent gem. Art. 173 Abs. 2 EWGV i.V.m. Art. 18 Abs. 4 FKVO gerichtlich überprüfen lassen;[75] hinsichtlich der Gefahren einer Doppelkontrolle geht es jedoch auch hier nicht um den Fall der Falschanwendung der Verordnung; für den Konkurrenten kommt auch die Möglichkeit in Betracht, den Gerichtshof im Verfahren des Art. 173 Abs. 2 EWGV mit dem Zusammenschluß zu befassen und sich dabei auf eine weite Auslegung der Artt. 85, 86 EWGV zu stützen.

Gem. Art. 173 Abs. 2 EWGV kann jede natürliche oder juristische Person gegen Entscheidungen Klage erheben, die, obwohl sie als eine an eine andere Person gerichtete Entscheidung ergangen sind, sie unmittelbar und individuell betreffen. Die Frage, wann eine Person von einer an eine andere Person gerichteten Entscheidung "unmittelbar und individuell betroffen" ist, ist freilich heftig umstritten. Nach der Rechtsprechung ist ein Dritter nur betroffen, wenn die Entscheidung ihn "wegen bestimmter persönlicher Eigenschaften oder besonderer, ihn aus dem Kreis aller übrigen Personen heraushebender Umstände berührt und ihn daher in ähnlicher Weise individualisiert wie den Adressaten."[76]

---

75) Noch nicht geklärt, wie hier aber die h.M., vgl. Axster, FS für Quack, S. 569, 588; Heidenhain EuZW 1991, 590, 594; Langeheine, Journal of Business Law 1992, 121, 126 f; Kirchhoff BB-Beil. 14/1990, S. 15; Immenga WuW 1990, 371, 380; a.A. Koch EWS 1990, 65, 72.

76) St. Rspr.; grdl. EuGHE 1963, 211, 238 "Plaumann"; EuGHE 1984, 423, 428 Rdnr. 6 "Ilford"; EuGHE 1986, 3021, 3080 Rdnr. 20 "Metro II"; EuGHE 1986, 391, 414 Rdnr. 22 "Cofaz I".

b) Insbesondere: Konkurrenten

Daß durch den Zusammenschluß die Wettbewerbsverhältnisse auf dem relevanten Markt verändert werden, bzw. die Existenz einer bloßen Wettbewerbsbeziehung als solche, reicht für ein unmittelbares und individuelles Betroffensein und damit für die Klagebefugnis des Konkurrenten nicht aus, wie der Gerichtshof im Fall "Eridania" entschieden hat.[77] Ausreichend ist dagegen eine Antragsbefugnis, wie im Fall des Art. 3 Abs. 2 lit. b VO Nr. 17.[78] Die VO Nr. 17 findet jedoch keine Anwendung, wenn ein Zusammenschluß i.S.d. Art. 3 FKVO vorliegt.

Später hat der Gerichtshof jedoch das Erfordernis aufgegeben, daß die Beteiligung am Verwaltungsverfahren durch eine Verordnung abgesichert sein muß; entscheidend für die Klagebefugnis nach Art. 173 Abs. 2 EWGV ist nunmehr, welche Rolle das Unternehmen im vorprozessualen Verfahren gespielt hat: Ein Unternehmen ist klagebefugt, wenn es die Beschwerde veranlaßt hat, die zur Einleitung eines Untersuchungsverfahrens geführt hat, weil es angehört worden ist und weil seine Erklärungen den Verfahrensablauf weitgehend bestimmt haben.[79] Der Gerichtshof hat dies zu Art. 92 EWGV entschieden, die Konstellation kann aber auch auf den Fall übertragen werden, daß die Kommission gem. Art. 89 EWGV ein Eingreifen gegen einen Zusammenschluß prüft. Dies würde allerdings voraussetzen, daß die Kommission bereits gem. Art. 89 EWGV tätig geworden ist; allein die Absicht des Konkurrenten, sie dazu zu bewegen, reicht nicht aus.

Daß der Wettbewerber an einem Vorgehen der Kommission ein mittelbares Interesse hat, verschafft ihm nicht die Rechtsstellung des tatsächlichen Adressaten eines anfechtbaren Aktes i.S.d. Art. 173 Abs. 2 EWGV. Pri-

---

77) EuGHE 1969, 459, 482 Rdnr. 7/8; vgl. auch Kirchhoff BB-Beil. 14/1990, S. 14; Kevekordes DB 1989, 2521, 2525.

78) EuGHE 1977, 1875, 1902 f Rdnr. 13 "Metro I"; EuGHE 1983, 3045, 3063 f Rdnr. 14 f "Demo-Studio Schmidt".

79) EuGHE 1986, 391, 415 Rdnr. 24 f "Cofaz I"; vgl. auch schon EuGHE 1985, 849, 865 Rdnr. 11 ff "Timex".

vatpersonen haben somit lediglich die Möglichkeit, die Kommission informell auf einen Verstoß gegen Artt. 85, 86 EWGV aufmerksam zu machen und sie damit zu einem Vorgehen nach Art. 89 EWGV zu veranlassen; ein formelles Beschwerderecht oder ein Anspruch auf ein Einschreiten der Kommission ist jedoch ausgeschlossen.[80]

2. Art. 175 Abs. 3 EWGV

Art. 175 Abs. 3 EWGV sieht eine Klagebefugnis natürlicher und juristischer Personen in Fällen vor, in denen ein Organ der Gemeinschaft "es unterlassen hat, einen anderen Akt als eine Empfehlung oder Stellungnahme an sie zu richten". Führt jedoch ein Einzelner Beschwerde darüber, daß die Kommission nicht gem. Art. 89 EWGV gegen einen seiner Konkurrenten vorgegangen ist, so ist er nicht selbst potentieller Adressat des Rechtsaktes; damit ist er aber auch gem. Art. 175 Abs. 3 EWGV nicht klagebefugt.[81]

Die verfahrensrechtliche Lösung ist nach alledem geeignet, Dritten außerhalb des Art. 173 Abs. 2 EWGV i.V.m. Art. 18 Abs. 4 FKVO den Weg zum EuGH zu verlegen.

VII. Folgerungen

1. Gefahr von Wertungswidersprüchen

Wird eine Doppelkontrolle durch ein Nebeneinander von Artt. 85, 86 EWGV und der Fusionskontroll-VO nicht ausgeschlossen, so sind insoweit

---

80) EuGHE 1982, 2277, 2291 Rdnr. 16 "Lord Bethell"; in der Lit. h.M., vgl. GTE[4]-Schröter Art. 89 Rdnr. 10; Grabitz-Pernice Art. 89 Rdnr. 6; kritisch Joliet CahDE 1982, 552 ff.

81) EuGHE 1982, 2277, 2291 Rdnr. 16 "Lord Bethell".

auch nationale Behörden ungeachtet der Umsatzschwellen der Verordnung zuständig, da hier weder Art. 1, noch Art. 21 Abs. 2 FKVO eingreift.

Unterhalb der Schwellenwerte wäre neben den nationalen Behörden auch die Kommission gem. Art. 89 EWGV zuständig. Dies kann auf Grund der unterschiedlichen Eingreifkriterien dazu führen, daß Zusammenschlüsse, die nicht von der neuen gemeinschaftlichen Fusionskontrolle profitieren, strenger kontrolliert werden können, als Zusammenschlüsse mit gemeinschaftsweiter Bedeutung.[82] Es wäre kaum nachvollziehbar, bedeutsame Zusammenschlüsse bis an die Grenze der Marktbeherrschung gänzlich freizustellen, kleinere und mittlere Zusammenschlüsse unter der sehr viel schärferen Voraussetzung der spürbaren Wettbewerbsbeschränkung Art. 85 Abs. 1 EWGV zu unterwerfen.

Diese Wertungswidersprüche können nur durch einen Ausschluß der Anwendbarkeit der Artt. 85, 86 EWGV selbst auf Unternehmenszusammenschlüsse von gemeinschaftsweiter Bedeutung i.S.d. Fusionskontroll-VO vermieden werden.

2. Erfordernis der Rechtssicherheit

Aus alledem geht hervor, daß ein bloßer Ausschluß der Durchführungsverordnungen zu Artt. 85, 86 EWGV die bisher bestehende unklare Rechtslage nahezu unverändert läßt. Die Rechtsunsicherheit verstärkt sich eher noch dadurch, daß nun für den Bereich unterhalb der Schwellenwerte keine gemeinschaftsrechtlichen Verfahrensregeln mehr bestehen.[83]

Durch verfahrensrechtliche Regelungen kann eine Doppelkontrolle nach Artt. 85, 86 EWGV einerseits und der Fusionskontroll-VO bzw. nationa-

---

82) Pappalardo RIDE 1990, 3, 41; Axster, FS für Quack, S. 569, 575; Monopolkommission, Hauptgutachten 3 Tz. 656.

83) Ebenso Niemeyer RIW 1991, 448; vgl. auch Emmerich, Kartellrecht, S. 620.

ler Fusionskontrolle andererseits nicht ausgeschlossen werden.[84] Erforderlich ist vielmehr ein vollständiger Ausschluß der Anwendbarkeit der Artt. 85, 86 EWGV selbst auf Zusammenschlüsse.

84) Im Ergebnis ebenso Einsele RIW-Beil. 2/1992 Rdnr. 24; a.A. Monopolkommission, Sondergutachten 17 Tz. 143; Bechtold RIW 1990, 253, 261.

4. Kapitel: DER AUSSCHLIESSLICHKEITSANSPRUCH DER FUSIONSKONTROLLVERORDNUNG

I. Die Kollisionsregelung der Verordnung - Art. 22 FKVO

1. Methodische Vorgehensweise

Im folgenden soll das Verhältnis zwischen Artt. 85, 86 EWGV und der Fusionskontroll-VO durch eine Einordnung in das Rechtsquellensystem des EWG-Vertrages ermittelt werden. Dies erfordert allerdings, zunächst durch Auslegung den (in der Literatur sehr umstrittenen) Regelungsinhalt des Art. 22 FKVO zu klären. Erst in einem davon strikt zu trennenden zweiten Schritt kann untersucht werden, ob die Regelung mit dem EWG-Vertrag vereinbar ist. Hier sind letztlich nur zwei Ergebnisse denkbar: Die Kollisionsregelung der Verordnung ist mit dem EWG-Vertrag unvereinbar und kann daher vor dem EuGH angegriffen und vernichtet werden, oder sie ist - evtl. nur in einer bestimmten vertragsgemäßen Auslegung - mit dem EWG-Vertrag vereinbar.

2. Auslegung des Art. 22 FKVO

Bei der Entstehung der Fusionskontroll-VO war eine der vorrangig diskutierten Fragen sicherzustellen, daß die Verordnung zum einzigen Instrument der europäischen Fusionskontrolle werden sollte.[1] Dies war angesichts der Rechtsprechung des Gerichtshofs zu Artt. 85, 86 EWGV ein Problem. Zu dessen Lösung bestimmt Art. 22 Abs. 1 FKVO: "Für Zusammenschlüsse im Sinne des Artikels 3 gilt allein diese Verordnung."

---

1) 12. Wettbewerbsbericht Tz. 23; Dechery RTDE 1990, 307, 312.

Art. 22 Abs. 2 FKVO lautet: "Die Verordnungen Nr. 17, (EWG) Nr. 1017/68, (EWG) Nr. 4056/86 und (EWG) Nr. 3975/87 finden auf Zusammenschlüsse im Sinne des Artikels 3 keine Anwendung."

a) Wörtliche Auslegung

Ausgangspunkt für ein rational überprüfbares Auslegungsergebnis ist der Wortlaut der Vorschrift. Hierbei ist zunächst das Problem der Mehrsprachenauthentizität zu betrachten. Wie zu zeigen ist, ist vor allem die Bedeutung des Art. 22 Abs. 1 FKVO umstritten, so daß gerade dessen semantischer Wortsinn eindeutig bestimmt werden muß.

Der deutsche Text des Art. 22 Abs. 1 FKVO besagt mit der Formulierung "allein", daß auf Zusammenschlüsse i.S.d. Art. 3 FKVO ausschließlich die Fusionskontroll-VO anzuwenden ist. Dieser Ausschließlichkeitsanspruch richtet sich gegen alle anderen in Betracht kommenden Rechtsnormen. Sie sollen a priori außer Betracht bleiben. Betroffen sind vor allem Artt. 85, 86 EWGV. Der Wortlaut schließt aber auch nationales Recht ebenso aus wie die zu Artt. 85, 86 EWGV erlassenen Durchführungsverordnungen. Dies überrascht, weil ersteres schon in Art. 21 Abs. 2 FKVO, letzteres in Art. 22 Abs. 2 FKVO geregelt ist.

Fraglich ist, ob die gleichermaßen verbindlichen Texte der Verordnung in anderen Sprachen zu einem anderen Ergebnis der Auslegung führen. Der französische Text des Art. 22 Abs. 1 FKVO "Le présent règelement est *seul* applicable aux opérations de concentration telles que definies à l'article 3." erhebt den gleichen Ausschließlichkeitsanspruch, wie der deutsche Text. Ähnlich klingt der italienische Text: "... è il *solo* applicabile ..." Auch der englische Text "This regulation *alone* shall apply to concentrations ..." schließt die Anwendbarkeit aller anderen möglicherweise in Betracht kommenden Normen aus. Kommt somit die Untersuchung der anderen sprachlichen Fassungen zu demselben Ergebnis wie die Auslegung des deutschen Wortlauts, so kann für die weitere Diskussion der deutsche Wortlaut zugrundegelegt werden.

Der Wortlaut des Art. 22 Abs. 1 FKVO sieht also eine materiellrechtliche Lösung des Problems der Doppelkontrollen auf der Ebene des Gemeinschaftsrechts vor. Er läßt keinen Raum für eine Anwendung der Artt. 85, 86 EWGV auf Zusammenschlüsse i.S.d. Art. 3 FKVO, ohne dabei nach Zusammenschlüssen mit oder ohne gemeinschaftsweiter Bedeutung zu differenzieren.

b) Systematische Auslegung

Gem. Art. 1 Abs. 1 gilt die Fusionskontroll-VO "für alle Zusammenschlüsse von gemeinschaftsweiter Bedeutung im Sinne des Absatzes 2. Art. 22 bleibt unberührt". Art. 22 FKVO ist also die einzige Bestimmung, die auch dann eingreift, wenn die Verordnung insgesamt nicht gilt, weil die Voraussetzungen einer gemeinschaftsweiten Bedeutung nicht erfüllt sind.[2] Daraus folgt, daß Artt. 85, 86 EWGV nicht gelten sollen, wenn der Zusammenschlußtatbestand der Verordnung erfüllt ist, und zwar ohne daß es darauf ankommt, ob der Zusammenschluß gemeinschaftsweite Bedeutung hat oder nicht. Anderenfalls hätte Art. 22 Abs. 1 FKVO um den Zusatz "von gemeinschaftsweiter Bedeutung" ergänzt werden müssen.[3] Bei der ausdrücklichen Abgrenzung zum nationalen Recht in Art. 21 Abs. 2 FKVO hingegen wurde ein solcher Zusatz aufgenommen.

Wären die Wettbewerbsregeln des Vertrages allein oder neben den Bestimmungen der Verordnung auf Zusammenschlüsse anwendbar, so wäre auch die Kompetenzabgrenzung zwischen der Kommission und den Behörden der Mitgliedstaaten in Frage gestellt, da es eine ausschließliche Zuständigkeit, wie Art. 21 Abs. 2 FKVO sie vorsieht, im Bereich der Artt. 85, 86 EWGV nicht gibt, sondern grundsätzlich ein und derselbe Vorgang Gegenstand zweier Verfahren sein kann.[4] Der Ausschließlichkeitsanspruch

---

2) Huber, Europäische Fusionskontrolle, S. 11; Pappalardo RIDE 1990, 3, 40.

3) Miersch, Kommentar, S. 187 f; Huber, Europäische Fusionskontrolle, S. 11; Rizza Bajardo, Giu. it. 1990, 390, 399; Deimel, S. 149.

4) Siehe oben S. 152.

des Art. 22 Abs. 1 FKVO sichert damit auch die Abgrenzung der Zuständigkeit zwischen nationalen Behörden und der Kommission. Dies wird dadurch bestätigt, daß Art. 22 Abs. 3-5 FKVO einen Ausnahmefall regeln, in dem trotz der generellen Zuständigkeit nationaler Behörden in Fällen ohne gemeinschaftsweite Bedeutung die Kommission zuständig ist. Würde Art. 22 Abs. 1 und 2 FKVO nicht auch dieser Zuständigkeitsabgrenzung dienen, so stünden die Bestimmungen der Absätze 3 bis 5 an der systematisch falschen Stelle. Sie würden dann zu Art. 21 FKVO gehören.

Auch die systematische Auslegung der Fusionskontroll-VO führt damit zu dem Ergebnis, daß Art. 22 Abs. 1 FKVO eine Anwendung der Artt. 85, 86 EWGV auf Zusammenschlüsse im Sinne des Art. 3 FKVO ausschließt. Vielmehr geht auch aus der Systematik der Verordnung hervor, daß die Fusionskontrolle im Bereich der Europäischen Wirtschaftsgemeinschaft in der Weise geregelt sein soll, daß sie in Fällen mit gemeinschaftsweiter Bedeutung ausschließlich durch die Kommission und nach den Vorschriften der Fusionskontroll-VO und in Fällen ohne gemeinschaftsweite Bedeutung durch die Behörden der Mitgliedstaaten nach nationalem Recht erfolgt.[5] Erwägungsgrund 7 bekräftigt, daß die Verordnung das einzige auf Zusammenschlüsse anwendbare gemeinschaftsrechtliche Instrumentarium ist.

Das Ergebnis der systematischen Auslegung der Fusionskontroll-VO stimmt nach alledem mit dem der Wortlautauslegung überein. Die Frage, ob eine vertragskonforme Auslegung möglicherweise den Wortlaut modifizieren muß, stellt sich erst, wenn sich Art. 22 Abs. 1 FKVO in der dem Wortlaut und der Systematik der Verordnung entsprechenden Auslegung als mit dem EWG-Vertrag nicht vereinbar erweisen sollte.

---

5) Vgl. Brittan ELR 1990, 351, 352; Winckler/Gerondeau RevMC 1990, 541, 546; Ehlermann WuW 1991, 535, 537; Bleckmann, Europarecht, Rdnr. 1418.

c) Die Entstehungsgeschichte des Art. 22 FKVO[6]

aa) Ausgangslage und Zielsetzung

Infolge des Philip Morris-Urteils des Europäischen Gerichtshofes hatte die große Mehrzahl der Mitgliedstaaten befürchtet, daß Unternehmen auf europäischer Ebene einer Doppelkontrolle nach Verordnung und Artt. 85, 86 EWGV unterworfen werden könnten.

Demgegenüber war es das gemeinsame Ziel aller Beteiligten, durch die Vermeidung von Doppelkontrollen auf Gemeinschaftsebene Rechtsklarheit zu schaffen. Diese politische Übereinstimmung hinsichtlich der Zielsetzung stand in krassem Gegensatz zu den sonstigen Auseinandersetzungen um die Grundzüge der Verordnung insgesamt und einzelne ihrer Vorschriften. Für eine Reihe von Delegationen war eine zufriedenstellende rechtliche Lösung dieser Frage darüber hinaus erklärtermaßen ein politisches "essential". Die ausschließliche Anwendbarkeit der Verordnung auf die von ihr definierten Zusammenschlüsse von gemeinschaftsweiter Bedeutung sollte so fest wie möglich verankert werden.[7] Die Unzulänglichkeiten einer verfahrensrechtlichen Lösung wurden dabei klar erkannt.

Artt. 85, 86 EWGV sollten nach der erklärten Absicht der Mitgliedstaaten aber auch für Zusammenschlüsse *ohne* gemeinschaftsweite Bedeutung ausgeschlossen werden.[8] Dies wurde gerade unter dem Aspekt der Kommissionskompetenz aus Art. 89 EWGV diskutiert, die ebenso ausgeschlossen werden sollte, wie die mitgliedstaatlichen Kompetenzen aus Art. 88 EWGV. Dieser Befund deckt sich mit dem Ergebnis der Wortlautauslegung des Art. 22 Abs. 1 FKVO.

---

6) Hierzu ausführlich Janicki WuW 1990, 195 ff; Dechery RTDE 1990, 307 ff.

7) Dechery RTDE 1990, 307, 321; Niederleithinger EWS 1990, 73, 75; Riesenkampff, FS für Rittner, S. 491, 502 f; Janicki WuW 1989, 193, 200; Ruppelt WuW 1989, 187, 192.

8) Die abweichenden Interessen der kleineren Mitgliedstaaten wurden durch die "niederländische Klausel" (Art. 22 Abs. 3 FKVO) berücksichtigt, näher unten S. 256 ff.

Daß sich die Kommission die Anwendung des Art. 89 EWGV vorbehalten hat, stimmt mit dem politischen Willen der Mitgliedstaaten nicht überein.[9] Dieser war auf die Sicherung der Ausschließlichkeit[10] gerichtet: Für Zusammenschlüsse oberhalb der Schwellen gilt *allein* die Verordnung; für Zusammenschlüsse unterhalb der Schwellen gelten *allein* die einzelstaatlichen Rechtsvorschriften. Die Kommission sollte im Gegenzug zu der erheblichen Vermehrung ihrer Hoheitsrechte zu Lasten der Mitgliedstaaten die Zuständigkeit zur Anwendung der Artt. 85, 86 EWGV hinsichtlich jedweder Unternehmenszusammenschlüsse verlieren.[11] Dies bestätigt das durch systematische Auslegung erzielte Ergebnis, daß Art. 22 Abs. 1 FKVO nicht nur das Verhältnis zwischen Wettbewerbsregeln und Fusionskontroll-VO betrifft, sondern auch das Kompetenzverhältnis zwischen Gemeinschaft und Mitgliedstaaten.

bb) Frühere Entwürfe der Verordnung

Die Vorgeschichte von Sekundärrechtsakten kann in stärkerem Maß für eine historische Interpretation herangezogen werden, als dies bei den Gründungsverträgen der Fall ist.[12] Hinsichtlich der Abgrenzung der Verordnung zu Artt. 85, 86 EWGV enthielten die Kommissionsvorschläge

---

9) Der Vorbehalt findet sich auch nicht in der gemeinsamen Erklärung von Rat und Kommission, sondern in der allein von der Kommission abgegebenen Erklärung (WuW 1989, 240, 243 Ziff. 11 a). Die Kommission erklärt, dies gelte nur für die Übergangszeit bis zur Absenkung der Schwellenwerte. Daß dies Doppelkontrollen nicht ausschließt, wurde bereits oben (S. 156) festgestellt. Auch sollen gem. Art. 1 Abs. 3 FKVO nur die Schwellenwerte verändert werden, nicht jedoch die Kompetenzverteilung im übrigen.

10) Die klar begrenzten Ausnahmen in Artt. 9, 21 Abs. 3, 22 Abs. 3 FKVO bleiben hier außer Betracht.

11) Korah, EEC Competition Law, S. 215.

12) Ausdrücklich EuGHE 1985, 3909, 3930 Rdnr. 27 "Hauptzollamt Schweinfurt ./. Mainfrucht Obstverwaltung"; vgl. auch EuGHE 1969, 419, 425 Rdnr. 5 "Stauder" (Auslegung einer Kommissions-VO mit Hilfe einer Erklärung der Kommission); EuGHE 1973, 575, 583 Rdnr. 8 "Kommission ./. Rat" (Vorgeschichte eines Ratsbeschlusses); EuGHE 1975, 795, 807 "Kommission ./. Rat" (Ratsbeschluß zur Beamtenbesoldung); ebenso - ohne Nachweise - Bleckmann NJW 1982, 1177, 1178; Grabitz-Pernice Art. 164 Rdnr. 33; Mertens de Wilmars CahDE 1986, 5, 15.

zunächst lediglich die verfahrensrechtliche Lösung, d.h. den Ausschluß der Anwendbarkeit der jeweils bestehenden Durchführungsverordnungen.[13] Eine dem heutigen Art. 22 Abs. 1 FKVO entsprechende Bestimmung fehlte in allen veröffentlichten Kommissionsentwürfen. Die materielle Abgrenzung war offengelassen worden, so daß es Sache der Verwaltungspraxis der Kommission bzw. der Rechtsprechung gewesen wäre, eine genaue Abgrenzung vorzunehmen.

Art. 22 Abs. 1 FKVO geht auf einen Vorschlag zurück, den die französische Delegation Mitte 1989 unterbreitet hatte.[14] Sie hat in diesem Zusammenhang den eigenständigen Charakter der Fusionskontroll-VO auf der Grundlage der Artt. 3 lit. f, 235 EWGV (im Gegensatz zu einer die Grundsätze der Artt. 85, 86 EWGV verwirklichenden Durchführungsverordnung) ausdrücklich hervorgehoben und daraus gefolgert, daß die in der Verordnung vorgesehene Regelung für Fälle mit *und* ohne gemeinschaftsweite Bedeutung abschließend sein sollte. Art. 87 EWGV ist nur noch sekundär herangezogen worden, um die Durchführungsverordnungen auszuschließen und die Verbindung zu den übrigen Wettbewerbsregeln des Vertrages herzustellen.

Dieser Vorschlag eines materiellrechtlichen Ausschlusses von Doppelkontrollen wurde vom Rat schließlich verabschiedet.

Wenn unterschiedliche Textfassungen auf einen veränderten Willen der Gesetzesverfasser schließen lassen,[15] so kann dies vorliegend nur zu dem Ergebnis führen, daß Art. 22 Abs. 1 FKVO mehr besagt, als nur den Aus-

---

13) Entwurf vom 20.7.1973 (ABl. 1973 Nr. C 92, S. 1): "Artikel 20 (Ausschließliche Anwendbarkeit dieser Verordnung): 'Auf Zusammenschlüsse im Sinne dieser Verordnung finden die Verordnungen Nr. 17 und (EWG) Nr. 1017/68 keine Anwendung.'"
Entwurf vom 30.11.1988 (ABl. 1989 Nr. C 22, S. 14): "Artikel 21 (Ausschließliche Anwendbarkeit dieser Verordnung): 'Auf Zusammenschlüsse im Sinne dieser Verordnung finden die Verordnungen Nr. 17, (EWG) Nr. 1017/68, (EWG) Nr. 4056/86 und (EWG) Nr. 3975/87 keine Anwendung.'"

14) Dechery RTDE 1990, 307, 313.

15) EuGHE 1961, 239, 261 "Simon".

schluß der Durchführungsverordnungen, nämlich den Ausschluß der Artt. 85, 86 EWGV selbst.

cc) Alternativen

Den Ausschluß von Doppelkontrollen hatte man in Art. 1 VO-E vom 30.11.1988[16] durch folgende Formulierung erwogen: "Diese Verordnung gilt für alle Zusammenschlüsse von gemeinschaftsweiter Bedeutung im Sinne von Absatz 2, gleichgültig, ob sie von den Artikeln 85 und 86 des Vertrages erfaßt sind oder nicht." Sie hat sich als ungeeignet erwiesen, da sie ihr Ziel, nämlich den Ausschluß der Anwendbarkeit der Artt. 85, 86 EWGV, nicht einmal dem Wortlaut nach erreicht. Sie wurde durch die jetzt in Art. 22 Abs. 1 FKVO enthaltene Formulierung ersetzt.[17]

Ebenfalls in Betracht gezogen wurde der Erlaß einer Gruppenfreistellungsverordnung für Zusammenschlüsse ohne gemeinschaftsweite Bedeutung gleichzeitig mit der Fusionskontroll-VO. Dies hätte die Anwendbarkeit des Art. 85 Abs. 1 EWGV auf Zusammenschlüsse impliziert und daher ebenfalls die erstrebte klare Abgrenzung zu nationalen Kompetenzen verwischt.

Mit der Vereinbarkeitsentscheidung eine Freistellung gem. Art. 85 Abs. 3 EWGV zu fingieren wurde verworfen, weil die Vereinbarkeitskriterien der Verordnung nicht mit Art. 85 Abs. 3 EWGV deckungsgleich sind und Art. 86 EWGV keine Freistellung zuläßt.

dd) Folgerungen

Die juristischen Unsicherheiten haben eine rechtstechnisch verwirrende Bestimmung hervorgebracht. Trotz der vorhandenen Zweifel an der Vereinbarkeit der Bestimmung mit dem EWG-Vertrag war Art. 22 Abs. 1 FKVO jedenfalls als politisches Signal des Verordnunggebers gedacht, daß die Verordnung eine abschließende Regelung für Zusammenschlüsse ist.

---

16) ABl. 1989 Nr. C 22, S. 14 ff.

17) Santa Maria, Dir. com. int. 1990, 127, 136.

Die Gesamtschau der in früheren Kommissionsentwürfen enthaltenen Regelungen und der übrigen diskutierten Ansätze macht deutlich, daß es der Sinn des Art. 22 Abs. 1 FKVO ist, die durch die Rechtsprechung eröffnete Möglichkeit, Konzentrationstatbestände mit Hilfe einer extensiven Auslegung der Wettbewerbsregeln des EWG-Vertrages zu erfassen, rückgängig zu machen. Dies stimmt mit dem Ergebnis der wörtlichen und systematischen Auslegung des Art. 22 Abs. 1 FKVO überein.

3. Abweichende Stellungnahmen in der Literatur

In ersten Stellungnahmen zu Art. 22 FKVO wurde die Vorschrift in einer von der vorstehenden Auslegung abweichenden Weise interpretiert.

Einige Autoren betrachten die Absätze 1 und 2 des Art. 22 FKVO als eine Einheit und argumentieren, durch Art. 22 Abs. 1 *und* 2 FKVO solle die Anwendung der Artt. 85 und 86 EWGV auf Zusammenschlüsse vermieden werden, und zwar in der Weise, daß die Durchführungsverordnungen außer Kraft gesetzt werden. Diese Interpretation wird damit begründet, daß die Verordnung als Sekundärrecht den Vertrag nicht ändern könne.[18] Dem ist jedoch entgegenzuhalten, daß hier die Ermittlung des Sinns der Gesetzesworte mit der Frage vermischt wird, ob die Norm mit dem EWG-Vertrag vereinbar ist. Das mögliche Ergebnis der Rechtmäßigkeitsprüfung darf aber nicht schon die Textinterpretation determinieren.

Ähnlich dieser Auffassung wäre eine Interpretation, die die eigenständige Bedeutung des Art. 22 Abs. 1 FKVO mit der Begründung verneinte, eine solche Regelung sei nicht vertragskonform und könne daher nur bedeuten, daß die Verordnung allein gelten *soll*. Diese Zielvorgabe werde erst durch

---

18) Grabitz-Koch nach Art. 86 Rdnr. 50; Koch EWS 1990, 65, 72; GTE[4]-Schröter Art. 87 II Rdnr. 254 und 287; Pappalardo RIDE 1990, 3, 40; IM-Mestmäcker Vor § 23 Rdnr. 114; Tilmann, FS für v. Gamm, S. 663, 664; Keppenne CahDE 1991, 42, 61.

Art. 22 Abs. 2 FKVO erreicht.[19] Dagegen sprechen eine Reihe von Gesichtspunkten: Zum einen sind alle materiellen Regelungen der Verordnung gem. Artt. 189 EWGV, 25 Abs. 2 Satz 2 FKVO gleichermaßen unmittelbar geltendes Recht; Zielvorgaben dagegen werden in den Begründungserwägungen genannt. Deren Ziff. 7 besagt aber, daß die Verordnung das einzige auf Zusammenschlüsse anwendbare Instrument ist. Nach der hier diskutierten Ansicht wäre somit Art. 22 Abs. 1 FKVO überflüssig. Rat und Kommission halten die Regelung aber aus *zwingenden Gründen der Rechtssicherheit* für geboten.[20]

Andererseits würde diese Interpretation die Frage der Rechtmäßigkeit der Kollisionsregelung nicht beantworten, sondern nur auf eine andere Ebene verlagern: Die Verordnung schließt die Durchführungsverordnungen nicht nur für Zusammenschlüsse von gemeinschaftsweiter Bedeutung aus, sondern für Zusammenschlüsse aller Art. Ob die Kappung der Befugnisse der Gemeinschaft und der Verfahrensrechte der Beteiligten in Fällen, die die Schwellenwerte nicht erreichen, mit dem EWG-Vertrag vereinbar ist, ist gleichermaßen zweifelhaft.[21] Daß die verfahrensrechtliche Lösung ihr Ziel nicht erreicht, wurde ebenfalls festgestellt.

Weiterhin wird vertreten, die Verordnung schließe Art. 85, 86 EWGV nicht aus. Sie setze lediglich einen Rahmen, innerhalb dessen die Kommission, von Ausnahmen abgesehen, Entscheidungen über Zusammenschlüsse treffen könne.[22] Diese Auffassung verkennt die oben ermittelte eigenstän-

---

19) Van de Walle de Ghelcke, Journal des Tribunaux 1990, 245, 255; de la Laurencie, Rec. Dal. Sir. 1990, 141, 146; Einsele RIW-Beil. 2/1992 Rdnr. 19 f; van Ommeslaghe CahDE 1991, 259, 265 Fußn. 22; vgl. aber auch a.a.O., S. 270: Art. 22 *Abs. 1* (!) habe *allein* das Ziel, für alle Zusammenschlüsse die zu Artt. 85, 86 EWGV erlassenen Durchführungsverordnungen auszuschließen, vor allem die VO Nr. 17. Bei dieser Interpretation drängt sich allerdings die Frage förmlich auf, warum genau dieselbe Aussage in *Abs. 2* wörtlich wiederholt ist.

20) "Gemeinsame Erklärung des Rates und der Kommission", in: WuW 1990, 240, 243/244, Nr. 11 b).

21) Vgl. Fine ECLR 1990, 47, 50; van Ommeslaghe CahDE 1991, 259, 265 Fußn. 22; Venit CMLR 1990, 7, 15 f.

22) Elland ECLR 1990, 111, 117; ähnlich Korah/Lasok CMLR 1988, 333, 365.

dige Bedeutung der ersten beiden Absätze des Art. 22 FKVO. Sie scheint ebenfalls von Zweifeln über die Vertragsmäßigkeit des Art. 22 FKVO beeinflußt zu sein.

4. Ergebnis

Art. 22 Abs. 1 FKVO hat nach alledem eigenständige Bedeutung und bestimmt, daß auf Zusammenschlüsse i.S.d. Art. 3 FKVO Art. 85, 86 EWGV nicht anwendbar sind.[23] Vielmehr sollen diese Zusammenschlüsse nach der Fusionskontroll-VO beurteilt werden, wenn sie gemeinschaftsweite Bedeutung haben und nach nationalem Recht, wenn sie keine gemeinschaftsweite Bedeutung haben.[24] Eine derart konsequent durchgeführte Ausschließlichkeit entspricht auch den Bedürfnissen der Praxis.[25]

Art. 22 Abs. 2 FKVO ist sonach überflüssig.[26] Diese Vorschrift ist nur sinnvoll erklärbar als "Angstklausel", die als Relikt früherer Verordnungsentwürfe vorsorglich für den Fall im Text der Fusionskontroll-VO ver-

---

23) Nur im Ergebnis der Auslegung wie hier Vonnemann DB 1990, 569, 571; Emmerich, Kartellrecht, S. 619; Röhling ZIP 1990, 1179, 1185; vgl. auch Venit CMLR 1990, 7, 11 ff; Blank, S. 221; Deimel, S. 117; Kirchhoff BB-Beil. 14/1990, S. 12, die jedoch gleichzeitig die Wirksamkeit des Art. 22 Abs. 1 FKVO in Frage stellen.

24) Ähnlich GTE[4]-Schröter Art. 87 II Rdnr. 285 ff.

25) Bechtold RIW 1990, 253, 261; Lindemann, FIW-Skript 10, S. 9 ff; v. Winterfeld RIW 1988, 958, 962 f; Feldmann WRP 1990, 577, 578. Die beiden letztgenannten Autoren wollen der Fusionskontroll-VO hierfür den Rang einer lex specialis gegenüber dem EWG-Vertrag zuerkennen. Dies erscheint dogmatisch aber nur schwer haltbar, da Spezialität nur zwischen ranggleichen Normen bestehen kann.

26) Dies ist nicht der einzige Punkt, an dem die Fusionskontroll-VO dem kuriosen Prinzip folgt, demzufolge doppelt genäht besser hält: Der Vorrang der europäischen Fusionskontrolle vor nationalem Recht sollte sowohl durch Art. 21 Abs. 2 FKVO, als auch (mit Rücksicht auf die Walt Wilhelm-Doktrin) durch Art. 2 Abs. 2 FKVO sichergestellt werden, vgl. Janicki WuW 1990, 195, 199.

blieben ist, daß die weitergehende Vorschrift des Absatzes 1 sich nicht durchsetzen sollte.[27]

Wenn Art. 22 Abs. 1 FKVO in dem oben ermittelten Auslegungsergebnis EWGV-konform ist, erübrigt sich eine Prüfung des Art. 22 Abs. 2 FKVO. Die Frage nach der Vereinbarkeit der Vorschrift mit dem EWG-Vertrag darf, wie bereits festgestellt, die Auslegung nicht beeinflussen. Gelangt diese aber zu einem Ergebnis wie dem hier erzielten, so drängt sie sich förmlich auf.[28] Sie wird unter zwei Aspekten zu behandeln sein. Zum einen: Findet sich überhaupt eine Ermächtigungsgrundlage im Vertrag, die eine in das Primärrecht eingreifende Verordnungsregelung deckt ? Zum anderen: Sind deren Voraussetzungen erfüllt ? In dieser letzten Frage ist, entsprechend der Regelung der Fusionskontroll-VO nach Fallgruppen zu differenzieren.

II. Art. 87 EWGV als Rechtsgrundlage der Verordnung

1. Die Fusionskontrollverordnung als Sekundärrecht

Die Fusionskontroll-VO ist organgeschaffenes Recht. Die Organe der Gemeinschaft können nur innerhalb der ihnen zugewiesenen Kompetenzen tätig werden (vgl. Art. 4 Abs. 1 a.E. EWGV). Dabei können sie sich generell nicht auf eine allgemeine Rechtsetzungsbefugnis berufen, sondern müssen in jedem Einzelfall ihre Kompetenz nachweisen. Dies gilt insbesondere für den Erlaß von verbindlichen Rechtsakten. Sekundäres Gemeinschaftsrecht kann nur unter den im primären Gemeinschaftsrecht festgelegten Voraussetzungen erlassen werden.

---

27) Im Ergebnis der Interpretation ebenso, jedoch ohne nähere Begründung Niederleithinger EWS 1990, 73, 75; vgl. auch Huber, Europäische Fusionskontrolle, S. 11 f.

28) Korah, EEC Competition Law, S. 216; Alexander CahDE 1990, 529, 551 hält Art. 22 FKVO für rechtswidrig.

Gestützt ist die Fusionskontroll-VO auf Artt. 87 und 235 EWGV, allerdings ohne daß der Rat das Verhältnis beider Bestimmungen näher erläutert hätte. Die Ermächtigungsgrundlage für die Verordnung war in den Ratsverhandlungen sehr umstritten, weniger jedoch aus juristischen, als vielmehr aus politischen Gründen.[29] Der Verordnungsvorschlag vom 30.11.1988 zog in Erwägungsgrund 11 Art. 87 EWGV "insbesondere" als Rechtsgrundlage heran, während Art. 235 EWGV in Erwägungsgrund 13 lediglich allgemein erwähnt wird. Dieses Rangverhältnis ist in der verabschiedeten Verordnung genau umgekehrt worden: Sie wird in Erwägungsgrund 8 zwar auch auf Art. 87 EWGV gestützt, "vor allem" aber auf Art. 235 EWGV.[30] Damit hat die Verordnung ihren ursprünglichen eigenen Anspruch, eine bloße Durchführungsverordnung zu Artt. 85, 86 EWGV zu sein, ausdrücklich aufgegeben.[31]

2. Bedeutung des Art. 87 EWGV als Ermächtigungsgrundlage

Zunächst kommt Art. 87 EWGV als Ermächtigungsgrundlage in Betracht. Nach dieser Vorschrift erläßt der Rat auf Vorschlag der Kommission "alle zweckdienlichen Verordnungen ... zur Verwirklichung der in den Artikeln 85 und 86 niedergelegten Grundsätze". Art. 87 Abs. 2 EWGV enthält einen Beispielskatalog von Regelungsgegenständen, die vom EWG-Kartellrecht zu erfassen sind. Durch die ausdrückliche Bezugnahme auf die Verwirklichung der in Artt. 85, 86 EWGV niedergelegten Grundsätze stellt Art. 87 Abs. 1 Satz 1 EWGV die Sekundärgesetzgebung in den

---

29) Erfordernis der Einstimmigkeit, Industriepolitik; vgl. 7. Wettbewerbsbericht Tz. 43; 10. Wettbewerbsbericht Tz. 20.

30) Erwägungsgrund 8. Nicht gefolgt werden kann Schröter (in GTE[4], Art. 87 II Rdnr. 258), der Art. 235 EWGV lediglich als zweite Ermächtigungsgrundlage ansieht. Dies ist zwar insoweit richtig, als Art. 235 - wie unten zu zeigen ist - gegenüber anderen Kompetenznormen subsidiär ist; nach Meinung des Gesetzgebers ist, wie der klare Wortlaut des Erwägungsgrundes 8 ausweist, für die Verordnung und ihre materiellen Regelungen Art. 235 EWGV die entscheidende Rechtsgrundlage. Vgl. auch Fine ECLR 1990, 47, 51; Rizza Bajardo, Giu. it. 1990, 390, 391 Fußn. 6.

31) Grabitz-Koch nach Art. 86 Rdnr. 4.

Dienst dieser Vorschriften und erlaubt daher keine Modifizierung von deren materiellem Gehalt.[32] Den materiellen Regelungen gegenüber hat Art. 87 EWGV eine klar untergeordnete Stellung; die materiell-rechtliche Reichweite der Artt. 85, 86 EWGV bestimmt auch die Reichweite der Ermächtigung aus Art. 87 EWGV.[33] Auf der Grundlage des Art. 87 EWGV wäre danach Art. 22 Abs. 1 FKVO nicht in der Lage, eine Doppelkontrolle von Zusammenschlüssen durch Ausschluß der Art. 85, 86 EWGV zu vermeiden.[34]

Nach Ansicht von Mestmäcker[35] ist infolge der von ihm angenommenen extensiven Auslegung der Wettbewerbsregeln Art. 87 EWGV als Kompetenz für den Erlaß der Fusionskontroll-VO ausreichend. Der Gesetzgeber habe bei der Anwendung des Art. 87 EWGV einen Ermessensspielraum. Es sei Aufgabe einer Durchführungsverordnung, die Anwendung des Art. 85 EWGV in bezug auf Unternehmenszusammenschlüsse zu konkretisieren. Auch habe der EuGH im Continental Can-Urteil ausgeführt, zur Erreichung der Ziele aus Artt. 2, 3 EWGV dienten die "allgemeinen (!) Vorschriften" der Artt. 85-90 EWGV. Diese Ansicht hätte zur Konsequenz, daß Art. 235 EWGV nicht mehr als Ermächtigungsgrundlage in Betracht zu ziehen wäre, so daß ein materiellrechtlicher Ausschluß von Doppelkontrollen nicht möglich wäre.[36]

Nach der hier vertretenen Ansicht zur Anwendbarkeit der Artt. 85, 86 EWGV auf Zusammenschlüsse reicht Art. 87 EWGV als Rechtsgrundlage für den Erlaß der Fusionskontrollverordnung bei weitem nicht aus. Viel-

---

32) Grabitz-Pernice Art. 87 Rdnr. 1.

33) Grabitz-Pernice Art. 87 Rdnr. 2; GTE[4]-Schröter Art. 87 Rdnr. 6 ff; Blaise RTDE 1990, 743, 746 f; Lever/Lasok, Yearbook 1986, 121, 135.

34) A.A. nur Vonnemann DB 1988, 2085, 2088.

35) Europäisches Wettbewerbsrecht, S. 420 ff, insbesondere S. 435 ff; EuR 1988, 349, 367; ähnlich Emmerich, FS für Steindorff, S. 951, 962; ebenso Blank, S. 202 f.

36) Sedemund/Montag (NJW 1988, 601, 609) weisen darauf hin, daß dann europäische Fusionskontrollvorschriften nicht durch eine Ratsverordnung gem. Artt. 87, 235 EWGV eingeführt werden müßten, sondern von der Kommission auch als Gruppenfreistellungsverordnung gem. Art. 85 Abs. 3 EWGV erlassen werden könnten.

mehr deckt diese Vorschrift, wie auch Artt. 85, 86 EWGV selbst, nur bestimmte Einzelfälle von Zusammenschlüssen. Ebensowenig wie das Institut Fusionskontrolle in Artt. 85, 86 EWGV verankert ist, kann Art. 87 EWGV als Grundlage für eine Fusionskontroll-VO dienen.

Um angesichts der Zweifel an der Rechtmäßigkeit des Art. 22 Abs. 1 FKVO sicherzugehen, daß die Anwendbarkeit der Artt. 85, 86 EWGV auf Zusammenschlüsse ausgeschlossen ist, hat der Rat auch die Anwendung der VO Nr. 17 auf Zusammenschlüsse ausgeschlossen und an ihre Stelle die Fusionskontroll-VO gesetzt, welche insoweit auf Art. 87 EWGV gestützt ist.

III. Art. 235 EWGV als Rechtsgrundlage der Verordnung

Da eine systematische europäische Fusionskontrolle weder durch eine Interpretation des EWG-Vertrages, noch auf der Grundlage des Art. 87 EWGV erreicht werden kann, stützt der Rat die Verordnung konsequent "vor allem" auf Art. 235 EWGV.

Die Auslegung der unbestimmten Rechtsbegriffe im Tatbestand des Art. 235 EWGV bereitet große Schwierigkeiten und macht diese Vorschrift zu einer der umstrittensten des Vertrages insgesamt.[37] Der Gerichtshof hatte bisher keine Gelegenheit, sich eingehend zur Frage einer Überschreitung der Kompetenz aus Art. 235 EWGV zu äußern, was daran liegen mag, daß alle potentiellen Kläger ohnehin dem Erlaß der auf Art. 235 EWGV gestützten Rechtsakte zustimmen müssen.

Gerade im Hinblick auf die Fusionskontroll-VO wird vom kartellrechtlichen Schrifttum fast durchweg vertreten, eine über Art. 87 EWGV hinausgehende Modifizierung der primärrechtlichen Regelungen durch die Verordnung sei unzulässig und auch über Art. 235 EWGV nicht mög-

---

37) ... oder, um es mit Tomuschat (EuR-SH 1976, 45) auszudrücken: Sie "setzt dem Eifer des um (seine) Klärung bemühten Exegeten hartnäckigen Widerstand entgegen". Ausführliche Darstellung der Diskussion bei Dorn, S. 15 ff.

lich,[38] so daß der materiellrechtliche Ausschließlichkeitsanspruch der Fusionskontroll-VO auch von Art. 235 EWGV nicht gedeckt wäre.

Im Hinblick auf diese Frage soll Art. 235 EWGV unter Berücksichtigung der verfassungsgestaltenden Grundentscheidungen, die die Struktur der Gemeinschaft und das Verhältnis zwischen der Gemeinschaft und den Mitgliedstaaten prägen, näher untersucht werden.

1. Funktion und Bedeutung des Art. 235 EWGV

Die Regelung beruht darauf, daß den Vätern des EWG-Vertrages das mögliche Ungenügen der den Organen der Gemeinschaft zur Verfügung gestellten Instrumentarien durchaus bewußt war.[39] Die Entwicklung der Gemeinschaftsrechtsordnung muß mit den zuweilen tiefgreifenden Veränderungen der Situation und der den Wirtschaftsprozessen innewohnenden

---

38) Allerdings ohne die Reichweite des Art. 235 EWGV vertieft zu untersuchen, vgl. GTE[4]-Schröter Art. 87 II Rdnr. 258; Emmerich, Kartellrecht, S. 619 und FS für Steindorff, S. 951, 965; IM-Mestmäcker Vor § 23 Rdnr. 114; van de Walle de Ghelcke, Journal des Tribunaux 1990, 245, 255; van Arnheim, S. 69; Blank, S. 9 und S. 222; Tilmann, FS für v. Gamm, S. 663, 664; Keppenne CahDE 1991, 42, 61; Weitbrecht EuZW 1990, 18, 21; Steindorff ZHR 152 (1988), S. 57, 64 f; Koch EWS 1990, 65, 72; Kirchhoff BB-Beil. 14/1990, S. 12; Vonnemann DB 1990, 569, 570; Niemeyer RIW 1991, 448, 449; Janicki WuW 1989, 193, 200; Röhling ZIP 1990, 1179, 1185; Bright ECLR 1991, 139, 146; Deimel, S. 117 f.
Lediglich bei Deringer EuR 1974, 99, 105 f, Steindorff, FIW-Skript 10, S. 4, 10 und Einsele RIW-Beil. 2/1992 Rdnr. 24 wird die Reichweite der Ermächtigungsgrundlage näher geprüft und die Möglichkeit einer Abweichung der Fusionskontroll-VO von Artt. 85, 86 EWGV im Ergebnis (mit differenzierender Begründung) verneint.
Eine von dieser ganz h.M. abweichende Ansicht wird angedeutet von Huber, Europäische Fusionskontrolle, S. 11; Niederleithinger EWS 1990, 73, 75; Santa Maria, Dir. com. int. 1990, 127, 136. Unklar dagegen Bolze, Rev. des sociétés 1990, 207, 218; Ebenroth/Parche BB-Beil. 18/1988, S. 8 einerseits und S. 5 andererseits; Dechery RTDE 1990, 307, 322 einerseits und S. 323 Fußn. 16 andererseits.

39) "Bei der Abfassung des Vertrages waren wir uns bewußt, daß das darin entworfene Instrumentarium für diese Tätigkeiten sich im Lichte der Erfahrung als unzulänglich herausstellen würde, und haben deshalb in Art. 235 vorgesehen: [Wortlaut]" (W. Hallstein, S. 390).

Dynamik Schritt halten können. Sie muß in der Lage sein, die Vertragsziele auch dort zu verwirklichen, wo der Vertrag die hierfür erforderlichen Befugnisse nicht oder nur in unzureichendem Umfang bereithält.[40] Ohne die Existenz des Art. 235 EWGV könnte sich die Gemeinschaft neuen Entwicklungen nur durch jeweils neue ratifikationsbedürftige völkerrechtliche Verträge zwischen den Mitgliedstaaten anpassen.

Erforderlich ist demgegenüber ein an den Zielen der Gemeinschaft orientiertes praktikables und zügiges Rechtsetzungsverfahren, wie Art. 235 EWGV es vorsieht. Es ermöglicht die Behebung der Defizite zwischen den Zielen der Gemeinschaft und den Befugnissen der Organe zu ihrer Verwirklichung und bildet zusammen mit den anderen Ermächtigungen ein lückenloses System von Befugnissen zur Verwirklichung der der Gemeinschaft im Vertrag zugewiesenen Aufgaben.[41]

2. Bedingungen der Anwendbarkeit des Art. 235 EWGV

Art. 235 EWGV setzt voraus, daß ein "Ziel des Gemeinsamen Marktes" verwirklicht werden soll, daß die hierfür erforderlichen Befugnisse im Vertrag nicht vorgesehen sind, daß ein Tätigwerden der Gemeinschaft überhaupt erforderlich erscheint und daß die erlassenen Vorschriften zur Zielverwirklichung "im Rahmen des Gemeinsamen Marktes" "geeignet" sind.

---

40) Tizzano, 30 Jahre Gemeinschaftsrecht, S. 45, 56 f.

41) Ganz h.M., vgl. Tomuschat EuR-SH 1976, 45, 57 f; Priebe, S. 93; GTE[4]-Schwartz Art. 235 Rdnr. 14 m.w.N. und Rdnr. 174; ders., EuR-SH 1976, 27, 32; v. Meibom NJW 1968, 2165, 2166 f; Ipsen, S. 434; Behrens, S. 278; Constantinesco, Bd. I, S. 272.

a) Ziele der Gemeinschaft

aa) Bedeutung des Merkmals

Art. 235 EWGV ermächtigt nur zum Erlaß von Vorschriften, die der Verwirklichung eines der Ziele der Gemeinschaft dienen. Nicht dagegen gestattet er, die Ziele des Vertrages zu erweitern, zu ändern, aufzuheben oder neu zu begründen und damit durch selbständigen Erlaß neuer, originärer Befugnisse den eigenen Aktionsradius zu erweitern; Art. 235 EWGV enthält keine Kompetenz-Kompetenz.[42] In der Literatur wird die Bestimmung der "Ziele" i.S.d. Art. 235 EWGV als das Kernproblem seiner Auslegung, bisweilen sogar als der einzige Merkmal bezeichnet, durch das eine Eingrenzung der Anwendbarkeit erreicht werden kann.[43]

bb) Begriff

Welches die Ziele im Sinne dieser Norm sind, ist nicht konkret genannt. An anderer Stelle im Vertrag kommt der Begriff nicht vor. Der Vertrag definiert seine "Ziele" überhaupt nicht ausdrücklich; er nennt nur Aufgaben und Tätigkeiten der Gemeinschaft. Gleichwohl kommen zur Ermittlung ihrer Ziele zunächst die Vorschriften der Artt. 2, 3 EWGV in Betracht. Art. 2 EWGV nennt allgemeine Aufgaben, die im Katalog des Art. 3 EWGV in der Weise konkretisiert werden, daß dort die Tätigkeitsbereiche der Gemeinschaft im einzelnen beschrieben werden.

Wie der Begriff der "Ziele des Vertrages" im einzelnen abzugrenzen ist, wird in der Literatur uneinheitlich beurteilt.[44] Sie lassen sich jedenfalls aus

---

42) So die h.M., GTE^4-Schwartz Art. 235 Rdnr. 8; Dorn, S. 144 f; Everling EuR-SH 1976, 2, 14; MWLV-Waelbroeck Art. 235 Anm. 1; Henckel v. Donnersmarck, S. 43; Ipsen, S. 435; a.A. WEGS-Wohlfarth Art. 235 Anm. 6; Priebe, S. 104; v. Meibom NJW 1968, 2165, 2168; kritisch zum Begriff R. Böhm, S. 115.

43) Vgl. Everling EuR-SH 1976, 2, 9.

44) Für eine grundsätzlich weite Auslegung hier Bleckmann, Europarecht, Rdnr. 489. Ausführliche Diskussion bei Tomuschat EuR-SH 1976, 45, 60 ff; GTE^4-Schwartz Art. 235 Rdnr. 73 ff; Everling EuR-SH 1976, 2, 10. Auslegungsprobleme ergeben

den in Art. 2 EWGV genannten und den in Art. 3 EWGV und in den Einzelbestimmungen zugewiesenen Aufgaben erschließen.[45] Diese Auslegung entspricht Art. 95 Abs. 1 EGKSV, welcher anders als Art. 235 EWGV ausdrücklich auf den Aufgabenkatalog des EGKS-Vertrages verweist. Nicht zu den Zielen gehören dagegen die allgemeinen Bestimmungen der Präambel und die in Art. 2 EWGV beschriebenen allgemeinen wirtschaftspolitischen Erwartungen.[46]

Die Fusionskontroll-VO nennt ausdrücklich das von ihr verfolgte Ziel, nämlich die Errichtung eines Systems unverfälschten Wettbewerbs.[47] Daß Art. 3 lit. f EWGV ein "Ziel des Vertrages" nennt, ist unbestritten. Insoweit ist auch die "Gewährleistung eines redlichen Wettbewerbs", auf die die Präambel verweist, als hinreichend konkretisiert anzusehen, um als Ziel des Vertrages i.S.d. Art. 235 EWGV zu dienen.

Gleichzeitig sollte die umfassende Neuregelung den von den Kontrollen betroffenen Unternehmen Rechtssicherheit bieten und ein rasches Entscheidungsverfahren ermöglichen. Mehrfachkontrollen und bürokratische und administrative Mehrbelastungen sollen ausdrücklich vermieden werden.[48]

---

sich bereits aus den unterschiedlichen sprachlichen Fassungen des Art. 235 EWGV, hierzu Everling a.a.O. und GTE^4-Schwartz a.a.O.

45) So für Art. 3 lit a EWGV EuGHE 1973, 897, 907 Rdnr. 3 "Massey-Ferguson"; Behrens, S. 267; Olmi, Mélanges Dehousse, S. 279, 286 f; Gericke, S. 28 m.w.N.; MWLV-Waelbroeck Art. 235 Anm. 7.

46) Grabitz-Grabitz Art. 235 Rdnr. 25 m.w.N.; ebenso für eine restriktive Auslegung des Merkmals "Ziel" Tomuschat EuR-SH 1976, 45, 61; Schumacher AWD 1970, 539, 542; Dorn, S. 112 ff; MWLV-Waelbroeck Art. 235 Anm. 7; Marenco RevMC 1970, 147, 149; Lauwaars EuR 1976, 100, 102; Lachmann CMLR 1981, 447, 457; Abweichend, nämlich weiter (Präambel und bestimmte politische Ziele gehören dazu) Bleckmann, Europarecht, Rdnr. 484; Nicolaysen EuR 1966, 133; Gericke, S. 22; Behrens, S. 268; ausführliche Diskussion mit Nachweisen bei GTE^4-Schwartz Art. 235 Rdnr. 92 ff, 105.

47) Erwägungsgrund 1.

48) Vgl. dazu 17. Wettbewerbsbericht Tz. 51; 20. Wettbewerbsbericht Tz. 23; Stellungnahme des Europäischen Parlaments zum 16. Wettbewerbsbericht, abgedruckt im 17. Wettbewerbsbericht, S. 264.

cc) Zielkonkurrenzen

Das Verhältnis zwischen allgemeinen und besonderen Zielen sowie der Ziele des Vertrages zu allgemeinen Rechtsgrundsätzen des Vertrages ist umstritten, insbesondere, ob die Durchsetzung solcher allgemeinen Rechtsgrundsätze als Grundlage für den Erlaß einer sekundärrechtlichen Konkretisierung dienen kann, so daß näher zu untersuchen ist, ob Art. 235 EWGV auch einen solchen Fall abdeckt.

Denkbar ist auch der Fall, daß die Förderung eines Ziels gleichzeitig auch negative Auswirkungen auf ein anderes vertraglich festgelegtes Ziel der Gemeinschaft hat. Bei der Europäischen Fusionskontrolle könnte man etwa erwägen, daß der Ausschließlichkeitsanspruch der Verordnung in bestimmten Bereichen zu einer Absenkung der Kontrollstandards führt, dafür aber die Rechtssicherheit bzw. Rechtsstaatlichkeit, also Grundprinzipien des Gemeinschaftsrechts, näher an eine optimale Verwirklichung bringt. Sinn der summarischen Vorprüfung, die gem. Art. 6 FKVO in der Regel schon nach einem Monat zu einer definitiven Entscheidung führt, ist gerade die schnelle Klärung der Rechtslage bei Zusammenschlüssen, die nicht unter die Verordnung fallen oder keinen Anlaß zu Bedenken geben.

In Betracht kommt zunächst, daß die besonderen Ziele zu den allgemeinen im Verhältnis der Spezialität stehen. Die Systematik des Vertrages spricht aber gegen die Annahme einer Spezialität zwischen den allgemeinen und den besonderen Zielen. Dies folgt aus dem Prinzipiencharakter dieser Bestimmungen sowie aus der systematischen Stellung im Abschnitt "Grundsätze". Insbesondere ist Art. 3 EWGV Ausführungsvorschrift zu den allgemeinen Zielbestimmungen des Art. 2 EWGV.[49]

Die Ziele des Art. 3 EWGV sind "nach Maßgabe des Vertrages" zu erfüllen. Dies ist Ausdruck des Prinzips der begrenzten Ermächtigung. Das Tatbestandsmerkmal verweist auf die Ermächtigungsnormen des Vertrages, zu denen auch Art. 235 EWGV gehört.[50] Schon dessen Wortlaut,

---

49) Grabitz-Grabitz Art. 235 Rdnr. 30 ff; GTE[4]-Schwartz Art. 235 Rdnr. 110 ff.

50) Grabitz-Grabitz Art. 235 Rdnr. 32.

wonach das Tätigwerden der Gemeinschaft zur Verwirklichung "eines" Ziels erforderlich sein muß, ergibt keinen Anhaltspunkt dafür, daß hier eine Abwägung mit Auswirkungen zu Lasten anderer Ziele zulässig wäre. Wäre sie zulässig, so hätten die Gemeinschaftsorgane die Möglichkeit, Ziele des Vertrages zu relativieren oder gar zu revidieren. Damit würde die Gemeinschaft insgesamt ihr Gesicht ändern. Die auf Art. 235 EWGV gestützten Maßnahmen müssen aber gerade an den vorhandenen Zielen des Vertrages orientiert werden. Die Verfügung über diese Ziele liegt nicht in der Macht der Organe der Gemeinschaft.[51]

Danach könnte auch ein Gewinn an Rechtssicherheit den Ausschließlichkeitsanspruch der Fusionskontroll-VO nicht rechtfertigen, wenn durch Art. 22 Abs. 1 FKVO der Schutz des unverfälschten Wettbewerbs im Gemeinsamen Markt beeinträchtigt werden würde.

b) Im Rahmen des Gemeinsamen Marktes

Das Tatbestandsmerkmal "im Rahmen des Gemeinsamen Marktes" begrenzt die Anwendung des Art. 235 EWGV auf die Materien, die in den Vorschriften über den Gemeinsamen Markt geregelt werden. Die Gemeinschaft darf ihre grundlegenden Ziele nur auf den beiden in Art. 2 EWGV vorgeschriebenen Wegen fördern,[52] nämlich der Errichtung eines Gemeinsamen Marktes oder der schrittweisen Annäherung der Wirtschaftspolitik der Mitgliedstaaten. Zwischen den geplanten Maßnahmen und der Verwirklichung des Gemeinsamen Marktes muß ein eindeutiger Sachzusammenhang bestehen.[53]

Die Auslegung dieses Tatbestandsmerkmals ist (auch auf Grund der verschiedenen sprachlichen Fassungen des Vertrages) problematisch und um-

---

51) Ebenso Dorn, S. 119 f.

52) Tizzano, Riv. Dir. Eur. 1981, 139, 171; GTE[4]-Schwartz Art. 235 Rdnr. 88; MWLV-Waelbroeck Art. 235 Anm. 3; Olmi, Mélanges Dehousse, S. 279, 289.

53) Tizzano, 30 Jahre Gemeinschaftsrecht, S. 45, 59.

stritten.[54] Vorliegend ist dieser Streit jedoch nicht von Bedeutung, weil die Wettbewerbsfreiheit unstreitig Element des zu errichtenden Gemeinsamen Marktes ist. Einigkeit besteht auch insoweit, daß nur solche Regelungen auf Art. 235 EWGV gestützt werden können, die die Wettbewerbsfreiheit nicht beseitigen oder auch nur beeinträchtigen.[55] Vielmehr erfordert Art. 235 EWGV, daß die Gemeinschaft durch das Tätigwerden ihrer Organe der Zielverwirklichung zumindest näherkommt. Dieses Erfordernis erfüllen insbesondere Vorschriften, die einem Abbau von Wettbewerbsverzerrungen dienen.[56]

Die Fusionskontroll-VO erhebt den Anspruch, der Verwirklichung des in Art. 3 lit. f EWGV niedergelegten Ziels zu dienen. Zu untersuchen bleibt lediglich, ob sie diesem eigenen Anspruch gerecht wird, oder ob sie nicht im Gegensatz dazu durch den materiellrechtlichen Ausschluß der Artt. 85, 86 EWGV zu einer Absenkung der Kontrollstandards führt.

c) Fehlen der erforderlichen Befugnisse im Vertrag

aa) Grundsatz der Subsidiarität

Art. 235 EWGV greift nur ein, wenn die zur Zielverwirklichung erforderlichen Befugnisse der Gemeinschaft im Vertrag nicht an anderer Stelle bereits vorgesehen sind. Dieses Tatbestandsmerkmal bringt die Subsidiarität des Art. 235 EWGV gegenüber den Einzelermächtigungen zum Aus-

---

54) Hierzu Tomuschat EuR-SH 1976, 45, 61; GTE⁴-Schwartz Art. 235 Rdnr. 119 ff; MWLV-Waelbroeck Art. 235 Anm. 3 f; Tizzano, 30 Jahre Gemeinschaftsrecht, S. 45, 60; ausführlich Behrens, S. 273 ff.

55) Grabitz-Grabitz Art. 235 Rdnr. 62.

56) Everling EuR-SH 1976, 2, 11; ebenso für eine grundsätzlich weite Auslegung Bleckmann, Europarecht, Rdnr. 486; Dorn, S. 121, 124.

druck.[57] Sieht der Vertrag alle zur Erreichung des Ziels erforderlichen Befugnisse an anderer Stelle vor, ist Art. 235 EWGV nicht anwendbar.[58]

Unter dem Gesichtspunkt der Subsidiarität problematisch sind diejenigen Fälle, in denen es um eine alternative oder kumulative Anwendung des Art. 235 EWGV geht. Hier könnte die Gefahr bestehen, daß durch einen Rückgriff auf Art. 235 EWGV das Prinzip der begrenzten Ermächtigung ausgehebelt wird.

bb) Art. 235 EWGV als Bestimmung zur "Lückenfüllung" ?

Mitunter wird Art. 235 EWGV lediglich als Kompetenz zur "Lückenfüllung" bezeichnet.[59] Diese Terminologie findet im EWG-Vertrag keine Stütze. Der Begriff der "Lücke" gibt auch für die Bestimmung der Reichweite der Ermächtigung nichts her. Er kann sich ebenso lediglich auf Spezialfälle geregelter Bereiche beziehen, wie er ganze Sachgebiete erfassen kann. Eine derartige Kennzeichnung des Art. 235 EWGV könnte aber möglicherweise eine restriktive Vertragsauslegung präjudizieren. Ob eine solche gerechtfertigt ist, ist erst zu prüfen. Hilfreicher ist demgegenüber eine enge Orientierung am Wortlaut des Vertrages, der von den "erforderlichen Befugnissen" spricht, welche im Vertrag nicht vorgesehen sein dürfen.

Die Charakterisierung des Art. 235 EWGV als "Kompetenz zur Lückenfüllung" entspricht auch nicht seinem Sinn: Er soll die Gemeinschaft in die Lage versetzen, auch dort die Ziele des Vertrages zu verwirklichen, wo ihr die dazu erforderlichen Befugnisse nicht an anderer Stelle zugewiesen sind. Hierbei handelt es sich nicht um eine Lückenfüllung; vielmehr haben

---

57) MWLV-Waelbroeck Art. 235 Anm. 8; v. Meibom NJW 1968, 2165, 2167; Ipsen, S. 435; Everling EuR-SH 1976, 2, 13; Smit/Herzog Anm. 235.05[a]; Grabitz-Grabitz Art. 235 Rdnr. 37; GTE[4]-Schwartz Art. 235 Rdnr. 52 jeweils m.w.N.

58) EuGHE 1964, 3, 29 "Internationale Kreditvereniging".

59) Z.B. v. Meibom NJW 1968, 2165, 2167; WEGS-Wohlfarth Art. 235 Rdnr. 6; weitere Nachweise bei Henckel v. Donnersmarck, S. 41.

die Vertragsschließenden eventuelle Lücken in der Zielverwirklichung selbst bereits durch Art. 235 EWGV geschlossen.[60]

cc) Alternative Anwendung des Art. 235 EWGV

Eine Anwendung des Art. 235 EWGV ist infolge der Subsidiarität dann unzulässig, wenn der Rechtsakt an Stelle einer anwendbaren und ausreichenden Einzelermächtigung auf Art. 235 EWGV gestützt wird.[61] Dies betrifft den Fall, daß ein ganzes Rechtsinstitut bereits im Vertrag angelegt ist. Wie oben gezeigt, ist dies bei der Fusionskontrolle in den Artt. 85, 86 EWGV nicht der Fall. Daraus folgt, daß Art. 87 EWGV den Art. 235 EWGV nicht zurückstehen läßt.

dd) Kumulative Anwendung des Art. 235 EWGV

Eine kumulative Anwendung des Art. 235 EWGV neben einer Einzelermächtigung, wie sie auch in Erwägungsgrund 8 der Fusionskontroll-VO vorgesehen ist, kommt immer dann in Betracht, wenn eine Einzelermächtigung keine hinreichende Kompetenz enthält.

Hier ist zunächst der Fall denkbar, daß die Einzelermächtigung zwar materiell ausreichend ist, zur Zielverwirklichung jedoch ein untaugliches Mittel vorsieht. Bei der Fusionskontroll-VO ist dies nicht einschlägig, da auch Art. 87 EWGV zu "allen zweckdienlichen Verordnungen oder Richtlinien" ermächtigt. Eine Einzelermächtigung ist zwar vorhanden, sie ist aber für die Zielverwirklichung materiell unzureichend.

Im älteren Schrifttum wurde vertreten, daß eine Anwendung des Art. 235 EWGV immer schon dann ausscheidet, wenn bestimmte Befugnisse im Vertrag vorgesehen sind, auch wenn diese nicht ausreichen.[62] Dies würde zu der überraschenden Konsequenz führen, daß die Gemeinschaft in die-

60) GTE[4]-Schwartz Art. 235 Rdnr. 6, 15; Grabitz-Grabitz Art. 235 Rdnr. 2; Gericke, S. 87.

61) Smit/Herzog Anm. 235.05[d].

62) WEGS-Wohlfarth Art. 235 Rdnr. 4; Rabe, S. 154.

sem Fall weitergehende Kompetenzen hätte, als in dem anderen Fall, in dem ihr immerhin Einzelermächtigungen eingeräumt sind.[63]

Der EuGH hat die Frage zunächst offengelassen,[64] später jedoch eine kumulative Anwendung des Art. 235 EWGV klar befürwortet.[65] Die Beklagten des Ausgangsfalles zur Sache "Massey-Ferguson" hatten - gestützt auf einen Vergleich mit Art. 95 Abs. 1 EGKSV - argumentiert, Art. 235 EWGV sei lediglich bei einer "echten Vertragslücke" anwendbar, welche nur vorliege, wenn der Vertrag für ein bestimmtes Gebiet überhaupt keine Regelung enthalte. Da jedoch Art. 155 EWGV der Kommission die allgemeine Befugnis verleiht, Empfehlungen auszusprechen "um das ordnungsgemäße Funktionieren des Gemeinsamen Marktes zu gewährleisten", würde eine logisch strenge Durchführung dieser Argumentation zu dem absurden Ergebnis führen, daß Art. 235 EWGV durch diese allgemeine Empfehlungskompetenz praktisch unanwendbar werden würde.[66]

Die Frage, inwieweit der Subsidiaritätsgrundsatz die Anwendung des Art. 235 EWGV einschränkt, ist ebenfalls an Hand von Wortlaut und Systematik der Vorschrift und der Dynamik und Funktionsfähigkeit der Gemeinschaft zu ermitteln. Im Unterschied zu Art. 95 Abs. 1 EGKSV, der nur in den im Vertrag überhaupt "nicht vorgesehenen Fällen" eingreift, ist Art. 235 EWGV schon dann anwendbar, wenn die zur Zielverwirklichung erforderlichen Befugnisse fehlen, also auch, wenn etwa vorhandene Befugnisse nicht ausreichen. Art. 235 EWGV verlangt nicht, daß "keine" anderweitigen Befugnisse bestehen.

Gerade diese Zielverwirklichung ist der Zweck der Generalermächtigung; sie erfüllt diesen Zweck nur dann, wenn das zu verwirklichende Ziel möglichst vollständig erreicht werden kann. Eine entgegen dem abweichenden Wortlaut des Art. 235 EWGV an Art. 95 Abs. 1 EGKSV orientierte Auslegung würde dem nicht gerecht. Nach der Judikatur des EuGH

---

63) Behrens, S. 280.

64) EuGHE 1964, 1, 29 "Internationale Kreditvereniging".

65) EuGHE 1973, 897, 907 Rdnr. 4 "Massey-Ferguson".

66) So GA Trabucchi in EuGHE 1973, 897, 911 "Massey-Ferguson".

rechtfertigt auch das Interesse an Rechtssicherheit einen vorsorglichen kumulativen Rückgriff auf Art. 235 EWGV.[67]

Eine kumulative Anwendung des Art. 235 EWGV macht auch Einzelermächtigungen nicht überflüssig, weil der Gemeinschaftsgesetzgeber schon auf Grund des komplizierteren Verfahrens des Art. 235 EWGV bestrebt sein wird, auf Grund von Spezialermächtigungen vorzugehen; Beispiel hierfür ist gerade die Fusionskontroll-VO, die gem. Art. 87 EWGV mit qualifizierter Mehrheit hätte verabschiedet werden können und damit schon sehr viel früher zustandegekommen wäre, wenn nicht Art. 235 EWGV heranzuziehen gewesen wäre. Auch können politische Vorbehalte einzelner Mitgliedstaaten sich angesichts der vielen unbestimmten Rechtsbegriffe im Tatbestand des Art. 235 EWGV leicht mit rechtlichen Bedenken bemänteln lassen und das Rechtssetzungsverfahren behindern.[68]

Der kumulative Rückgriff auf Art. 235 EWGV ist nach alledem zulässig.[69] Dies gilt auch für die Fusionskontroll-VO im Verhältnis zu Art. 87 EWGV.

d) Erforderlichkeit der Regelung

aa) Grundlagen

Die auf Grund des Art. 235 EWGV erlassene Regelung muß zur Verwirklichung des angestrebten Ziels objektiv erforderlich sein. Dies ist der Fall, wenn es sich als notwendig erweist, daß die Europäische Gemeinschaft

---

67) EuGHE 1973, 897, 907 Rdnr. 4 "Massey-Ferguson".

68) So schon Tomuschat EuR-SH 1976, 45, 67.

69) Grundlegend Marenco RevMC 1970, 147, 151 ff; Bleckmann, Europarecht, Rdnr. 490; Ipsen, S. 434; Tizzano, 30 Jahre Gemeinschaftsrecht, S. 45, 63; MWLV-Waelbroeck Art. 235 Anm. 8; Priebe, S. 97 f; R. Böhm, S. 113; Behrens, S. 279 ff; Gericke, S. 64, 72 ff; Lauwaars EuR 1976, 100, 106; Dorn, S. 40, 136 f; BBPS-Beutler, S. 77; Nicolaysen, Europ. Gemeinschaftsrecht, S. 135; GTE[4]-Schwartz Art. 235 Rdnr. 58; Smit/Herzog Anm. 235.05[c]; Scheibe, S. 299 f; Kapteyn/VerLoren van Themaat/Gromley, S. 114.

durch ihre Organe[70] öffentliche Gewalt ausübt, um ein ihr vom Vertrag gesetztes Ziel zu verwirklichen.[71]

Dieses Kriterium dient der negativen Abgrenzung dahingehend, daß allein Gründe politischer Opportunität nicht ausreichen. Jedoch besteht ein relativ weiter Ermessensspielraum für die Gemeinschaftsorgane, der auch politische Erwägungen einbeziehen kann.[72] Angesichts des ohnehin weiten Anwendungsbereichs des Art. 235 EWGV und seines subsidiären Charakters kann es jedoch nicht allein darauf ankommen, ob der Rat zu der Auffassung gelangt, eine bestimmte Maßnahme sei erforderlich.[73] Dieser rein subjektive Ansatz würde zu einer uferlosen Auslegung führen und eine Abgrenzbarkeit zur bloßen politischen Opportunität ausschließen. Auch eine Nachprüfung durch den Gerichtshof wäre nicht mehr möglich.[74]

Art. 235 EWGV erfordert aber auch keinen rein objektiven Maßstab. Bei der Prüfung der Erforderlichkeit eines bestimmten Tätigwerdens zur Ziel-

---

70) Tätigwerden der Gemeinschaft bedeutet Tätigwerden ihrer Organe, weil "die Gemeinschaft" nur durch ihre Organe handeln kann, vgl. EuGHE 1970, 47, 57 Rdnr. 10/11 "Kommission ./. Italien"; GTE[4]-Schwartz Art. 235 Rdnr. 143 m.w.N.

71) GTE[4]-Schwartz Art. 235 Rdnr. 148.

72) Quadri/Monaco/Trabucchi-Ferrari-Bravo/Giardina Art. 235 Anm. 8; Tomuschat EuR-SH 1976, 45, 60; Priebe, S. 97; Behrens, S. 278; Grabitz-Grabitz Art. 235 Rdnr. 64; Gericke, S. 52; Tizzano, 30 Jahre Gemeinschaftsrecht, S. 45, 61; Lauwaars EuR 1976, 100, 105; Louis, L'ordre juridique, Tz. 43; ders., CahDE 1973, 255, 287; de Witte, in: Bieber/Ress, S. 261, 278; Hilf, in: Bieber/Ress, S. 251, 258; Everling EuR-SH 1976, 2, 12; ebenso wohl auch MWLV-Waelbroeck Art. 235 Anm. 6; zweifelnd an dieser Terminologie GTE[4]-Schwartz Art. 235 Rdnr. 161.

73) So aber GA Trabucchi in EuGHE 1973, 897, 912 "Massey-Ferguson"; Gericke, S. 52 ff; Quadri/Monaco/Trabucchi-Ferrari-Bravo/Giardina Art. 235 Anm. 8; de Witte, in: Bieber/Ress, S. 261, 278; Hilf, in: Bieber/Ress, S. 251, 258.

74) Demgegenüber hat der Gerichtshof wiederholt deutlich gemacht, daß die Voraussetzungen des Art. 235 EWGV sehr wohl der gerichtlichen Nachprüfbarkeit unterliegen: EuGHE 1964, 3, 29 "Internationale Kreditvereniging"; EuGHE 1970, 47, 57 Rdnr. 10/11 "Kommission ./. Italien"; EuGHE 1973, 897, 907 f Rdnr. 2-6 "Massey-Ferguson"; in diesem Sinne auch Marenco RevMC 1970, 147, 150; Tomuschat EuR-SH 1976, 45, 48; Lauwaars EuR 1976, 100, 104 f; Olmi, Mélanges Dehousse, S. 279, 290; Louis, L'ordre juridique, Tz. 43.

verwirklichung, kommt es mitunter auf komplexe ökonomische und rechtliche Abwägungen und Wertungen an, die vorzunehmen Sache der handelnden Gemeinschaftsorgane ist. Dem trägt auch der Wortlaut des Art. 235 EWGV Rechnung, der nicht fordert, daß ein Handeln erforderlich "*ist*", sondern daß es erforderlich "*erscheint*". Die richterliche Nachprüfung ist auf das objektive Merkmal der Erforderlichkeit beschränkt, d.h. die Erwägungen des handelnden Gemeinschaftsorgans bei der Prüfung der Erforderlichkeit müssen willkürfrei und nachvollziehbar sein; m.a.W. die Nachprüfung durch den Gerichtshof gem. Art. 173 Abs. 1 EWGV ist auf Ermessensmißbrauch beschränkt.[75] Wird er festgestellt, so führt dies gem. Art. 174 EWGV zur Nichtigkeit der auf Grund des Art. 235 EWGV erlassenen Vorschriften.

Eine Ansicht in der Literatur will der Formulierung des Art. 235 EWGV den "Grundsatz des Interventionsminimums"[76] entnehmen. Dem ist jedoch nur insoweit zu folgen, als das Ermessen der Gemeinschaftsorgane gebunden ist: Erforderlich ist eine Maßnahme nur dann, wenn sie der Verwirklichung eines Vertragszieles dient und das Funktionieren des Gemeinsamen Marktes insgesamt nicht beeinträchtigt. Die Annahme eines darüber hinausgehenden prinzipiellen Grundsatzes des Interventionsminimums liefe dem dynamischen Charakter der Gemeinschaft zuwider, der gerade in der Zielorientierung des Art. 235 EWGV zum Ausdruck kommt.[77]

bb) Die Erforderlichkeit der Fusionskontroll-VO

In der kartellrechtlichen Literatur ist, soweit die Ermächtigungsgrundlage der Verordnung problematisiert wird, einerseits bezweifelt worden, ob eine Fusionskontroll-VO überhaupt i.S.d. Art. 235 EWGV "erforderlich",

75) WEGS-Wohlfarth Art. 235 Rdnr. 3; Marenco RevMC 1970, 147, 150; Priebe, S. 97; Grabitz-Grabitz Art. 235 Rdnr. 67; Everling EuR-SH 1976, 2, 12; Behrens, S. 278; MWLV-Waelbroeck Art. 235 Anm. 6; Ipsen, S. 103. Demgegenüber treten für eine uneingeschränkte gerichtliche Nachprüfbarkeit der Erforderlichkeit ein: GTE^4-Schwartz Art. 235 Rdnr. 164; BBPS-Beutler, S. 77; Dorn, S. 131 ff.

76) Gericke, S. 56; R. Böhm, S. 112; Dorn, S. 34; Scheibe, S. 298 f.

77) Ebenso Grabitz-Grabitz Art. 235 Rdnr. 65 f; Everling EuR-SH 1976, 2, 12 Fußn. 49; GTE^4-Schwartz Art. 235 Rdnr. 161.

d.h. mehr als nur politisch zweckmäßig, ist;[78] zum anderen wird die "Erforderlichkeit" in bezug auf den materiellrechtlichen Ausschließlichkeitsanspruch der Verordnung verneint.[79] Dies hätte zur Folge, daß die Fusionskontroll-VO, insbesondere ihr Ausschließlichkeitsanspruch nur auf der Grundlage des Art. 236 EWGV hätten verwirklicht werden können.

Entscheidend ist, ob der Gemeinschaftsgesetzgeber bei Erlaß der Fusionskontroll-VO sein Ermessen ordnungsgemäß ausgeübt hat bzw. ob die von ihm zur Begründung der Erforderlichkeit angegebenen Erwägungen nachvollziehbar sind. Zunächst stellt der Rat in den Erwägungsgründen die Bedeutung des Ziels des Art. 3 lit. f EWGV für die Verwirklichung des Binnenmarktes heraus (Nr. 2), um dann entscheidend darauf hinzuweisen, daß der an sich begrüßenswerte Umstrukturierungsprozeß durch Zusammenschlüsse nicht eine dauerhafte Schädigung des Wettbewerbs verursachen darf (Nr. 3-5). Das Erfordernis der Anwendung des Art. 235 EWGV begründet der Rat damit, daß Artt. 85, 86 EWGV nicht ausreichen, um alle hinsichtlich der Zielverwirklichung bedenklichen Zusammenschlüsse zu erfassen. Daraus folgert der Rat, daß ein "neues Rechtsinstrument in Form einer Verordnung" erforderlich ist, "die eine wirksame Kontrolle sämtli-

---

78) Steindorff, FIW-Skript 10, S. 10.

79) So Einsele RIW-Beil. 2/1992 Rdnr. 24: Aus der Erforderlichkeit könne man nicht die Befugnis für Regelungen herleiten, mit denen nicht nur punktuell von Einzelregelungen des EWG-Vertrages abgewichen werde, sondern die das in Art. 3 lit. f EWGV normierte Ziel für ein bestimmtes Institut gerade einschränken wollten. Wenn man davon ausgehe, daß Artt. 85, 86 EWGV auch Zusammenschlußtatbestände erfaßten, so könnte die FKVO eine Einschränkung der allgemeinen Wettbewerbsregeln deshalb zur Konsequenz haben, weil Zusammenschlüsse nach der FKVO zulässig sein könnten, die nach Artt. 85, 86 EWGV hätten untersagt werden müssen.
Dieser Feststellung ist nicht zu widersprechen; das Wort "erforderlich" kommt allerdings in Art. 235 EWGV zweimal vor. Die Prüfung, inwieweit bereits die Artt. 85, 86 EWGV eine Zusammenschlußkontrolle ermöglichen, präjudiziert nicht das Tatbestandsmerkmal der Erforderlichkeit des Tätigwerdens der Gemeinschaft (i.e. die Erforderlichkeit der *Neu*regelung), sondern die Frage, ob Art. 235 EWGV überhaupt (i.e. mangels *vorhandener* Befugnisse) herangezogen werden darf. Ob und inwieweit eine Abweichung von Einzelregelungen des EWG-Vertrages möglich ist, ist eine Frage des Umfangs der Ermächtigung und damit der Rechtsfolge des Art. 235 EWGV.

cher Zusammenschlüsse entsprechend ihren Auswirkungen auf die Wettbewerbsstruktur der Gemeinschaft ermöglicht und zugleich das einzige auf derartige Zusammenschlüsse anwendbare Instrument ist" (Nr. 7).[80]

Ein Tätigwerden der Gemeinschaft selbst hat sich einerseits als erforderlich erwiesen, weil auf Grund der gravierenden Abweichungen zwischen den Rechtsordnungen der Mitgliedstaaten eine Vereinheitlichung im Interesse der Chancengleichheit zwischen den Wettbewerbern notwendig war und weil nur auf diese Weise die immer bedeutsameren grenzüberschreitenden Zusammenschlüsse sachgerecht erfaßt werden konnten. Da die ohnehin nur partiell mögliche parallele Anwendung der Artt. 85, 86 EWGV einer am Ziel der Aufrechterhaltung des Wettbewerbs im Gemeinsamen Markt und damit auch dem materiellen Gleichbehandlungsgebot verpflichteten Regelung abträglich ist, wurde durch Art. 22 Abs. 1 FKVO die ausschließliche Geltung der Fusionskontroll-VO für Zusammenschlüsse festgelegt.

Daß diese Erwägungen die Erforderlichkeit der Verordnung ebenso wie ihren Anspruch auf ausschließliche Geltung überzeugend begründen, folgt aus den oben in den Kapiteln 1 bis 3 gewonnenen Erkenntnissen.

e) Ergebnis

Hinsichtlich der Schaffung einer Europäischen Fusionskontrolle sind die Voraussetzungen des Art. 235 EWGV erfüllt. Die Verordnung konnte somit grundsätzlich auf Art. 235 EWGV gestützt werden.

---

80) Zu den entsprechenden Erwägungen der Kommission vgl. auch 19. Wettbewerbsbericht Tz. 15.

3. Rechtsfolge des Art. 235 EWGV: "Erlaß geeigneter Maßnahmen"

Unter den Voraussetzungen des Art. 235 EWGV erläßt "der Rat einstimmig auf Vorschlag der Kommission und nach Anhörung der Versammlung die geeigneten Vorschriften".

a) Der Wortlaut: Objektive Eignung

Im Vergleich zu den anderen Tatbestandsmerkmalen des Art. 235 EWGV ist das der Geeignetheit in der umfangreichen Literatur bisher weniger beachtet worden.[81] Gelegentlich wird seine Bedeutung überhaupt geleugnet, weil eine solche Selbstverständlichkeit der Erwähnung im Vertragstext nicht bedurft hätte.[82] Sicher dürfen auf Grund des Art. 235 EWGV keine Regelungen getroffen werden, die ungeeignet sind, die Ziele des Vertrages zu erreichen. Gerade im Hinblick auf die vorliegende Fragestellung ist es jedoch erforderlich, die Reichweite der "Geeignetheit" genauer zu untersuchen.

Geeignet i.S.d. Art. 235 EWGV sind alle Vorschriften, deren Erlaß der Verwirklichung oder besseren Verwirklichung desjenigen Ziels dient, dessen mangelnde Verwirklichung Voraussetzung für die Anwendung des Art. 235 EWGV im konkreten Fall ist.[83] Die Vorschrift steht unter dem Gebot der Integrationsfreundlichkeit. Diese Definition stellt auf eine ausschließlich objektive, an dem zu erreichenden Ziel orientierte Bestimmung des Begriffs der Geeignetheit ab. Ist dieses Merkmal erfüllt, so stellt der Wortlaut des Art. 235 EWGV keine weiteren Anforderungen an die zu erlassende Vorschrift.

---

81) Vgl. Dorn, S. 50 ff.

82) Gericke, S. 53.

83) Grabitz-Grabitz Art. 235 Rdnr. 77; Dorn, S. 142; GTE^4-Schwartz Art. 235 Rdnr. 172; Kapteyn/VerLoren van Themaat/Gromley, S. 115.

"Geeignet" können aber allerlei Maßnahmen sein, insbesondere auch solche, die von einzelnen anderen vertraglichen Regelungen abweichen. Das bloße Abstellen auf das objektive Merkmal der Eignung im Wortlaut des Art. 235 EWGV ermöglicht somit noch keine endgültige Abgrenzung der Rechtsfolge der Vorschrift, sondern birgt die Gefahr einer uferlosen Anwendbarkeit, die Zweifel an der Vereinbarkeit mit dem Vertrag erweckt.

Nachfolgend soll nur eine abstrakte Klärung des Begriffs der "geeigneten Vorschriften" versucht werden, während die Frage, ob die Fusionskontroll-VO, insbesondere ihr Art. 22, derart "geeignete" Vorschriften zur Verwirklichung des Zieles des Art. 3 lit. f EWGV tatsächlich enthält, erst im Anschluß diskutiert wird.

b) Meinungsstand zur Reichweite des Art. 235 EWGV

aa) Extensive Auffassung

Von einer überwiegenden Ansicht wird die Zulässigkeit einer Vertragsänderung[84] auf Grund des Art. 235 EWGV bejaht.[85] Diese Auffassung scheint auch den Gerichtshof an ihrer Seite zu haben; zwar fehlt eine ausdrückliche Entscheidung zur Reichweite des Art. 235 EWGV; der EuGH erwägt jedoch angesichts der besonderen Anforderungen des Art. 235 EWGV eine Rechtswidrigkeit einer auf dessen Grundlage erlassenen Vorschrift allein unter dem Gesichtspunkt, ob die Vertragsvorschriften über die Willensbildung des Rates oder die Aufteilung der Befugnisse auf die

---

84) Der Begriff wird hier noch untechnisch verwandt und bedarf im folgenden der Präzisierung.

85) Quadri/Monaco/Trabucchi-Ferrari-Bravo/Giardina Art. 235 Anm. 2; BBPS-Beutler, S. 77; Grabitz-Grabitz Art. 235 Rdnr. 4 ff; Grabitz-Vedder Art. 236 Rdnr. 3; Behrens, S. 283; Constantinesco, Bd. I, S. 280; MWLV-Waelbroeck Art. 235 Anm. 4; GBT²-Ehring Art. 235, S. 778 ff; GTE⁴-Schwartz Art. 235 Rdnr. 22 ff; GTE⁴-Meng Art. 236 Rdnr. 85; Everling EuR-SH 1976, 2, 16; Smit/Herzog Anm. 235.08[c]; Tizzano, 30 Jahre Gemeinschaftsrecht, S. 45, 66; Priebe, S. 103; Wagner, S. 214; Seidl-Hohenveldern/Loibl, Internat. Organisationen, Rdnr. 1535 ff.

Organe nicht umgangen worden sind.[86] Dies legt den Schluß nahe, daß andere als die so beschriebenen Abweichungen vom Vertrag möglich wären. Lediglich allgemein festzustellen, daß eine solche Vertragsänderung an Grenzen stößt, ist nicht sehr hilfreich, weil sich diese Selbstverständlichkeit bereits aus dem Grundsatz der begrenzten Ermächtigung ergibt.[87]

Everling[88] geht von der Erwägung aus, daß es angesichts der Tatsache, daß die Gemeinschaft weder Staat, noch Bundesstaat ist, sondern einen eher politischen und dynamischen Charakter hat, verfehlt wäre, den Art. 235 EWGV unter verfassungsrechtlichen Gesichtspunkten restriktiv auszulegen. Die Bestimmung müsse teleologisch interpretiert werden. Grundsätzlich decke Art. 235 EWGV alle Maßnahmen, die sich im Rahmen der von Art. 2 EWGV vorgegebenen Ziele des Vertrages halten. Eine Begrenzung ergebe sich lediglich aus der Tatsache, daß auch Art. 235 EWGV eine Kompetenz im Rahmen des Vertrages sei und infolge dessen der Charakter des Vertrages nicht auf Grund dieser Bestimmung geändert werden dürfe.[89] Nach Auffassung von Ehring können Vorschriften, die erforderlich sind, um im Rahmen des Gemeinsamen Marktes ein Gemeinschaftsziel zu verwirklichen, und zu Vertragsbestimmungen im Widerspruch stehen, ebenso nach dem Verfahren des Art. 235 EWGV, wie nach dem Verfahren des Art. 236 EWGV zustandekommen.[90] Die Anwendung des Art. 235 EWGV entspreche in diesen Fällen dem Zweck dieser Bestimmung, nämlich die zeitraubenden und umständlichen Verfahren zu vermeiden, die ansonsten zur Behebung von Unzulänglichkeiten des Vertrages notwendig seien.

---

86) EuGHE 1973, 897, 907 f Rdnr. 4 "Massey-Ferguson".

87) Grabitz-Grabitz Art. 235 Rdnr. 4, 5.

88) Everling EuR-SH 1976, 2, 5.

89) Everling EuR-SH 1976, 2, 16.

90) In: GBT[2], Art. 235, S. 782; ihm folgend Smit/Herzog Anm. 235.08[c]; ebenso Tizzano, 30 Jahre Gemeinschaftsrecht, S. 45, 66.

bb) Abgrenzungskriterien

Mit der Befugnis, von Vertragsvorschriften abzuweichen, würden die Organe der Gemeinschaft eine sehr weite Gestaltungsmacht erlangen. Daher ist vielfach versucht worden, die Reichweite des Art. 235 EWGV mit Hilfe allgemeiner Termini einzugrenzen.

So ist hervorgehoben worden, daß Maßnahmen auf Grund des Art. 235 nicht "die Struktur des Vertrages",[91] den "Charakter",[92] oder die "Identität der Gemeinschaft"[93] beeinträchtigen dürfen. Eine vertragliche Regelung dürfe auch "nicht im Grundsatz verkehrt" werden.[94] Damit werden praktisch die im EGKS-Recht für Art. 95 Abs. 3 EGKSV ausdrücklich und für Art. 95 Abs. 1 EGKSV entsprechend geltenden Schranken auf Art. 235 EWGV übertragen. Diese unterschiedlichen Formulierungen dürften einander inhaltlich weitgehend entsprechen.

R. Böhm[95] zieht der Anwendung des Art. 235 EWGV dort eine Grenze, wo durch einen Eingriff in das institutionelle Gleichgewicht der Organe außervertragliche Institutionen mit Lenkungs- und Entscheidungsmacht geschaffen werden oder die Identität der Gemeinschaft durch Vertragsänderungen in Frage gestellt wird.

Priebe[96] schlägt vor, die Anwendung des Art. 235 EWGV immer dann auszuschließen, wenn eine Maßnahme nicht unerhebliche Beeinträchtigungen vertraglicher Grundprinzipien zur Folge hätte; sie dürften nicht durch eine allzu großzügige Anwendung des Art. 235 EWGV hinfällig werden.

---

91) Henckel v. Donnersmarck, S. 45 f m.w.N.

92) Everling EuR-SH 1976, 1, 16.

93) GBT^2-Ehring Art. 235, S. 783.

94) Everling EuR-SH 1976, 1, 16.

95) S. 118.

96) S. 103.

Nicolaysen[97] stellt fest, daß mit Art. 235 EWGV keine "andere Gemeinschaft" geschaffen werden kann, als der Vertrag sie vorsieht.

Nach Auffassung v. Meiboms[98] kann es sich bei Art. 235 EWGV immer nur um Einzelkorrekturen, niemals aber um eine Abwandlung von Grundlinien handeln.

Man wird diese Kriterien in ernsthaften Grenzfällen einer Vertragsdurchbrechung kaum zu einer eindeutigen Abgrenzung heranziehen können, weil sie so allgemein formuliert sind, daß sie ihrerseits der Konkretisierung bedürfen. Deutlich wird allerdings, daß für die genannten Autoren die Grenze der "Geeignetheit" der auf der Grundlage von Art. 235 EWGV erlassenen Vorschriften nicht schon dort verläuft, wo diese den EWG-Vertrag bloß tangieren oder durchbrechen. Vielmehr verlangen sie schon massive Eingriffe in die durch den EWG-Vertrag konstituierte Ordnung. Denkbar ist es auch, danach zu differenzieren, inwieweit sich eine Maßnahme als für den Fortgang der Integration oder die Funktionsfähigkeit der Gemeinschaft bedeutsam erweist. Je mehr dies der Fall ist, umso weiter geht der Spielraum des Rates, bzw. umso eher kann eine großzügige Auslegung des Art. 235 EWGV angebracht sein.[99]

Die vorliegende Untersuchung erfordert es nicht, einen Versuch zu machen, diese Grenze genau zu ziehen. Die Fusionskontrollverordnung erfüllt keines der Kriterien, mit denen in der Literatur die Anwendung des Art. 235 EWGV begrenzt wird. Sie beeinträchtigt weder Charakter, noch Identität, noch das institutionelle Gleichgewicht der Gemeinschaft, noch Grundprinzipien des EWG-Vertrages. Vielmehr handelt es sich um eine modifizierende Durchbrechung des EWG-Vertrages an der Stelle, wo durch die Rechtsprechung nur für bestimmte Fälle von Zusammenschlüssen eine im einzelnen unklare primärrechtliche Zusammenschlußkontrolle entwickelt worden ist. Für die Fusionskontroll-VO entscheidend ist daher allein, ob eine Vertragsdurchbrechung grundsätzlich ausgeschlossen ist.

---

97) Europäisches Gemeinschaftsrecht, S. 134.

98) NJW 1968, 2165, 2167.

99) Vgl. Priebe, S. 103 Fußn. 192.

cc) Restriktive Auffassung

Die Vertreter einer restriktiven Auslegung des Art. 235 EWGV[100] weisen darauf hin, daß eine weite Auslegung dieser Vorschrift zu einem unbeschränkten Spielraum der Gemeinschaft führen könne, den nationalen Parlamenten Hoheitsbefugnisse entziehe und damit die verfassungsrechtliche Substanz der Mitgliedstaaten auszuhöhlen geeignet sei.

Zudem wird die unzureichende parlamentarische Repräsentanz in der Gemeinschaft selbst angeführt. Jede Regelung, die die im Rat vereinigten Vertreter der Exekutiven der Mitgliedstaaten mit unmittelbarer Wirkung für die Marktbürger treffen, entbehrt der direkten parlamentarischen Legitimation, da weder auf Gemeinschaftsebene, noch auf nationaler Ebene die Parlamente als unmittelbare Repräsentation des Volkes bei der Entscheidung eine ausschlaggebende Rolle spielen.[101]

Die Notwendigkeit einer extensiven Auslegung des Art. 235 EWGV wurde auch mit der Erwägung bestritten, den Mitgliedstaaten stünde für solche Fälle das Verfahren der Vertragsänderung gem. Art. 236 EWGV offen; Art. 236 EWGV sei lex specialis zu Art. 235.[102] Im Wege der vertragsergänzenden Verordnung könne der Rat zwar neue Kompetenzen für die Organe begründen, er könne jedoch keinesfalls den Vertrag ändern, also etwas beschließen, was in ausdrücklichem Widerspruch zum Vertrag steht.[103] Wegen der Bedeutung der Kompetenzen aus Art. 95 Abs. 1 EGKSV und aus Art. 235 EWGV könne nicht angenommen werden, daß diese für einen solchen Eingriff ausreichten.[104]

---

100) Steindorff, FIW-Skript 10, S. 4; Holch EuR 1969, 215, 225; WEGS-Wohlfarth Art. 235 Rdnr. 5 f; Schumacher AWD 1970, 539, 543; Scheibe, S. 305 ff; v. Meibom NJW 1968, 2165, 2166; Tomuschat EuR-SH 1976, 45 ff.

101) WEGS-Wohlfarth Art. 235 Rdnr. 6; Dorn, S. 109, vor allem S. 148; Kapteyn/Ver-Loren van Themaat/Gromley, S. 117.

102) Schumacher AWD 1970, 539, 543.

103) WEGS-Wohlfarth Art. 235 Rdnr. 5.

104) Koppensteiner AWD 1967, 373, 379; ähnlich Weides AWD 1967, 329, 330.

Dorn[105] definiert zunächst den Begriff der Vertragsänderung weit als jedes "Vorgehen der Organe der Europäischen Gemeinschaften ..., das die Geltung einer Norm der Europäischen Verträge beschränkt, aufhebt oder entgegen einer ausdrücklichen Beschränkung erweitert." Davon ausgehend verneint er die Zulässigkeit einer Vertragsdurchbrechung vor allem aus Gründen der mangelnden demokratischen Legitimation. Auch sei das Rechtsstaatsprinzip tangiert, weil nicht mehr absehbar sei, inwieweit sich die Organe der Gemeinschaft an den Vertragswortlaut hielten. Würden die Gemeinschaftsorgane in den Vertrag eingreifen, so sei dies auch mit dem Prinzip der vertraglich bestimmten Kompetenzverteilung zwischen Gemeinschaft und Mitgliedstaaten unvereinbar. Dorn anerkennt lediglich das Prinzip der Funktionsfähigkeit der Gemeinschaft als Argument für die Zulässigkeit einer Vertragsdurchbrechung; eine Abwägung mit den anderen Gesichtspunkten führt ihn jedoch zu dem Ergebnis, daß das Prinzip der Funktionsfähigkeit zurückzutreten hat.

Von Meibom befürwortet eine generell restriktive Auslegung des Art. 235 EWGV mit der Begründung, dieser stelle angesichts des Prinzips der begrenzten Einzelermächtigung im System des EWG-Vertrages eine Ausnahmevorschrift dar und sei daher nach der völkerrechtlichen Auslegungslehre restriktiv zu interpretieren.[106]

Tomuschat stellt zunächst fest, daß bei formaler Betrachtung Art. 235 EWGV an Reichweite kaum übertroffen wird, da sich die durch ihn gewährten Befugnisse auf das ganze Vertragswerk erstrecken und nicht nur der Abrundung von Einzelkompetenzen dienen.[107] Das Integrationsgebäude der Gemeinschaft sei jedoch bewußt als Rechtsordnung mit einer fe-

---

105) S. 148 ff.

106) NJW 1968, 2165, 2166. Die völkerrechtlichen Auslegungsgrundsätze sind jedoch nur beschränkt auf das Gemeinschaftsrecht übertragbar, vgl. hierzu EuGHE 1963, 1, 24 "van Gend & Loos"; EuGHE 1964, 1251, 1269 "Costa/ENEL"; EuGHE 1969, 1, 14 "Walt Wilhelm"; Constantinesco, Bd. I, S. 819; Grabitz-Pernice Art. 164 Rdnr. 23; GTE[4]-Zuleeg Art. 1 Rdnr. 30; GTE[4]-Krück Art. 164 Rdnr. 53; Oppermann, Rdnr. 578; Degan RTDE 1966, 189, 226; Schwarze EuR 1981, 1, 31 ff m.w.N.

107) EuR-SH 1976, 45, 49.

sten Normenhierarchie, einem System limitierter Einzelkompetenzen und einer gerichtlichen Überwachung der Einhaltung dieser rechtsstaatlichen Konstruktion errichtet worden. Eine ungezügelte Dynamik der Auslegung sei der Gemeinschaft daher verwehrt. Mit den rechtlichen Kernelementen der Gemeinschaft sei es unvereinbar, wenn förmlich geltendes Vertragsrecht einfach außer Acht gelassen und ihm zuwider eine überlagernde Struktur von Sekundärrechtsakten geschaffen werde.[108]

c) Systematische Auslegung I: Abgrenzung zwischen Art. 235 und Art. 236 EWGV

Da der Wortlaut des Art. 235 EWGV über die nähere Bedeutung des Tatbestandsmerkmals "geeignet" schweigt, soll zunächst über eine systematische Abgrenzung zu Art. 236 EWGV eine Klärung versucht werden.

aa) Bedeutung des Art. 236 EWGV

Art. 236 EWGV sieht ein Verfahren der Änderung des Vertrages vor, das die Beteiligung der Organe der Gemeinschaft zwingend erfordert, während der Vertrag selbst zunächst nur von den Mitgliedstaaten als völkerrechtlicher Vertrag geschlossen wurde.[109] Die Mitgliedstaaten sind infolge dessen nur noch eingeschränkt Herren des Vertrages, weil die allgemeinen Vorschriften der Artt. 39 ff WVRK im Bereich der vom EWG-Vertrag geregelten Materien von diesem Vertrag verdrängt werden. Die Mitgliedstaaten haben sich ihrer Dispositionsbefugnis über die Form der Änderung völkerrechtlicher Normen begeben, was dazu führt, daß die gemeinschaftsrechtlichen Grenzen der Vertragsänderung auch unter Berufung auf allgemeine völkerrechtliche Befugnisse der Staaten nicht mehr durchbrochen werden können.[110]

---

108) EuR-SH 1976, 45, 55.

109) GTE⁴-Meng Art. 236 Rdnr. 1 f.

110) GTE⁴-Meng Art. 236 Rdnr. 22 ff; MWLV-Waelbroeck Art. 236 Anm. 7; vgl. EuGHE 1976, 455, 478 Rdnr. 56/58 "Defrenne/Sabena"; EuGHE 1976, 91, 101 f Rdnr. 19/22 "Manghera".

Art. 236 EWGV enthält umgekehrt keine sachlichen Voraussetzungen oder ungeschriebenen Grenzen der Vertragsänderung; die Mitgliedstaaten sind an keinerlei inhaltliche Schranken gebunden; sie können im Verfahren des Art. 236 EWGV auch den bereits erreichten Stand der Integration wieder reduzieren.

bb) Vertrags"änderung" als Abgrenzungskriterium ?

Als Abgrenzungskriterium scheint sich der Begriff der "Vertragsänderung" anzubieten, der zwar im Wortlaut des Art. 236 EWGV vorkommt, nicht jedoch in dem des Art. 235 EWGV.

Der Begriff der "Änderung" ist neutral und nicht auf Fälle der Erweiterung oder Verbesserung der Integration beschränkt.[111] Demgegenüber deckt der Wortlaut des Art. 235 EWGV nur Maßnahmen, die erforderlich und geeignet sind, ein Gemeinschaftsziel im Rahmen des Gemeinsamen Marktes zu verwirklichen, also im Sinne der durch die Gemeinschaftsverträge in Gang gesetzten Integration wirken, aber auch all diese Maßnahmen.

Danach wären Artt. 235, 236 EWGV wie folgt ab-, bzw. Art. 235 EWGV einzugrenzen: Auf Art. 235 EWGV können jedenfalls keine Vertrags"änderungen" i.S.d. Art. 236 EWGV gestützt werden; für sie gilt allein das Verfahren nach Art. 236 EWGV.[112]

Entscheidend für die Bestimmung der Reichweite des Art. 236 EWGV ist nach alledem die Auslegung des Begriffs "Änderung des Vertrages". Darunter ist jedenfalls die Streichung, Umänderung oder Hinzufügung von materiellen oder Verfahrensregeln, also eine Textänderung, zu verste-

111) GTE[4]-Meng Art. 236 Rdnr. 54; Grabitz-Vedder Art. 236 Rdnr. 4; Ehlermann EuR 1984, 113, 123.

112) EuGHE 1976, 455, 478 Rdnr. 56/58 "Defrenne/Sabena"; EuGHE 1976, 91, 101 f Rdnr. 19/22 "Manghera"; Grabitz-Grabitz Art. 235 Rdnr. 6; GTE[4]-Schwartz Art. 235 Rdnr. 22 jeweils m.w.N.

hen.[113] Ratsbeschlüsse können den Text des Vertrages nicht ändern. Mit dieser Feststellung ist allerdings noch nichts Entscheidendes gewonnen, weil der Begriff der Vertragsänderung nur negativ, nicht aber positiv geklärt ist.

Zweifelhaft bleibt, ob darunter auch Akte fallen, die die Geltung oder Anwendbarkeit einer Vorschrift im Einzelfall aufheben, einschränken oder durchbrechen. Die Anwendung des Art. 235 EWGV auf solche Fälle mit der Begründung auszuschließen, solche Vertragsänderungen fielen unter Art. 236 EWGV als einer lex specialis zu Art. 235 EWGV,[114] definiert den Begriff der Vertragsänderung nicht und ist eine petitio principii: Das Verhältnis zweier Normen ergibt sich aus ihrem Anwendungsbereich, hingegen kann nicht umgekehrt der Anwendungsbereich aus einer a priori unterstellten Spezialität einer dieser Normen abgeleitet werden.[115] Erforderlich ist vielmehr, den Anwendungsbereich des Art. 235 EWGV autonom zu bestimmen.

Art. 235 EWGV deckt alle Maßnahmen, die geeignet und erforderlich sind, um ein Ziel der Gemeinschaft im Rahmen des Gemeinsamen Marktes zu erreichen, ohne danach zu unterscheiden, ob die getroffenen Maßnahmen den Vertrag "ändern" oder nicht. Demgegenüber deckt Art. 236 EWGV alle Vertrags"änderungen", ohne danach zu unterscheiden, ob sie sich an den Zielen des Vertrages orientieren oder im Rahmen des Gemeinsamen Marktes halten. Die beiden Vorschriften stehen sonach zueinander nicht im logischen Verhältnis der Spezialität, sondern in dem der Interferenz. Sie überschneiden sich in dem Bereich, wo die neugeschaffenen Vorschriften Bestimmungen des EWG-Vertrages widersprechen, aber im Rahmen des Gemeinsamen Marktes ein Vertragsziel verwirklichen. Entscheidendes Abgrenzungskriterium ist nicht die Vertrags"änderung" (soweit sie sich nicht auf die Textänderung bezieht), sondern die Zielkon-

---

113) Priebe, S. 99; Gericke, S. 78; GTE⁴-Meng Art. 236 Rdnr. 33; Scheibe, S. 307; Smit/Herzog Anm. 235.08[c].

114) So aber Schumacher AWD 1970, 539, 543 (siehe oben S. 204).

115) GBT²-Ehring Art. 235, S. 782; GTE⁴-Schwartz Art. 235 Rdnr. 25; zustimmend Priebe, S. 100.

formität.[116] Danach sind aus dem Anwendungsbereich des Art. 235 EWGV lediglich Textänderungen generell auszugrenzen, nicht aber Vertragsdurchbrechungen.[117]

cc) Zwischenergebnis

Die Untersuchung des Wortlauts des Art. 235 EWGV und der systematische Vergleich mit Art. 236 EWGV ergeben übereinstimmend, daß bis an die Grenze der Textänderung unter den Voraussetzungen des Art. 235 EWGV grundsätzlich alle zielkonformen Maßnahmen getroffen werden können.

Gegen die den Vertrag durchbrechende Ausschließlichkeitsregelung des Art. 22 Abs. 1 FKVO bestünden insoweit keine Bedenken, da sie den Wortlaut der Artt. 85, 86 EWGV unangetastet läßt. Art. 22 Abs. 1 FKVO stellt keine Vertragsänderung dar; vielmehr wird die Anwendung der Artt. 85, 86 EWGV auf die wenigen Fälle von Zusammenschlüssen, die sie nach der Rechtsprechung des Gerichtshofes erfassen können, ausgeschlossen. Der Vertrag wird damit lediglich im Zuge einer umfassenden Neuregelung punktuell modifiziert oder durchbrochen.[118]

Fraglich ist aber, ob nicht die Systematik des Gemeinschaftsrechts insgesamt gebietet, auch materiell den Kreis der i.S.v. Art. 235 EWGV geeigneten Vorschriften enger einzugrenzen.

d) Systematische Auslegung II: Vergleich mit Art. 95 Abs. 1 EGKSV

Nach dem Grundsatz der funktionellen Einheit des Gemeinschaftsrechts ist auch ein Vergleich zwischen den verschiedenen Gemeinschaftsverträgen

---

116) Louis, L'ordre juridique, Tz. 43; Smit/Herzog Anm. 235.08[c].

117) Im Ergebnis ebenso GBT^{2}-Ehring Art. 235, S. 782 f; GTE^{4}-Schwartz Art. 235 Rdnr. 25; Behrens, S. 283; Tizzano, 30 Jahre Gemeinschaftsrecht, S. 45, 66.

118) Vgl. Niederleithinger WuW 1990, 721, 723.

als Erkenntnisquelle heranzuziehen.[119] Eine dem Art. 235 EWGV vergleichbare Vorschrift im EGKS-Vertrag ist dessen Art. 95. Diese (zeitlich ältere) Norm war den Schöpfern des EWG-Vertrages bekannt und diente auch als Vorbild für Art. 235 EWGV.[120]

aa) Inhalt und Bedeutung des Art. 95 EGKSV

Art. 95 Abs. 1 EGKSV setzt voraus, daß eine Entscheidung oder Empfehlung der Hohen Behörde in einem vertraglich nicht vorgesehenen Fall erforderlich ist, um eines der in den Artt. 2, 3, 4 EGKSV genannten Ziele zu erreichen. Art. 95 Abs. 3 EGKSV enthält mit der "kleinen Vertragsrevision" ein Sonderverfahren zur Abänderung von Vorschriften des EGKS-Vertrages. Der Hohen Behörde als Organ der Gemeinschaft werden hierzu Befugnisse übertragen, die es ihr lediglich verwehren, die Ziele der Artt. 2 bis 4 EGKSV oder das Verhältnis der Kompetenzen zwischen Hoher Behörde und anderen Gemeinschaftsorganen zu beeinträchtigen.[121]

Die Voraussetzungen des Art. 95 Abs. 3 EGKSV sind gegenüber denen des Abs. 1 wesentlich enger: Die kleine Vertragsrevision erfordert nämlich eine "tiefgehende Änderung der wirtschaftlichen oder technischen Bedingungen", "die unmittelbar den Gemeinsamen Markt für Kohle und Stahl beeinflußt". Auch Art. 95 Abs. 3 EGKSV bindet eine Änderung des Vertrages an die Ziele der Artt. 2, 3, 4 EGKSV, welche nicht beeinträchtigt werden dürfen.

In der Literatur wurde von Anfang an die Ansicht vertreten, daß die Mitgliedstaaten den Vertrag auch außerhalb des in Art. 96 EGKSV vorgesehenen Verfahrens und ohne Ratifikation durch die nationalen Parlamente ändern können.[122] Tatsächlich wurde der EGKS-Vertrag in der Vergan-

119) Vgl. die Nachweise oben S. 75 Fußn. 116.

120) Henckel v. Donnersmarck, S. 26; Behrens, S. 265, 275.

121) GTE⁴-Meng Art. 236 Rdnr. 9.

122) Carstens ZaöRV 21 (1961), S. 1, 14 f; ihm folgend Wagner, S. 114 ff, 235 ff.

genheit zweimal ohne Einhaltung des Verfahrens des Art. 96 EGKSV geändert.[123]

Dieser extensiven Ansicht wurde allerdings entgegengehalten, daß die ausdrückliche Normierung eines Verfahrens zur Vertragsänderung in Art. 96 EGKSV bei einer derart weiten Auslegung des Art. 95 Abs. 1 EGKSV ihren Sinn verlieren würde. Angesichts des Verfassungscharakters des Vertrages sei diese Regelung mit einer Revisionsnorm in nationalen Verfassungen vergleichbar.[124] Auch die Argumentation zum Verhältnis zwischen Art. 235 EWGV und Art. 236 EWGV hatte somit in der Diskussion zu Artt. 95, 96 EGKSV ihre Vorläufer.

bb) Tatbestandlicher Vergleich mit Artt. 235, 236 EWGV

Die Artt. 95, 96 EGKSV einerseits und die Art. 235, 236 EWGV andererseits sind offensichtlich unterschiedlich formuliert. Dies wirft die Frage auf, ob sie hinreichend vergleichbar sind, so daß von dem einen Vertrag auf die Auslegung des anderen Vertrages geschlossen werden kann.

Als entscheidendes Abgrenzungskriterium zwischen den zu untersuchenden Kompetenzvorschriften und damit auch als maßgebliches Vergleichskriterium dient die Frage, inwieweit die auf Grund der in Rede stehenden Ermächtigungen erlassenen Rechtsakte an den Zielen der Verträge orientiert sein müssen.

Am weitesten ist hier der Anwendungsbereich der Artt. 236 EWGV, 204 EAGV und 96 EGKSV: Beim formellen Verfahren der Vertragsänderung sind die Ziele des Vertrages irrelevant. Die genannten Vorschriften enthalten keine materiellen Tatbestandsvoraussetzungen, die Mitgliedstaaten sind in ihrer politischen Entscheidung völlig frei.

Für eine "kleine Vertragsrevision" hingegen nennen Art. 95 Abs. 3, 4 EGKSV enge materielle Voraussetzungen: Sie ist nur bei bestimmten

---

123) Näher MWLV-Waelbroeck Art. 236 Anm. 5; Grabitz-Vedder Art. 236 Rdnr. 25; Wagner, S. 119.

124) Koppensteiner AWD 1967, 373, 381.

Schwierigkeiten bei der Anwendung des Vertrages oder bei tiefgehenden Änderungen der wirtschaftlichen oder technischen Bedingungen zulässig. Im Ergebnis darf sie die Ziele des Vertrages "nicht beeinträchtigen". Der Wortlaut grenzt somit die Zulässigkeit der kleinen Vertragsrevision nur negativ (hinsichtlich einer Beeinträchtigung der Ziele) ab. Er setzt nicht zwingend eine positive Förderung der Ziele des Vertrages voraus. Vielmehr sind auf Grund des Art. 95 Abs. 3 EGKSV auch zielneutrale Maßnahmen zulässig.

Art. 95 Abs. 1 EGKSV, der geringere formelle Anforderungen an den Erlaß von Rechtsakten stellt, setzt demgegenüber zwingend positiv voraus, daß die zu erlassende Maßnahme "erforderlich erscheint", um eines der Ziele des Vertrages zu erreichen. Dies grenzt im Gegensatz zu Art. 95 Abs. 3 EGKSV nicht nur neutrale Maßnahmen vom Anwendungsbereich des Art. 95 Abs. 1 EGKSV aus, sondern auch solche Maßnahmen, die einen die Ziele des Vertrages positiv fördernden Zweck verfolgen, welcher aber auch durch Maßnahmen auf Grund anderer (i.e. spezieller) Ermächtigungsgrundlagen erreicht werden kann.

Das System der Vertragsrevisionen des EGKS-Vertrages ist somit an einer dynamischen Weiterentwicklung der EGKS im Sinne der Vertragsziele orientiert. Je näher die zu treffenden Maßnahmen an den Zielen des Vertrages liegen und je stärker sie ihrer Förderung dienen, umso geringer sind die formellen Anforderungen an den Erlaß der Rechtsakte. Wie oben festgestellt, trifft dies in gleicher Weise für die Tatbestände der Artt. 235 und 236 EWGV zu.

Zu fragen bleibt, ob demgegenüber die Abweichungen in den Formulierungen ins Gewicht fallen. Art. 95 EGKSV spricht von "allen in diesem Vertrag nicht vorgesehenen Befugnissen", während Art. 235 EWGV darauf abstellt, ob die "erforderlichen Befugnisse nicht vorgesehen sind". Ein materieller Unterschied hinsichtlich der Vorschriften, die auf dieser Grundlage erlassen werden können, ist daraus aber nicht erkennbar.[125] Auch nennt Art. 95 EGKSV im Gegensatz zu Art. 235 EWGV die Ziele

125) Grabitz-Grabitz Art. 235 Rdnr. 8.

näher, an denen ein Rechtsakt orientiert sein soll. Diese Unterschiede liegen in dem andersartigen institutionellen System von EWG und EGKS begründet, welche sich in bezug auf Zuständigkeiten und Arten der Rechtsakte unterscheiden.

Im Ergebnis bleibt also festzuhalten: Art. 236 EWGV ist mit Art. 96 EGKSV vergleichbar; Unterschiede bestehen lediglich im Verfahren. Art. 235 EWGV ist teilweise weiter formuliert, als Art. 95 Abs. 1 EGKSV, daraus ergibt sich jedoch hinsichtlich der Rechtsfolge kein materieller Unterschied. Die Vorschriften sind hinsichtlich ihrer Reichweite vergleichbar.[126] Für Art. 95 Abs. 3 EGKSV gibt es im EWG-Vertrag keine Entsprechung.

cc) Insbesondere: Art. 4 lit. c EGKSV und Beihilfenpraxis

Für vertragsdurchbrechende Regelungen auf der Grundlage von Art. 95 Abs. 1 EGKSV gibt es eine Reihe von Präzedenzfällen, deren Rechtmäßigkeit zwar in der Literatur bezweifelt wurde, die aber letztlich unangefochten geblieben sind.

Art. 4 lit. c EGKSV enthält ein vorbehaltloses Beihilfenverbot, um den höchsten Leistungsstandard der Verteilung der Produktion zu erhalten oder zu fördern. Im Gegensatz zu Artt. 92 ff EWGV kennt der EGKS-Vertrag keine mit dem Gemeinsamen Markt vereinbaren oder genehmigungsfähigen Beihilfen der Mitgliedstaaten; diese Regelung bekräftigt noch die Ausschließlichkeit der Gemeinschaftskompetenz innerhalb ihres Bereiches.[127]

Die Aufrechterhaltung dieser strengen Beihilfenphilosophie begegnete mit Beginn der Kohlekrise Mitte der sechziger Jahre politischen Schwierigkeiten. Das Beihilfenverbot des Art. 4 lit. c EGKSV wurde durch die Organe der Gemeinschaft gelockert. Im Jahr 1965 stellte die Hohe Behörde der EGKS fest, daß der Steinkohlebergbau sich auf die strukturellen Änderun-

---

126) So Henckel v. Donnersmarck, S. 31 f, der auch darauf hinweist, daß Art. 235 EWGV und Art. 203 EAGV erneut vor die jeweilige allgemeine Änderungsklausel gesetzt wurden (a.a.O. Fußn. 30).

127) EuGHE 1961, 1, 6, 43 f, 48; Stumpf RIW 1991, 1017, 1018.

gen des Energiemarktes einstellen müsse und hat daher auf dem Wege des Art. 95 Abs. 1 EGKSV mit einstimmiger Zustimmung des Rates und nach Anhörung des beratenden Ausschusses durch Entscheidungen[128] zu Gunsten des Steinkohlebergbaus ein System von Beihilfen genehmigt, welche von den Mitgliedstaaten mit Genehmigungen der Hohen Behörde gezahlt wurden.[129]

Da der EGKS-Vertrag in seinem Art. 4 lit. c Subventionen und Beihilfen, die von den Mitgliedstaaten gewährt werden, kategorisch "in welcher Form auch immer" untersagt, bleibt für eine Lückenfüllung etwa in dem Sinn, daß hier die Ausnahmeregelungen fehlen, kein Raum. Das Beihilfenverbot des EGKS-Vertrages ist abschließend. Daraus aber folgt, daß die Hohe Behörde hier den Vertrag zumindest modifiziert hat.

Die Entscheidung 1/67[130] der Hohen Behörde hat den Mitgliedstaaten die rechtliche Freiheit gelassen, je nach politischer Opportunität den Absatz von Kokskohle zu subventionieren. Diese Regelung ist ebenfalls mit dem Wortlaut der Artt. 4 lit. c, 2 Abs. 2 EGKSV nicht vereinbar.[131] Auch hier liegt eine Vertragsdurchbrechung vor.

Zwar ist nach herrschender Lehre eine subsidiäre Geltung des EWG-Vertrages neben den Regelungen des EGKS-Vertrages anzunehmen, daraus ist jedoch nicht stets eine Geltung der EWGV-Vorschriften zusätzlich zu denen des EGKS-Vertrages zu folgern: Würde man die Ausnahmemöglichkeiten des Art. 92 Abs. 2, 3 EWGV auf Art. 4 lit. c EGKSV anwen-

---

128) Entscheidung Nr. 3/65 vom 17.2.1965, ABl. 1965, S. 480 ff. Die Entscheidung war zunächst bis zum 31.12.1967 befristet und wurde danach verlängert bis zum 31.12.1970 durch KomE ABl. 1967 Nr. 261, S. 1 f; KomE ABl. 1971 Nr. L 3, S. 9 ff.

129) Vgl. Caspari, FIW-Heft 114, S. 49, 57.

130) ABl. 1967, S. 562 ff.

131) Koppensteiner AWD 1967, 373, 376; weitere Anwendungsfälle des Art. 95 Abs. 1 EGKSV diskutiert Schumacher AWD 1970, 539, 544 f.

den, so würde das strikte Beihilfenverbot des EGKS-Vertrages in sein Gegenteil verkehrt.[132]

Koppensteiner[133] argumentiert, ohne die Existenz des Art. 95 Abs. 3 EGKSV könnte man die Auffassung vertreten, daß Art. 95 Abs. 1 EGKSV als Rechtsgrundlage für eine Vertragsdurchbrechung ausreichend wäre. Nach System und Wortlaut des Vertrages sei dies jedoch nicht möglich. Wenn eine Regelung, die eng an die Tatbestandsmerkmale des Art. 95 Abs. 3 EGKSV anknüpft, dennoch auf der Grundlage des Art. 95 Abs. 1 EGKSV erlassen werde, so sei es nicht einsichtig, weshalb es die strengere Regelung des Abs. 3 überhaupt gebe. Er folgert daraus, daß die Entscheidungen der Hohen Behörde 1/67 und 3/65 von Art. 95 Abs. 1 EGKSV nicht gedeckt sind.

dd) Rechtsprechung des EuGH

Bei einer so weitreichenden Entscheidung wie der Auflockerung des Beihilfenverbots hätte man erwarten können, daß sie gerichtlich angegriffen werden würde. Dies war jedoch nicht der Fall. Vielmehr wurde die Durchbrechung des Art. 4 lit. c EGKSV mit dem Einvernehmen aller Beteiligten praktiziert.

Indes ergeben sich auch aus der Rechtsprechung des EuGH eindeutige Hinweise auf die Zulässigkeit einer Vertragsdurchbrechung auf der Grundlage des Art. 95 Abs. 1 EGKSV.

Der Gerichtshof hatte in seiner frühen Rechtsprechung zur Reichweite des Art. 95 Abs. 3 EGKSV Stellung genommen und dabei enge Voraussetzungen für seine Anwendbarkeit aufgestellt, indem er feststellt, "daß Abweichungen von dem normalen Verfahren der Vertragsänderung nur zulässig sind, wenn dadurch weder die allgemeine Struktur des Vertrages, noch das rechtliche Verhältnis zwischen der Gemeinschaft und den Mitgliedstaaten, insbesondere das Verhältnis zwischen den der Gemeinschaft übertragenen

---

132) Leisner GewArch 1990, 377, 382; vgl. allgemein Grabitz-Vedder Art. 113 Rdnr. 30; Grabitz-Vedder Art. 232 Rdnr. 8, 9 m.w.N.; GTE[4]-Wenig Art. 92 Rdnr. 95.

133) AWD 1967, 373, 377.

und den den Mitgliedstaaten vorbehaltenen Befugnissen berührt wird."[134] Auch angesichts des Art. 95 Abs. 3 EGKSV hält der EuGH eine Abweichung vom Vertrag auf der Grundlage des Art. 95 Abs. 1 EGKSV für möglich: "Artikel 95 Absatz 1 will nur die Möglichkeit für *Abweichungen vom Vertrag* in besonderen Fällen schaffen, um die Hohe Behörde in den Stand zu setzen, unvorhergesehenen Lagen zu begegnen."[135] Dies klärt die hier gestellte Frage in dem Sinn, daß das durch die abstrakte Auslegung des Art. 95 EGKSV gewonnene Ergebnis in der Rechtsprechung des Gerichtshofs seine Bestätigung findet. Art. 95 Abs. 1 EGKSV gestattet Durchbrechungen des EGKS-Vertrages.

ee) Folgerungen

Man könnte der hier auch auf Grund der Beihilfenpraxis der EGKS aufgestellten These, eine Vertragsdurchbrechung sei zulässig, entgegenhalten, die Beihilfenpraxis verstoße eben gegen den EGKS-Vertrag. Selbstverständlich bedeutet die widerspruchslose Hinnahme von Vertragsdurchbrechungen noch nicht, daß sie auch rechtmäßig sind. Auch muß Berücksichtigung finden, daß die Praxis der Organe nicht die verbindliche Auslegung der Verträge bestimmt, sondern ihrerseits der Rechtmäßigkeitskontrolle unterliegt.

Wenn aber grundsätzlich auch die Praxis der Gemeinschaftsorgane für die Auslegung des Gemeinschaftsrechts bedeutsam ist, so kann aus der langdauernden und von allgemeinem Einvernehmen getragenen Praxis zumindest ein starkes Indiz für die Auslegung des Art. 95 Abs. 1 EGKSV gezogen werden. Da sich dies mit der Auslegung von Wortlaut, Systematik, Sinn und Zweck der Norm sowie mit Aussagen des Gerichtshofs deckt, kann aus alledem nur gefolgert werden, daß materiell vertragsdurchbrechende Regelungen nach Art. 95 Abs. 1 EGKSV zulässig sind.[136]

---

134) EuGHE 1958/59, 571, 576.

135) EuGHE 1962, 433, 473.

136) Im Ergebnis ebenso Leisner GewArch 1990, 377, 384, der ausdrücklich auf die inzwischen langjährige Praxis verweist.

Dies führt angesichts der Existenz einer zusätzlichen und detaillierteren Regelung der Voraussetzungen einer Abweichung von materiellen Vorschriften des EGKS-Vertrages in Art. 95 Abs. 3 EGKSV, welche in Art. 235 EWGV keine Entsprechung findet, zu dem Schluß, daß eine Vertragsdurchbrechung in dem Ausmaß, wie sie von Art. 95 Abs. 1 EGKSV gedeckt ist, erst recht von Art. 235 EWGV zugelassen wird.[137]

e) Zur bisherigen Anwendung des Art. 235 EWGV

Bei der Häufigkeit der Anwendung des Art. 235 EWGV lassen sich deutliche Unterschiede entsprechend den Integrationsfortschritten der Gemeinschaft feststellen. Art. 235 EWGV wurde besonders häufig herangezogen, als nach dem Ende der Übergangszeit die Einzelkompetenzen weitgehend ausgeschöpft waren. Insbesondere nachdem der Pariser Gipfel 1972 ausdrücklich eine volle Ausschöpfung der Kompetenzen der Gemeinschaft befürwortet hatte,[138] ist ein erheblich vermehrter Erlaß von Rechtsakten auf Grund dieser Ermächtigung festzustellen. So wurden Regelungen für landwirtschaftliche Verarbeitungserzeugnisse, ergänzende Agrarregelungen und Regelungen zur Vollendung der Zollunion auf der Grundlage des Art. 235 EWGV getroffen. Seit 1973 war zudem ein Einsatz des Art. 235 EWGV als Grundlage für sog. "flankierende Politiken" zu beobachten.[139] Obwohl der Gemeinschaft seit dem Erlaß der Einheitlichen Europäischen Akte in Art. 100a EWGV ein besonderes Rechtssetzungsverfahren zur Verfügung steht, wurde Art. 235 EWGV nach Angaben des Rechtsausschusses des Europäischen Parlaments zwischen dem 1.7.1987 und dem 15.4.1992 für 133 Rechtsakte als Rechtsgrundlage herangezogen, von

---

137) Smit/Herzog Anm. 235.08[c].

138) Vgl. Ziff. 15 letzter Absatz der feierlichen Erklärung der Konferenz der Staats- und Regierungschefs der Mitgliedstaaten der erweiterten Gemeinschaft, Bulletin EG 10-1972, S. 24.

139) BBPS-Beutler, S. 77; vgl. die Zusammenstellung bei Dorn, Anhang, S. 158 ff.

denen mittlerweile 85 verabschiedet wurden.[140] All dies unterstreicht die große Bedeutung dieser Kompetenz.

Für vertragsdurchbrechende, aber unangefochten gebliebene Beschlüsse des Ministerrats gibt es eine Reihe praktischer Beispiele.[141]

* Durch Ratsbeschlüsse auf der Grundlage von Art. 235 EWGV ist das in Art. 12 EWGV verankerte Verbot zollgleicher Abgaben im Bereich der weiterverarbeiteten landwirtschaftlichen Erzeugnisse für bestimmte Waren außer Kraft gesetzt worden. Ausnahmen von diesem Verbot gestattet der Vertrag jedoch nur unter den in den Schutzklauseln des Vertrages festgelegten Bedingungen, welche in diesem Fall gerade nicht erfüllt waren. Ungeachtet dessen ist durch Ratsbeschluß eine Vertragsvorschrift außer Kraft gesetzt worden, deren grundlegenden Charakter der Gerichtshof immer betont hat.[142]

* Artt. 30, 34 EWGV gelten seit Ablauf der Übergangszeit (Art. 8 EWGV) unmittelbar.[143] Zuvor waren die Mitgliedstaaten gem. Artt. 33, 35 EWGV verpflichtet, ihre Kontingente der Wareneinfuhr um gewisse Prozentsätze zu erhöhen. Das Recht, solche Kontingente bis zum Ende der Übergangszeit beizubehalten, wurde jedoch vom EWG-Vertrag nicht aufgehoben, sondern im Gegenteil durch Artt. 31 ff EWGV, vor allem durch die Regelung der Prozentsätze, implicite bestätigt. Gleichwohl wurde dieses vertraglich bestätigte Recht der Mitgliedstaaten durch eine auf Art. 235 EWGV gestützte Entscheidung[144] aufgehoben, welche die Verpflichtung begründete, alle Kontingente sofort, d.h. mehr als drei Jahre vor dem Ende der Übergangszeit, zu beseitigen. In der ersten Begründungserwä-

---

140) Graf Stauffenberg/Langenfeld ZRP 1992, 253, 255 Fußn. 16.

141) Koppensteiner AWD 1967, 373, 381; GBT^2-Ehring Art. 235, S. 779 und GTE^4-Schwartz Art. 235 Rdnr. 23 ff; Wagner, S. 236.

142) GTE^4-Schwartz Art. 235 Rdnr. 23.

143) EuGHE 1977, 557, 576 Rdnr. 13 "Iannelli"; EuGHE 1978, 2347, 2374 Rdnr. 66/67 "Pigs Marketing Board/Redmond"; st. Rspr.

144) ABl. 1966 Nr. 165, S. 2971, Art. 3.

gung wurde diese Maßnahme mit der Absicht der Regierungen begründet, die Verwirklichung der Vertragsziele zu beschleunigen.

* Obwohl Art. 27 EWGV der Kommission für die Vereinheitlichung des Zollrechts lediglich die Kompetenz für Empfehlungen gibt und sie ansonsten ausschließlich den Mitgliedstaaten vorbehält, ist auf der Grundlage des Art. 235 EWGV laufend durch Ratsbeschlüsse gemeinschaftliches Zollrecht[145] gesetzt worden, weil sich die Empfehlungskompetenz als unzureichend und ungeeignet erwiesen hätte.

In keinem dieser Fälle wurde der Wortlaut des Vertrages geändert; jeder dieser Fälle modifiziert jedoch den Anwendungsbereich der betroffenen Vertragsvorschriften.

Insgesamt konnte dabei nicht festgestellt werden, daß Art. 235 EWGV etwa dazu verwendet wurde, gezielt die Hoheitsrechte der Gemeinschaft auszudehnen und die Kompetenzen nationaler Verfassungsorgane auszuhöhlen. Die Anwendung dieser Vorschrift diente vielmehr dazu, den Zusammenhalt der Staaten institutionalisiert voranzutreiben.[146] Festzuhalten bleibt aber, daß Vertragsdurchbrechungen auf der Grundlage des Art. 235 EWGV zur Praxis der Gemeinschaft gehören.

f) Bedenken gegen die Zulässigkeit von Vertragsdurchbrechungen

aa) Prinzip der begrenzten Ermächtigung

Der EWG-Vertrag folgt dem Prinzip der begrenzten Ermächtigung. Danach können Gemeinschaftsorgane überhaupt nur handeln, soweit die Einzelbestimmungen des Vertrages ihnen bestimmte Kompetenzen zuweisen. Dies folgt allgemein für die Organe der Gemeinschaft aus Art. 4 Abs. 1

---

145) Im einzelnen sind die Rechtsvorschriften bei Grabitz-Grabitz Art. 27 Rdnr. 5 ff aufgeführt. Diese Praxis wurde vom Gerichtshof gebilligt: EuGHE 1973, 897, 907 Rdnr. 4 "Massey-Ferguson".

146) Everling EuR-SH 1976, 2, 9.

EWGV a.E. ("... nach Maßgabe der [ihnen] zugewiesenen Befugnisse.") und wird in Artt. 137 (Parlament), 145 (Rat) und 155 EWGV (Kommission) bestätigt. Die Zuweisung erfolgt durch konkret nach Gegenständen umschriebene Einzelermächtigungen oder durch von bestimmten Sachgebieten abstrakte, d.h. allgemeine, Ermächtigungen. Auch sie haben, wie gerade Art. 235 EWGV zeigt, jedoch stets einen tatbestandlich begrenzten Anwendungsbereich.[147]

Mißverständlich ist dagegen die Formulierung "Prinzip der begrenzten *Einzel*ermächtigung". Daß ein solches Prinzip nicht existiert, zeigt das Vorhandensein einer Generalermächtigung wie Art. 235 EWGV. Für sie entscheidend ist der allgemeine Charakter, d.h. daß die Ziele, zu deren Verwirklichung von Art. 235 EWGV Gebrauch gemacht werden kann, anders als in den Spezialermächtigungen, nicht schon in dieser Vorschrift konkretisiert worden sind.[148] Gerade hieraus ergibt sich ihre entscheidende Grenze: Von der Ermächtigung darf nur subsidiär und in Übereinstimmung mit den im Vertrag bereits niedergelegten Zielen Gebrauch gemacht werden. Die Begrenzung betrifft nicht Art und sonstigen Inhalt der Vorschriften, die auf Grund dieser Ermächtigungsgrundlage zur Verwirklichung der Ziele erlassen werden dürfen. Insgesamt besitzen die Gemeinschaftsorgane ein Bündel von Einzelbefugnissen und subsidiär eine ergänzende Befugnis, wo eine Einzelermächtigung nicht ausreicht. So wird ein flexibles und für zukünftige Gestaltungen offenes System einer dynamischen Rechtsentwicklung erreicht.[149]

Dem so gestalteten System der begrenzten Ermächtigung steht die Zulässigkeit einer (gleichermaßen begrenzten) Vertragsdurchbrechung nicht entgegen.

---

147) Grabitz-Grabitz Art. 235 Rdnr. 1 und Art. 189 Rdnr. 4; Kapteyn/VerLoren van Themaat/Gromley, S. 114; GTE^{4}-Schwartz Art. 235 Rdnr. 13 mit ausführlichen Nachweisen im Schrifttum.

148) Grabitz-Grabitz Art. 235 Rdnr. 2.

149) R. Böhm, S. 3.

bb) Die Kompetenzverteilung zwischen Gemeinschaft und Mitgliedstaaten

In der Literatur wurde auch einschränkend vertreten, Art. 235 EWGV gewähre nur in engen Grenzen eine Art "Hilfskompetenz" zur Beseitigung versehentlicher Auslassungen der Vertragsgeber.[150] Art. 235 EWGV muß aber nicht zwangsläufig zu der befürchteten Explosion des Transfers von Hoheitsrechten führen, weil die Ziele des Vertrages nicht ausnahmslos und uneingeschränkt herangezogen werden können. Vielmehr können nur die durch die Vertragsgegenstände oder durch Art. 3 EWGV näher konkretisierten Ziele eine Inanspruchnahme des Art. 235 EWGV rechtfertigen. Darüber hinaus wird die Anwendbarkeit des Art. 235 EWGV noch durch zwei weitere Kriterien, nämlich die Subsidiarität und die Beschränkung auf den Rahmen des Gemeinsamen Marktes, eingegrenzt. Von entscheidender Bedeutung ist auch das Erfordernis eines einstimmigen Ratsbeschlusses; Kompetenzverlagerungen können daher keinesfalls ohne oder gegen den Willen auch nur eines Mitgliedstaats erfolgen.

Die Kompetenzgrenze zwischen der Gemeinschaft und den Mitgliedstaaten ist wesentlich flexibler, als dies zwischen den Hoheitsträgern verschiedener Ebenen im Bundesstaat der Fall ist. Auch dies liegt in dem notwendig dynamischen Charakter der Gemeinschaft begründet. Daraus folgt auch, daß das Spannungsverhältnis zwischen Gemeinschaft und Mitgliedstaaten bereits im Vertrag angelegt ist und immer wieder neu aufgelöst werden muß.[151] Schon die fortschreitende Praxis der Gemeinschaft auf verschiedenen anderen Gebieten (Artt. 43, 57, 100, 100a, 113, 238 EWGV) hat zu einer signifikanten Einschränkung des Spielraums der Mitgliedstaaten geführt.

Hinzu kommt, daß schon Art. 87 Abs. 2 lit. e des von den Parlamenten ratifizierten Vertrages selbst vorsieht, daß durch eine Verordnung, die noch nicht einmal einstimmig verabschiedet werden muß, das Verhältnis

---

150) Vgl. etwa Rabe, S. 152; v. Meibom NJW 1968, 2165, 2168; Deringer EuR 1974, 99, 106.

151) Everling EuR-SH 1976, 2, 20 f; vgl. auch Lachmann CMLR 1981, 447, 452.

des Wettbewerbsrechts der Gemeinschaft zu den nationalen Wettbewerbsrechten geregelt werden kann, und zwar auch im Sinne einer Einschränkung von Hoheitsrechten der Mitgliedstaaten.[152]

Art. 235 EWGV geht darüber noch hinaus, weil er sich nicht auf ein bestimmtes Sachgebiet bezieht. Dies aber spricht dafür, daß diese Vorschrift von vornherein auf eine flexible Handhabung angelegt ist. Gerade in einem System begrenzter Ermächtigungen kommt Art. 235 EWGV im Sinne einer dynamischen Vertragsentwicklung besondere Bedeutung zu, der eine grundsätzlich restriktive Auslegung nicht gerecht werden würde.[153]

Im übrigen enthalten nicht die auf Grund des Art. 235 EWGV erlassenen Vorschriften die Übertragung von Hoheitsrechten. Der Vertrag selbst hat mit Art. 235 EWGV der Gemeinschaft bzw. ihren Organen Befugnisse zugewiesen, welche sie zu gegebener Zeit ausschöpfen können.[154] Wenn dies aber geschieht, so wird zwangsläufig immer die aktuelle Aufgabenverteilung zwischen Gemeinschaft und Mitgliedstaaten berührt; dies ist ein der Bedeutung des Art. 235 EWGV immanenter Effekt.

Dieser Umstand führt allerdings auch dazu, daß die Vorschrift rechts*politisch* umstritten ist. So wird in Deutschland teilweise eine Einschränkung der Gemeinschaftskompetenz aus Art. 235 EWGV gefordert, die von der Abschaffung der Vorschrift[155] über verfahrensrechtliche Erschwerungen der Inanspruchnahme allgemein[156] bis zur Forderung des Bundesrates reicht, die Zustimmung der Bundesrepublik Deutschland zu den auf Art. 235 EWGV gestützten Rechtsakten von der Zustimmung des Bundesrates abhängig zu machen.[157]

---

152) Auf diesen Gesichtspunkt weist Niederleithinger WuW 1990, 721, 723 hin.

153) Everling EuR-SH 1976, 2, 5 f.

154) Everling EuR-SH 1976, 2, 14; GTE^{4}-Schwartz Art. 235 Rdnr. 178 f; Kapteyn/VerLoren van Themaat/Gromley, S. 113.

155) Eiselstein ZRP 1991, 18, 22.

156) Graf Stauffenberg/Langenfeld ZRP 1992, 252, 255.

157) Entschließung vom 8.11.1991, BR-Drs. 680/91, S. 2.

Die große Reichweite des Art. 235 EWGV mag auch angesichts der bevorstehenden Erweiterung der Aufgaben der Gemeinschaft durch Art. 3 EGV für rechtspolitisch unbefriedigend gehalten werden, sie ist jedoch de lege lata vom Rechtsanwender nolens volens hinzunehmen.

cc) "Sekundärrecht kann Primärrecht nicht verdrängen."

Besonders im kartellrechtlichen Schrifttum und gerade im Hinblick auf die hier zu untersuchende Frage wird eine Vertragsdurchbrechung mit der Begründung kategorisch abgelehnt, Sekundärrecht könne Primärrecht nicht verdrängen. Mit den Kernelementen der Gemeinschaft sei es unvereinbar, wenn förmlich geltendes Vertragsrecht außer acht gelassen würde.[158] Dies berücksichtigt jedoch nur unzureichend die Systematik des auf eine dynamische Fortentwicklung der Gemeinschaft angelegten Vertrages.

Was durch sekundäre Rechtsakte von den Organen der Gemeinschaft geregelt werden kann, ist ausschließlich nach der Reichweite der Ermächtigungsgrundlage zu bestimmen. Ein kategorischer Imperativ, der eine Vertragsdurchbrechung verbietet, existiert nicht. Hingegen existiert mit Art. 235 EWGV eine Ermächtigungsgrundlage, die sie zuläßt.

dd) Der Verfassungscharakter des EWG-Vertrages

Als wesentliches Argument gegen die Zulässigkeit einer Durchbrechung materieller Regelungen des EWG-Vertrages durch organgeschaffenes Recht wird der Verfassungscharakter des Vertrages ins Feld geführt.

Daß eine Verfassung eine Abweichung vom Text im Einzelfall (ohne Änderung des Textes) durch organgeschaffenes Recht zuläßt, steht jedoch keineswegs im Widerspruch zu ihrem Charakter als Verfassung, wie ein Blick auf die Entwicklung des deutschen Verfassungsrechts zeigt:

Verfassungsdurchbrechungen waren unter Art. 76 WRV gängige Praxis. Unter der Voraussetzung der Einhaltung des vorgeschriebenen Verfahrens war es selbst "zur Wirksamkeit einer Verfassungsänderung nicht erforder-

---

158) Siehe die Nachweise oben Fußn. 38; vgl. auch Tomuschat EuR-SH 1976, 45, 55.

lich, daß sie vom Gesetzgeber ausdrücklich als solche bezeichnet oder gar in die Verfassung selbst aufgenommen wird."[159] Daß Abweichungen von einer Verfassung nicht zwingend eine Textänderung voraussetzen, bestätigt implicite auch Art. 79 Abs. 1 Satz 1 GG, der genau dies für die vom Grundgesetz konstituierte Ordnung in bewußter Abkehr von Art. 76 WRV durch die ausdrückliche Festlegung der Urkundlichkeit ausschließt.[160]

Man muß also nicht den politisch-dynamischen Charakter der Gemeinschaft betonen, um zur Zulässigkeit einer Vertragsdurchbrechung zu gelangen; vielmehr stehen ihr auch das Wesen der Gemeinschaft als einer Rechtsgemeinschaft und der Verfassungscharakter des EWG-Vertrages nicht prinzipiell entgegen.

Vertragsdurchbrechungen sind dem EWG-Vertrag auch außerhalb des Art. 235 EWGV nicht fremd: Die Benelux-Staaten wurden in den ersten zehn Jahren der Gemeinschaft auf Grund der Schutzklausel des Art. 26 EWGV alljährlich erneut von der Angleichung der Tabakzölle an den Gemeinsamen Zolltarif dispensiert. Auch dies zeigt, daß ein Dispens von primärrechtlichen Bestimmungen der Systematik des Vertrages allgemein keineswegs widerspricht.[161]

ee) Das Demokratiedefizit der Gemeinschaft

Zuzugeben ist der restriktiven Auffassung, daß Vorsicht geboten ist, wo der Rat ohne parlamentarische Grundlage neben oder gegen den von den Parlamenten ratifizierten Vertrag Recht setzt. Doch steht bis heute dieses verfassungspolitische Defizit des Vertrages nach der offenkundigen Meinung der Mitgliedstaaten, wie die im Zusammenhang mit der Gründung der Europäischen Union (nicht) gefaßten Beschlüsse zeigen, einer erheblichen Erweiterung der Integration nicht entgegen. Es kann nicht von vornherein eine restriktive Auslegung der Gemeinschaftskompetenzen präjudizieren.

---

159) RG JW 1927, 2198, 2199.

160) Stern, S. 159 ff; Hesse, Rdnr. 697 ff.

161) Nach GBT²-Ehring Art. 235, S. 780 zählt sie gar zu seinen Wesensmerkmalen.

Sicher bedarf eine Norm, die diese Funktion erfüllt, sowohl auf Grund der problematischen demokratischen Legitimation, als auch im Hinblick etwa auf Art. 24 GG, einer sinnvollen Eingrenzung. Dies ist jedoch durch den tatbestandlich begrenzten Anwendungsbereich des von den Parlamenten ratifizierten Art. 235 EWGV geschehen.

g) Folgerungen

Eine generelle Aussage darüber, ob Art. 235 EWGV eng oder weit auszulegen ist, läßt sich nicht machen; sie ist auch nicht erforderlich, weil der Tatbestand dem Rechtsanwender - wie oben gezeigt - hinreichende Möglichkeiten gibt, in Übereinstimmung mit der ratio legis und der Systematik des Vertrages zu einer sinnvollen materiellen Abgrenzung ihres Anwendungsbereiches zu gelangen. Außerdem bieten auch die Verfahrensvorschriften des Art. 235 EWGV selbst und des Vertrages im übrigen (Tätigwerden nur auf Vorschlag der Kommission, Anhörung des Parlaments, Begründungspflicht, Rechtsschutz), vor allem das Einstimmigkeitserfordernis, zumindest indirekt Schutz gegen eine zügellose Inanspruchnahme der Kompetenz.

Die eigentliche Stoßrichtung des Art. 235 EWGV ist die Sicherung der Funktionsfähigkeit des Gemeinsamen Marktes.[162] Art. 235 EWGV betrifft dabei die Durchführung des bestehenden Vertrages; Art. 236 EWGV hingegen dessen Änderung, also gerade nicht die Durchführung des bestehenden Vertrages. Soweit man aus Art. 235 EWGV ableiten kann, daß er Abweichungen vom Primärrecht erlaubt, um dessen Ziele besser erreichen zu können, handelt es sich nicht um eine (unzulässige) "Änderung" des Vertrages, sondern um eine vertragskonforme, weil im EWG-Vertrag bereits vorgesehene Abweichung unterhalb der Ebene einer formellen Vertragsänderung.[163] Er ermöglicht jedenfalls eine zielkonforme Ausweitung

---

162) So v. Meibom NJW 1968, 2165, 2166; zustimmend Henckel v. Donnersmarck, S. 44; vgl. auch Kapteyn/VerLoren van Themaat/Gromley, S. 114.

163) GTE^{4}-Meng Art. 236 Rdnr. 85; Constantinesco, Bd. I, S. 279 f; Grabitz-Grabitz Art. 235 Rdnr. 4-6; Everling EuR-SH 1976, 2, 14 f.

der Tätigkeiten der Gemeinschaft, ohne daß es einer Vertragsänderung bedarf, und dabei auch Vertragsdurchbrechungen.[164] Deren zulässiger Umfang kann nur an Hand der einzelnen Tatbestandsmerkmale des Art. 235 EWGV und der bei dessen Auslegung anzuwendenden Prinzipien bestimmt werden.[165]

4. Ergebnis

Die im kartellrechtlichen Schrifttum herrschend und im europarechtlichen Schrifttum teilweise vertretene Auffassung, eine Fusionskontrollverordnung könne Artt. 85, 86 EWGV von vornherein nicht einschränken, ist nach alledem abzulehnen. Festgestellt werden kann demgegenüber, daß der Ausschließlichkeitsanspruch des Art. 22 Abs. 1 FKVO mit dem EWG-Vertrag vereinbar ist, wenn sich die Verordnung als materiell geeignet erweist, die Errichtung eines Systems unverfälschten Wettbewerbs zu fördern.

---

164) Grabitz-Vedder Art. 236 Rdnr. 3. Im Ergebnis ebenso Behrens, S. 288.

165) Grabitz-Vedder Art. 236 Rdnr. 6.

5. Kapitel: DIE KONFORMITÄT DER FUSIONSKONTROLL-VERORDNUNG MIT DEM ZIEL DES ART. 3 LIT. f EWGV

Die Fusionskontroll-VO kann den Ausschließlichkeitsanspruch, den sie in ihrem Art. 22 Abs. 1 erhebt, unter den Voraussetzungen des Art. 235 EWGV nur dann aufrechterhalten, wenn sie wettbewerbsbezogen und damit das Ziel des Art. 3 lit. f EWGV zu verwirklichen objektiv geeignet ist. Da die Verordnung unterschiedliche Regelungen für Zusammenschlüsse mit und ohne gemeinschaftsweite Bedeutung trifft, ist die Frage der Zielkonformität für beide Bereiche getrennt zu untersuchen.

I. Zusammenschlüsse mit gemeinschaftsweiter Bedeutung

1. Der Eingriffstatbestand - Art. 2 Abs. 3 FKVO

Fällt ein Zusammenschluß in den Anwendungsbereich der Fusionskontroll-VO, so ist er gem. Art. 2 Abs. 1 Satz 1 FKVO auf seine Vereinbarkeit mit dem Gemeinsamen Markt zu prüfen. Maßgebliches Kriterium ist Marktbeherrschung, genauer, ob ein Zusammenschluß "eine beherrschende Stellung begründet oder verstärkt, durch die wirksamer Wettbewerb im Gemeinsamen Markt oder einem wesentlichen Teil desselben erheblich behindert wird" oder nicht (Art. 2 Abs. 2, 3 FKVO). Sind die Voraussetzungen des Art. 2 Abs. 3 FKVO erfüllt, so *ist* der Zusammenschluß mit dem Gemeinsamen Markt für unvereinbar zu erklären, ohne daß hierfür Rechtfertigungsgründe in Betracht kommen.

Art. 2 Abs. 1 Satz 2 lit. b FKVO ermächtigt die Kommission jedoch ausdrücklich, auch die "Interessen der Zwischen- und Endverbraucher" und die "Entwicklung des technischen und wirtschaftlichen Fortschritts" zu berücksichtigen. Fraglich ist, ob damit nicht doch das vor allem von deutscher Seite befürchtete "Einfallstor für Regional- und Industriepolitik"[1] in die Verordnung eingebaut worden ist.

Könnte man auf den ersten Blick aus dem Wortlaut des Art. 2 Abs. 3 FKVO, wonach die den wirksamen Wettbewerb erheblich behindernde marktbeherrschende Stellung das entscheidende Untersagungskriterium ist, von reiner Wettbewerbsbezogenheit ausgehen, so ergeben sich bei näherem Zusehen Zweifel: Die Rechtsfolge des Art. 2 Abs. 3 FKVO lautet: "... sind für unvereinbar mit dem Gemeinsamen Markt zu erklären". Die Prüfung wiederum soll gem. Art. 2 Abs. 1 Satz 1 FKVO "nach Maßgabe der folgenden Bestimmungen" geschehen, welche neben dem aus Art. 86 EWGV bekannten Marktstrukturtest auch die oben zitierten außerwettbewerblichen Effizienzkriterien enthalten. Diese fließen also bereits in die Prüfung der Vereinbarkeit mit dem Gemeinsamen Markt ein. Das Merkmal "Entwicklung des technischen und wirtschaftlichen Fortschritts" wird damit trotz fehlenden Wettbewerbsbezugs zum Kriterium der "beherrschenden Stellung".

Der Wortlaut des Art. 2 FKVO ermöglicht demnach kein eindeutiges Urteil über das Maß der wettbewerblichen Ausrichtung der Eingreifkriterien der Fusionskontroll-VO. Vielmehr ist durch Auslegung zu ermitteln, wie sich die einzelnen Tatbestandsmerkmale zueinander verhalten und welches Gewicht ihnen jeweils bei der Beurteilung eines Zusammenschlusses zukommt.

2. Wettbewerb als Leitmotiv

Für die Auslegung des Art. 2 FKVO sind zunächst die Erwägungsgründe von Bedeutung. Die grundsätzliche Orientierung der Fusionskontroll-VO am Ziel des Art. 3 lit. f EWGV ergibt sich bereits aus ihrem ersten Erwägungsgrund. Nr. 5 hebt hervor, daß dies auch vor dem Hintergrund des

---

1) Vgl. Albers CR 1990, 444, 447; F.A.Z. v. 14.4.1989 im Wirtschaftsteil. Zur Diskussion in Großbritannien vgl. die Nachweise bei Cook/Soames, Int. Business Lawyer 1991, 491, 494 Fußn. 3.

Umstrukturierungsprozesses gilt, welcher "eine dauerhafte Schädigung des Wettbewerbs" nicht verursachen dürfe. Das Gemeinschaftsrecht müsse "Vorschriften für Zusammenschlüsse enthalten, die geeignet sind, wirksamen Wettbewerb im Gemeinsamen Markt oder in einem wesentlichen Teil desselben erheblich zu beeinträchtigen"; dies wird auch in Erwägungsgrund 14 betont.

Für eine industriepolitische Ausrichtung der Verordnung wäre die Gemeinschaftskompetenz aus Artt. 3, 235 EWGV ohnehin äußerst zweifelhaft. Anders als das System unverfälschten Wettbewerbs ist die Industriepolitik im Katalog des Art. 3 EWGV nicht aufgeführt. Dies gilt sicher für Industriepolitik im Sinne eines staatlichen Interventionismus zur Förderung bestimmter, vor allem staatlicher, Unternehmen; aber auch für eine mittelbar wettbewerblich motivierte Industriepolitik, die der gezielten Steigerung der Wettbewerbsfähigkeit der europäischen Unternehmen gegenüber ihren amerikanischen und japanischen Konkurrenten dient, gibt Art. 3 EWGV keine Grundlage.[2]

Als Anknüpfungspunkt kämen lediglich Artt. 130a ff EWGV in Betracht. Laut Erwägungsgrund 13 der Fusionskontroll-VO muß sich die Kommission bei ihrer Beurteilung an dem allgemeinen Rahmen der Verwirklichung u.a. des Ziels des wirtschaftlichen und sozialen Zusammenhalts der Gemeinschaft i.S.d. Art. 130a EWGV orientieren. Doch ergibt sich auch aus Artt. 130a ff EWGV selbst keine Gemeinschafts*kompetenz*, die es rechtfertigen würde, die Prinzipien des Systems unverfälschten Wettbewerbs zu modifizieren, deren grundlegende Bedeutung der EuGH nachdrücklich betont hat.[3] Daß Art. 130a EWGV in den Erwägungsgründen eigens erwähnt wird, trägt den Schluß auf eine andere als wettbewerbliche Ausrichtung der Fusionskontroll-VO nicht: Gerade in demselben Erwägungsgrund wird dem Hinweis auf Art. 130a EWGV das Erfordernis vor-

---

2) Ausführlich Mestmäcker EuR 1988, 349, 355 ff; Monopolkommission, Sondergutachten 17 Tz. 133 ff; jeweils zum VO-Entwurf vom November 1988 (siehe unten Fußn. 44).
Zu Veränderungen durch die Schaffung der Europäischen Union unten S. 249.

3) EuGHE 1973, 215, 244 Rdnr. 23 f "Continental Can"; vgl. auch Frees EuR 1991, 281, 285.

angestellt, im Gemeinsamen Markt wirksamen Wettbewerb aufrechtzuerhalten und zu entwickeln. Gerade hierdurch soll der wirtschaftliche und soziale Zusammenhalt der Gemeinschaft erreicht werden. In der Praxis hat der 13. Erwägungsgrund bisher noch keine Rolle gespielt.

Damit bleibt allein das Vertragsziel des Art. 3 lit. f EWGV für die Auslegung der Verordnung maßgeblich. Neben Art. 2 Abs. 3 FKVO als Untersagungstatbestand deuten daher auch die Erwägungsgründe auf eine wettbewerbliche Ausrichtung der Fusionskontroll-VO hin, welche den Anforderungen der Artt. 235, 3 lit. f EWGV genügen würde.

3. Eingreifkriterien im einzelnen

a) Marktbeherrschung

Art. 2 Abs. 1 lit. b FKVO nennt zunächst im wesentlichen die markt- und unternehmensbezogenen Kriterien, die die Kommission schon im Rahmen des Art. 86 EWGV bei der Prüfung des Vorliegens einer marktbeherrschenden Stellung verwandt hat.

Da die Verordnung eine umfassende Fusionskontrolle schaffen will, erfaßt sie Einzelmarktbeherrschung und oligopolistische Marktbeherrschung gleichermaßen. Eine Privilegierung der letzteren wäre nicht gerechtfertigt.[4] Die Haltung der Kommission gegenüber der Oligopolmarktbeherrschung war bei Anwendung der Fusionskontroll-VO zunächst nicht eindeutig.[5] In-

---

4) Janicki WuW 1990, 195, 198; Blank, S. 235; Ebenroth/Lange BB 1991, 845, 848; GTE[4]-Schröter Art. 87 II Rdnr. 268; Bechtold RIW 1990, 253, 258; zweifelnd Huber, Europäische Fusionskontrolle, S. 16.

5) KomE IV/M 012 "VARTA/Bosch" Tz. 32 einerseits, KomE IV/M 057 "Digital/Kienzle" Tz. 19 andererseits. Die Prüfung eines marktbeherrschenden Oligopols hätte auch nahegelegen bei KomE IV/M 098 "ELF/BC/CEPSA" Tz. 15, 20; KomE IV/M 081 "VIAG/Continental Can" Tz. 20; KomE IV/M 133 "Ericson/Kolbe" Tz. 24; KomE IV/M 043 "Magneti Marelli/CEAc" Tz. 16. In KomE IV/M 165 "Alcatel/AEG Kabel" Tz. 15 ausdrücklich offengelassen. Im Fall "Thorn

zwischen hat sie aber klargestellt, daß Art. 2 Abs. 3 FKVO auch auf die Fälle einer gemeinsamen Marktbeherrschung im Oligopol anwendbar ist.[6]

aa) Marktabgrenzung

Auch unter dem Regime der Fusionskontroll-VO ist eine Abgrenzung des Marktes in sachlicher, räumlicher und zeitlicher Hinsicht erforderlich; dies erfolgt in Übereinstimmung mit der bisherigen Rechtsprechung und der Verwaltungspraxis der Kommission.[7]

Die Abgrenzung des Produktmarkts erfolgt wie bisher nach dem Bedarfsmarktkonzept.[8] Sie hat in der Praxis bisher keine erheblichen Probleme bereitet, ganz anders als die räumliche Marktabgrenzung, bei der sich jeweils die Frage stellte, ob der relevante Markt auf das Gebiet eines Mitgliedstaates zu beschränken oder ein gemeinschaftsweiter Markt anzunehmen war.[9] Die Definition des räumlich relevanten Marktes in Art. 9 Abs. 7 FKVO gilt, wie durch das Formblatt CO bestätigt wird, auch für die Prüfung, ob eine marktbeherrschende Stellung entsteht oder verstärkt wird.[10]

EMI/Virgin Music" (KomE IV/M 202 Tz. 20 f) prüfte die Kommission erstmals ausführlich kollektive Marktbeherrschung. Der Erwerber gehörte zu den fünf größten Unternehmen auf dem Markt, deren addierter Marktanteil sich durch den Zusammenschluß von 77 auf 83% erhöht hat. Die Kommission prüfte und bejahte den Binnenwettbewerb zwischen diesen fünf Unternehmen und hat daher den Zusammenschluß nicht untersagt. Zu Art. 86 EWGV siehe oben S. 64.

6) KomE IV/M 190 "Nestlé/Perrier" Tz. 112 ff.

7) Vgl. dazu Formblatt CO (ABl. 1990 L 219, S. 11, 15), Abschnitt 5, sowie oben S. 57 ff.

8) KomE IV/M 004 "Renault/Volvo" Tz. 10; KomE IV/M 080 "La Redoute/Empire" Tz. 17; KomE IV/M 081 "VIAG/Continental Can" Tz. 12; KomE IV/M 009 "Fiat/Ford New Holland" Tz. 11; KomE IV/M 068 "Tetra Pak/Alfa-Laval" sub IV B 2; KomE IV/M 057 "Digital/Kienzle" Tz. 11.

9) Ehlermann WuW 1991, 535, 541; Auswertung der Entscheidungen bei Niemeyer BB-Beil. 25/1991, S. 6 ff; Siragusa/Subiotto WuW 1991, 872, 882 ff.

10) IM-Mestmäcker Vor § 23 Rdnr. 206; Bechtold RIW 1990, 253, 258; Ritter/Braun/Rawlinson, S. 363; kritisch Venit CMLR 1990, 7, 29 f.

Die Beurteilung des geographisch relevanten Marktes trifft eine Vorentscheidung über das Vorliegen von Marktbeherrschung, auch wenn die Konsequenzen im europäischen Recht mangels Marktbeherrschungsvermutungen nicht so einschneidend sind, wie im deutschen Recht. Problematisch ist aber, daß die Kommission hier einen gewissen Beurteilungsspielraum hat, über den sie möglicherweise auch außerwettbewerbliche Erwägungen in die räumliche Marktabgrenzung einfließen lassen könnte.[11] Dieses Problem ist aber nicht neu. Den Beurteilungsspielraum bei der Marktabgrenzung hatte die Kommission auch im Rahmen des Art. 86 EWGV zu flexiblen Entscheidungen genutzt.[12] Hierbei handelt es sich um eine Frage der korrekten Anwendung der Verordnung, nicht aber um einen Umstand, der ihre grundsätzliche wettbewerbliche Ausrichtung in Frage stellen kann.

bb) Kriterien der Marktbeherrschung

Art. 2 FKVO verwendet bei der Definition der Marktbeherrschung nicht exakt die Terminologie aus der bisherigen EuGH-Rechtsprechung, d.h. den Bezug auf die Fähigkeit, sich in nennenswertem Umfang unabhängig zu verhalten, sowie das Fehlen wirksamen Wettbewerbs.[13] Die einzelnen Kriterien weichen allerdings nicht nennenswert von den zu Art. 86 EWGV entwickelten ab, so daß sich die Auslegung in der Fusionskontroll-VO an der bisherigen Rechtsprechung orientiert.[14]

---

11) Beispiel: Im Fall Aérospatiale/MBB (KomE IV/M 017 Tz. 11, 16) hat die Kommission für den Bereich zivile Hubschrauber trotz 100%-iger Marktanteile in mehreren EG-Staaten keine marktbeherrschende Stellung angenommen, weil der Weltmarkt als räumlich relevanter Markt angenommen worden war; hierzu allgemein 21. Wettbewerbsbericht S. 402 ff.

12) Baxter Travenol/SmithKline RIT (10. Wettbewerbsbericht Tz. 157), Coats Patons Ltd./Gütermann & Co (9. Wettbewerbsbericht Tz. 132), Pont-à-Mousson/Stanton & Stavely (14. Wettbewerbsbericht Tz. 110).

13) Im einzelnen oben S. 60 ff; zur FKVO vgl. KomE IV/M 004 "Renault/Volvo" Tz. 14; KomE IV/M 043 "Magneti Marelli/CEAc" Tz. 16; KomE IV/M 068 "Tetra Pak/Alfa-Laval" sub IV B 3.4.

14) Fine ECLR 1991, 148, 149; Venit CMLR 1990, 7, 22; GTE[4]-Schröter Art. 87 II Rdnr. 268, 270; Emmerich, Kartellrecht, S. 615; Cook/Soames, Int. Business

Das Wort "Marktstellung" in Art. 2 Abs. 1 lit. b FKVO bezieht sich auf die Marktanteile.[15] Im Gegensatz zu § 22 Abs. 3 GWB enthält die Fusionskontroll-VO keine Marktbeherrschungsvermutungen; demgegenüber nennt Erwägungsgrund 15 in Anlehnung an die bisherige Rechtsprechung einen Marktanteil von 25% oder weniger als ein Indiz dafür, daß Marktbeherrschung nicht vorliegt.[16] Marktbeherrschung kommt damit grundsätzlich nur bei höheren Marktanteilen, insbesondere, wenn diese 40-45% überschreiten, in Betracht und ist an Hand einer Gesamtschau der in Art. 2 Abs. 1 lit. b FKVO genannten Kriterien zu prüfen.[17] Je größer der Marktanteil ist, desto geringer ist die Bedeutung der anderen Faktoren der Marktbeherrschung.[18]

Neben dem Marktanteil sind die "wirtschaftliche Macht und die Finanzkraft der beteiligten Unternehmen", sowie "die Wahlmöglichkeiten der Lieferanten und Abnehmer" als vertikaler Aspekt von Bedeutung, der deren Ausweichmöglichkeiten auf Lieferanten und Abnehmer innerhalb des betroffenen Marktes, aber auch auf benachbarten Märkten berücksichtigt.[19] Außerdem hat die Kommission den "Zugang zu den Beschaffungs- und Absatzmärkten"[20] und die "rechtlichen und tatsächlichen Marktzutrittsschranken" zu prüfen.

Lawyer 1991, 491; Brittan ELR 1990, 351, 352; Ebenroth/Lange BB 1991, 845, 848; IM-Mestmäcker Vor § 23 Rdnr. 194 m.w.N; vgl. auch Kirchhoff BB-Beil. 14/1990, S. 5.

15) Bechtold RIW 1990, 253, 257; Immenga WuW 1990, 371, 376.

16) Vgl. hierzu KomE IV/M 009 "Fiat/Ford New Holland" Tz. 17 f; KomE IV/M 065 "Asko/Omni" Tz. 11; KomE IV/M 130 "Delta Air Lines/Pan Am" Tz. 18, 25; KomE IV/M 189 "Generali/BCHA" Tz. 21.

17) Emmerich, Kartellrecht, S. 615; IM-Mestmäcker Vor § 23 Rdnr. 208 f; Kirchhoff BB-Beil. 14/1990, S. 5; vgl. im einzelnen die Grundsätze der Kommission zur Anwendung des Art. 86 EWGV auf Zusammenschlüsse, 10. Wettbewerbsbericht Tz. 150; zu Art. 2 FKVO: KomE IV/M 012 "VARTA/Bosch" Tz. 58.

18) Venit CMLR 1990, 7, 34.

19) Bechtold RIW 1990, 253, 257; Kirchhoff BB-Beil. 14/1990, S. 7; vgl. KomE IV/M 081 "VIAG/Continental Can" Tz. 41.

20) "Alcatel/Telettra" (KomE IV/M 042) wurde durch Beseitigung vertikaler Integration trotz eines Marktanteils von 80% in Spanien genehmigungsfähig.

Wenn die Kommission in ihrer bisherigen Praxis schon mehrfach auch Zusammenschlüsse genehmigt hat, die zu sehr hohen Marktanteilen geführt haben und damit von den bisher zu Art. 86 EWGV entwickelten Standards des Gerichtshofs abgewichen ist,[21] so muß dies keinen materiellen Unterschied zwischen Art. 86 EWGV und Art. 2 FKVO bedeuten. Fraglich ist eher, ob sich diese Praxis unter der neueren Rechtsprechung des EuGH weiter wird aufrechterhalten lassen.[22]

Die Prüfungskriterien sind insgesamt an den von der Rechtsprechung zu Art. 86 EWGV entwickelten Kriterien orientiert;[23] sie stimmen dem materiellen Gehalt nach im wesentlichen auch mit § 22 Abs. 1 Nr. 2 GWB überein.[24] Der Abhängigkeit der Marktstellung von den Marktphasen trägt die Verordnung durch die Berücksichtigung der Entwicklung des Angebots und der Nachfrage bei den jeweiligen Erzeugnissen und Dienstleistungen Rechnung.[25]

---

21) Auch neben sehr hohen Marktanteilen hat die Kommission immer noch zusätzliche Merkmale geprüft und eine aus den hohen Marktanteilen resultierende Vermutung für Marktbeherrschung meist als widerlegt angesehen, vgl. KomE IV/M 072 "Sanofi/Sterling" Tz. 24; KomE IV/M 004 "Renault/Volvo" Tz. 18; KomE IV/M 068 "Tetra Pak/Alfa-Laval" sub 3.3., 3.4. (Marktbeherrschung bejaht); KomE IV/M 149 "Lucas/Eaton" Tz. 36 f; KomE IV/M 164 "Mannesmann/VDO" Tz. 27 ff: bei 70% Beherrschung offengelassen, bei 90% Beherrschung ohne weitere Prüfung bejaht. KomE IV/M 042 "Alcatel/Telettra" (Tz. 38 ff) dürfte allerdings wegen der Besonderheiten der Marktstruktur nicht verallgemeinerungsfähig sein.
In dieser Hinsicht waren Kommissionspraxis und EuGH-Rechtsprechung zu Art. 86 EWGV schon vorher nicht konsistent, siehe oben S. 61.

22) Niemeyer BB-Beil. 25/1991, S. 9; vgl. oben S. 60.

23) Siehe oben S. 60 ff; Kirchhoff BB-Beil. 14/1990, S. 7: Trotz der mißverständlichen Formulierung des Art. 2 FKVO ist der Wettbewerbsvorsprung der am Zusammenschluß beteiligten Unternehmen in Folge vertikaler Integration gemeint.

24) Ebenso Blank, S. 230 ff; Janicki WuW 1990, 195, 198; IM-Mestmäcker Vor § 23 Rdnr. 196; Vonnemann DB 1990, 569, 574; vgl. auch Immenga WuW 1990, 371, 376 f.

25) IM-Mestmäcker Vor § 23 Rdnr. 197; Venit CMLR 1990, 7, 32. vgl. KomE IV/M 024 "Mitsubishi/UCAR" Tz. 14; KomE IV/M 053 "Aérospatiale-Alenia/de Havilland" Tz. 63 f.

Abweichungen resultieren daraus, daß die Verordnung im Unterschied zu Art. 86 EWGV nicht verhaltensbezogen, sondern an den Erfordernissen der Marktstrukturkontrolle orientiert ist. Diese ist weniger an den gegenwärtigen Wettbewerbsverhältnissen auf dem betroffenen Markt (Momentanalyse bei Art. 86 EWGV) als vielmehr deren künftiger Entwicklung (Prozeßanalyse bei Art. 2 FKVO) orientiert.[26] Der Umstand, daß das Phänomen "Marktbeherrschung" aus einer anderen Perspektive beurteilt wird, muß nicht dazu führen, daß das Phänomen selbst anders beschaffen ist.[27]

b) Entstehung oder Verstärkung einer marktbeherrschenden Stellung

Neben der Begründung einer marktbeherrschenden Stellung ist auch deren Verstärkung erfaßt, die gleichzeitig die Voraussetzungen der Continental Can-Doktrin erfüllen kann. Anders als Art. 86 EWGV gewährleistet die Verordnung die lückenlose Erfassung aller Fälle der Wettbewerbsbehinderung durch das Entstehen oder die Verstärkung einer marktbeherrschenden Stellung, auch dann, wenn der von Art. 86 EWGV geforderte Grad der Marktbeherrschung noch nicht erreicht wird.

Erforderlich ist eine Prognoseentscheidung über die zukünftige Entwicklung der Marktstruktur.[28] Eine Verstärkung der marktbeherrschenden Stellung hat die Kommission bisher nicht schon dann angenommen, wenn der Zusammenschluß lediglich zu einer geringen Marktanteilsaddition führt.[29]

---

26) Jickeli WuW 1992, 101, 110 f; Venit CMLR 1990, 7, 22 f.

27) Venit CMLR 1990, 7, 23.

28) KomE IV/M 012 "VARTA/Bosch" Tz. 57.

29) KomE IV/M 018 "AG/AMEV" Tz. 22; KomE IV/M 043 "Magneti Marelli/CEAc" Tz. 15; vgl. auch Cook/Soames, Int. Business Lawyer 1991, 491, 492.

c) Wettbewerbsbehinderung

Die Voraussetzungen für die Untersagung eines Zusammenschlusses erschöpfen sich nicht darin, daß dieser eine beherrschende Stellung begründet oder verstärkt. Vielmehr nennt Art. 2 Abs. 3 FKVO als zusätzliches Erfordernis, daß durch diese marktbeherrschende Stellung "wirksamer Wettbewerb im Gemeinsamen Markt oder einem wesentlichen Teil desselben erheblich behindert" wird. Dies legt die Folgerung nahe, daß Marktbeherrschung nicht immer identisch sein muß mit "erheblicher Behinderung wirksamen Wettbewerbs".

In der Literatur ist über die Auslegung dieses Relativsatzes viel gerätselt worden. Hätte das zusätzliche Tatbestandsmerkmal eigenständige Bedeutung, so wäre auch die Entstehung oder Verstärkung einer marktbeherrschenden Stellung durch den Zusammenschluß ebensowenig per se verboten, wie es das bloße Bestehen einer solchen Position nach Art. 86 EWGV ist. Die Kommission hätte zusätzlichen Spielraum bei der Beurteilung eines Zusammenschlusses mit der Folge, daß ihre Entscheidungen weniger vorhersehbar wären.

aa) Abwägungskriterium ?

Nach einer Ansicht bewirkt das Merkmal der "Erheblichkeit", daß bei der Prüfung der Vereinbarkeit mit dem Gemeinsamen Markt eine Abwägung zwischen der Begründung oder Verstärkung einer marktbeherrschenden Stellung einerseits und etwaigen gesamtwirtschaftlichen Vorteilen des Zusammenschlusses andererseits vorzunehmen ist. Durch Aufstellung einer "Abwägungsbilanz" sei die Erheblichkeit der in einer beherrschenden Stellung liegenden Gefährdung oder Störung des Wettbewerbs zu quantifizieren.[30]

---

30) Miersch, Diss., S. 186 ff, 189 ff; Weitbrecht EuZW 1990, 18, 20; dagegen Ehlermann WuW 1991, 535, 543.

bb) Verhaltenskriterium ?

Nach anderer Ansicht sind neben den im Vordergrund stehenden Marktstrukturerwägungen auch Verhaltensansätze zu berücksichtigen.[31]

cc) Leerformel ohne eigene Bedeutung ?

Wenn sich Marktbeherrschung entsprechend der bisherigen Rechtsprechung des EuGH gerade dadurch auszeichnet, daß wirksamer Wettbewerb nicht besteht, dann enthält dieses zusätzliche Tatbestandsmerkmal keine eigene Aussage, sondern beschreibt lediglich die beiden Seiten der Marktbeherrschung (Macht gegenüber Konkurrenten und der Marktgegenseite).[32]

Die erhebliche Behinderung wirksamen Wettbewerbs führt dann auch kein Verhaltenskriterium in die Beurteilung eines Zusammenschlusses ein, diese ist vielmehr ausschließlich an der Marktstruktur orientiert. Auch bietet das Erfordernis der erheblichen Wettbewerbsbehinderung keine Grundlage für die Abwägung wettbewerblicher und außerwettbewerblicher Kriterien.[33]

dd) Quantitatives Kriterium ?

In der Literatur wird vertreten, die durch den Zusammenschluß bewirkte Strukturveränderung müsse ein bestimmtes quantitatives Mindestmaß erreichen, das über die bloße Spürbarkeit hinausgeht.[34] Damit würde die

---

31) Janicki WuW 1990, 195, 198; Emmerich, Kartellrecht, S. 615.

32) Vgl. Kirchhoff BB-Beil. 14/1990, S. 5: Keine Erweiterung des Begriffs der Marktbeherrschung gegenüber der bisherigen Rechtsprechung des EuGH; Dagegen ausdrücklich Fine ECLR 1991, 148, 149; vgl. auch Ebenroth/Lange BB 1991, 845, 848; Axster, FS für Quack, S. 569, 582, der zwar ein zusätzliches Tatbestandsmerkmal erkennt, ihm aber gleichwohl keine große Bedeutung zumißt; zweifelnd van de Walle de Ghelcke, Journal des Tribunaux 1990, 245, 253.

33) Zu deren Gewicht im einzelnen unten S. 239 ff.

34) Bechtold RIW 1990, 253, 257; Cook/Soames, Int. Business Lawyer 1991, 491, 492; Axster, FS für Quack, S. 569, 582; IM-Mestmäcker Vor § 23 Rdnr. 201; Immenga WuW 1990, 371, 375; Huber, Europäische Fusionskontrolle, S. 14 f;

Verordnung die Kommissionspraxis zu Art. 86 EWGV fortsetzen, die in einigen Fällen trotz der Verstärkung einer beherrschenden Stellung ein Einschreiten für nicht erforderlich gehalten hat.[35]

ee) Zeitliches Kriterium

Unklar blieb zunächst die Haltung der Kommission zur Bedeutung des Merkmals der "erheblichen" Wettbewerbsbehinderung. Aus ihrer Protokollerklärung läßt sich einerseits schließen, daß Marktbeherrschung das alleinige Kriterium der Vereinbarkeit mit dem Gemeinsamen Markt sein soll: Das Merkmal der "erheblichen" Wettbewerbsbeschränkung wird nicht erwähnt.[36] Andererseits wurde das Merkmal als (quantitatives) Spürbarkeitserfordernis interpretiert.[37] Demgegenüber betont Sir Leon Brittan, der Rat habe nicht eine ausschließlich an der Marktbeherrschung orientierte Prüfung einführen wollen; daher sei die Berücksichtigung zusätzlicher "dynamischer" Elemente zu erwarten.[38]

Eine solche dynamische Betrachtungsweise hat nicht allein auf die gegenwärtige Wettbewerbslage abzustellen, sondern darüber hinaus die voraussehbare Marktentwicklung der nächsten Jahre in die Entscheidung mit einzubeziehen.[39] Sofern keine Marktzutrittsschranken bestehen, genügen kurzfristig erhöhte Marktanteile den Anforderungen einer beherrschenden

---

Fine ECLR 1991, 148, 149; Grabitz-Koch nach Art. 86 Rdnr. 30; Niemeyer, Europäische Fusionskontrolle, S. 23.

35) So die Fälle "AVBE/KSH" (8. Wettbewerbsbericht Tz. 147), "Pilkington/BSN-Gervais-Danone" (10. Wettbewerbsbericht Tz. 152), "British Sugar/Berisford" (12. Wettbewerbsbericht Tz. 104), "British Airways/British Caledonian (18. Wettbewerbsbericht Tz. 81).

36) Ziff. 2 b), WuW 1990, 240, 241.

37) Ehlermann WuW 1991, 535, 543.

38) ELR 1990, 351, 354: "We are at the beginning of a new legal development and the Council did not wish to create a pure dominant position test."

39) GTE[4]-Schröter Art. 87 II Rdnr. 269; Ehlermann WuW 1991, 535, 543; Brittan ELR 1990, 351, 353; zur Kommissionspraxis Siragusa/Subiotto WuW 1991, 872, 886 m.w.N.

Stellung nicht.[40] Das Merkmal "erhebliche Wettbewerbsbehinderung" hätte danach zeitliche Bedeutung. Dies bestätigt die Kommission in ihrer Entscheidung zum "de Havilland"-Fall: Eine erhebliche Wettbewerbsbehinderung sei nicht zu erwarten, wenn die durch den Zusammenschluß entstehende beherrschende Stellung nur *vorübergehend* sei und mit dem zu erwartenden Marktzutritt starker Wettbewerber *in kurzer Zeit* ausgehöhlt würde.[41] Folglich müßte die Marktbeherrschung von gewisser Dauer sein, um mit dem Gemeinsamen Markt unvereinbar zu sein.

Zwar enthält der Tatbestand auch hierdurch ein normatives Element, das der Kommission erneut einen Beurteilungsspielraum beläßt.[42] Dies ändert aber nichts an der materiell wettbewerbsorientierten Ausrichtung der Fusionskontrolle.[43]

d) Ansatzpunkte für industriepolitische Rechtfertigung

Anders als in früheren Entwürfen[44] sieht die verabschiedete Verordnung nunmehr eine einstufige Kontrolle nach dem entscheidenden Test des Art. 2 Abs. 3 FKVO vor. Die Merkmale des Art. 85 Abs. 3 EWGV werden nicht mehr als Ausnahmetatbestand übernommen, welcher eine marktbeherrschende Stellung rechtfertigen könnte.

Als Ansatzpunkte für eine außerwettbewerbliche und im Hinblick auf Artt. 235, 3 EWGV bedenkliche Nivellierung der Entstehung oder Verstärkung einer marktbeherrschenden Stellung durch einen Zusammenschluß kommen die folgenden Tatbestandsmerkmale in Betracht:

---

40) IM-Mestmäcker Vor § 23 Rdnr. 197; Brittan ELR 1990, 351, 354; Ehlermann EuR 1991, 307, 314; Kamburoglou WuW 1992, 305, 314.

41) KomE IV/M 053 Tz. 53, 63.

42) Hawkes ECLR 1992, 34, 36.

43) Ebenso Ritter/Braun/Rawlinson, S. 365.

44) Art. 2 Abs. 3 VO-E vom 30.11.1988, ABl. C 22, S. 14 ff vom 29.1.1988.

aa) Die "Entwicklung" des Wettbewerbs im Gemeinsamen Markt

Durch Art. 2 Abs. 1 Satz 2 lit. a FKVO wird die "Notwendigkeit, im Gemeinsamen Markt wirksamen Wettbewerb aufrechtzuerhalten und zu *entwickeln*", als Prüfungskriterium für die Vereinbarkeit eines Zusammenschlusses mit dem Gemeinsamen Markt herausgehoben. Der Wortlaut geht darüber hinaus, daß die Kommission nur vor übermäßiger Marktmacht schützen soll.

Man hat befürchtet, dieses Merkmal könnte europäischen Protektionismus fördern oder zur vielzitierten "Züchtung europäischer Champions" verwandt werden, welche mit ihren amerikanischen und japanischen Konkurrenten Schritt halten können.[45]

Dies muß aber nicht im Widerspruch zum Schutz des Wettbewerbs im Gemeinsamen Markt stehen, welcher in jedem Fall das vorrangige Ziel ist.[46] So kann etwa eine beherrschende Stellung auf einem absterbenden Markt hingenommen werden, wenn gleichzeitig der Wettbewerb auf einem Zukunftsmarkt verstärkt wird.[47]

bb) Katalog des Art. 2 Abs. 1 FKVO nicht erschöpfend

Die Kommission muß die in Art. 2 FKVO genannten Kriterien nur "berücksichtigen"; dies zeigt, daß die Aufzählung nicht abschließend ist.[48] Zusätzliche Wertungsaspekte dürfen jedoch nur einbezogen werden, wenn sie mit den genannten wettbewerblichen Kriterien wesensmäßig vergleichbar sind. Letztere legen den Bewertungsmaßstab fest. Die Öffnung des Art. 2 FKVO darf nicht dazu dienen, seinen Charakter ins Gegenteil zu verkehren.

---

45) Elland ECLR 1990, 111, 116; Kleinmann RIW 1992, 345.

46) Ebenroth/Lange BB 1991, 845, 849.

47) GTE[4]-Schröter Art. 87 II Rdnr. 273; Bechtold RIW 1990, 253, 257; Niederleithinger EWS 1990, 73, 77.

48) Pappalardo RIDE 1990, 3, 22; Röhling ZIP 1990, 1179, 1181; Bechtold RIW 1990, 253, 257.

Daher dürfen nur wettbewerbsbezogene Wertungsaspekte berücksichtigt werden.[49] Dazu gehört insbesondere der Substitutionswettbewerb.[50]

cc) Berücksichtigung des Wettbewerbs von außerhalb der Gemeinschaft ansässigen Unternehmen

Möglicherweise kann im Rahmen der Berücksichtigung des Wettbewerbs von außerhalb der Gemeinschaft ansässigen Unternehmen die Wettbewerbsfähigkeit der europäischen Unternehmen auf den Weltmärkten auf Kosten des Wettbewerbs innerhalb der Gemeinschaft gefördert werden.

Die Kommission betont aber, daß sie nur die Wettbewerbsverhältnisse auf Märkten innerhalb der EG, nicht jedoch diejenigen außerhalb der Gemeinschaft zu prüfen hat.[51] Dies schließt nicht aus, daß auch Drittlandsmärkte in die Untersuchung einbezogen werden; die Interdependenz zwischen Gemeinsamem Markt und Weltmarkt erfordert vielmehr deren Einbeziehung.[52] Zusätzlich betont wird dies durch das Gebot, potentiellen Wettbewerb zu berücksichtigen.

Auch potentieller Wettbewerb ist jedoch als Faktor zur Relativierung hoher Marktanteile nur insoweit zu berücksichtigen, als er für die Aufrechterhaltung und Entwicklung eines wirksamen Wettbewerbs im Gemeinsamen Markt relevant ist. Die Frage nach dem potentiellen Wettbewerb entspricht der Frage nach Marktzutrittsschranken, die eindeutig dem Marktstrukturtest zuzuordnen ist: Je höher die Marktzutrittsschranken, desto geringer der potentielle Wettbewerb.[53] Dessen Berücksichtigung darf

---

49) Janicki WuW 1990, 195, 198.

50) Bechtold RIW 1990, 253, 257. KomE IV/M 072 "Sanofi/Sterling" Tz. 24; KomE IV/M 081 "VIAG/Continental Can" Tz. 38; vgl. oben S. 62.

51) KomE IV/M 021 "Dresdner Bank/BNP" Tz. 7 f.

52) KomE IV/M 017 "Aérospatiale/MBB" Tz. 20 ff; vgl. auch KomE IV/M 042 "Alcatel/Telettra" Tz. 23 ff: Wettbewerb von Unternehmen aus Drittstaaten; KomE IV/M 023 "ICI/Tioxide" Tz. 13.

53) IM-Mestmäcker Vor § 23 Rdnr. 203; KomE IV/M 018 "AG/AMEV" Tz. 19; a.A. Jickeli WuW 1992, 101, 109. Von der Kommission werden Marktzutrittsschranken

nicht dazu dienen, gleichgewichtige Unternehmensgrößen im internationalen Wettbewerb ohne Rücksicht auf die Struktur des Gemeinsamen Marktes zu fördern.[54]

dd) Interessen der Zwischen- und Endverbraucher

Die Erfordernisse, die Interessen der Zwischen- und Endverbraucher und die Entwicklung des technischen und wirtschaftlichen Fortschritts zu berücksichtigen, sind Relikte aus der Diskussion, inwieweit die Fusionskontroll-VO wettbewerbspolitisch oder unter Einbeziehung der Merkmale des Art. 85 Abs. 3 EWGV industriepolitisch ausgerichtet sein sollte.[55] Eine wettbewerbsbezogene Fusionskontrolle ist reine Rechtsaufsicht, während eine mit industriepolitischen Erwägungen verbundene Fusionskontrolle eine Form politischer Kontrolle unternehmerischer Tätigkeit darstellt.

Das erste Kriterium ist insofern ohne Bedeutung, als den "Interessen der Zwischen- und Endverbraucher" nach gängigem wettbewerbstheoretischem Verständnis schon allein die Aufrechterhaltung eines wirksamen Wettbewerbs dient.[56] Daher ist dieses Merkmal in Verbindung mit den wettbewerbsbezogenen Eingreifkriterien zu sehen: Die Interessen der Zwischen- und Endverbraucher können von einem Zusammenschluß etwa dann be-

---

bisher nur bei der geographischen Marktabgrenzung geprüft, z.B. in KomE IV/M 053 "Aérospatiale-Alenia/de Havilland" Tz. 20.

54) IM-Mestmäcker Vor § 23 Rdnr. 203 m.w.N.; Brittan ELR 1990, 351, 353: "But our only concern is for competition *within* (Hervorhebung im Original) the Community and I reject the argument that a competitive world market may justify a dominant position." Fine (ECLR 1991, 148, 150) vermißt in dieser Aussage eine Antwort auf die Frage, ob ein oligolpolistischer Weltmarkt eine beherrschende Stellung rechtfertigen könnte, insbesondere dann, wenn der Zusammenschluß auf diesem Weltmarkt zu einem beherrschenden europäischen Unternehmen führen würde. Die dem zugrundeliegende Befürchtung dürfte aber wohl angesichts der wettbewerblichen Ausrichtung der Politik der GD IV unbegründet sein.

55) Bechtold RIW 1990, 253, 257; Emmerich, Kartellrecht, S. 615; Röhling ZIP 1990, 1179, 1181.

56) Kirchhoff BB-Beil. 14/1990, S. 7; Bechtold RIW 1990, 253, 258; Immenga WuW 1990, 371, 377; Niederleithinger EWS 1990, 73, 77: "Überflüssig, ohne jedoch Schaden anzurichten."

rührt werden, wenn der Zugang zu den vorgeordneten Märkten erschwert wird.[57]

ee) Entwicklung des technischen und wirtschaftlichen Fortschritts

(1) Erklärungen der Kommission

Die Kommission hat erklärt, der Begriff "technischer und wirtschaftlicher Fortschritt" sei im Lichte der in Art. 85 Abs. 3 EWGV verankerten Grundsätze und ihrer Auslegung durch den Gerichtshof zu verstehen. In ihrer jüngeren Entscheidungspraxis war die Kommission überall dort besonders großzügig, wo die Kooperation von Großunternehmen zur Entwicklung und Durchsetzung neuer Technologien in der Gemeinschaft führen soll.[58]

Die Kommission hat angekündigt, sie wolle die Bestimmung insbesondere unter regionalpolitischen Aspekten anwenden. Zu berücksichtigen sei insbesondere die Wettbewerbsfähigkeit der Unternehmen, welche in Gebieten mit hohem und insbesondere auf einen Entwicklungsrückstand zurückzuführenden Umstrukturierungsbedarf ansässig sind.

Möglicherweise ist in der Praxis eine großzügigere Behandlung von Aufholfusionen kleinerer Unternehmen gegenüber großen Wettbewerbern zu erwarten; dies wäre aber nur zulässig im Rahmen der Kriterien, die über die Zulässigkeit eines Zusammenschlusses entscheiden.[59] Die regionalpolitischen Ziele sollen mit wettbewerblichen Mitteln erreicht werden.[60] Konsequent wettbewerbsbezogene Fusionskontrolle soll dazu beitragen, die Märkte gerade für die schwächeren Wettbewerber offenzuhalten. Sie unterstützt gerade damit den wirtschaftlichen Aufholprozeß weniger entwik-

---

57) IM-Mestmäcker Vor § 23 Rdnr. 200.

58) Emmerich, Kartellrecht, S. 568 m.w.N.

59) Immenga WuW 1990, 371, 373; Hölzler WM 1990, 489, 491; Ebenroth/Lange BB 1991, 845, 849.

60) Erklärung zum Ratsprotokoll Ziff. 2 a), WuW 1990, 240, 241; vgl. Brittan ELR 1990, 351, 353.

kelter Länder und damit auch den wirtschaftlichen und sozialen Zusammenhalt der Gemeinschaft.[61]

(2) Auslegungsmerkmal bei Zweifelsfällen ?

Nach einer Ansicht können positive Auswirkungen auf den technischen und wirtschaftlichen Fortschritt für die Beurteilung dann ausschlaggebend sein, wenn Zweifel über die Erfüllung der wettbewerblichen Untersagungsvoraussetzungen bestehen.[62]

Eine derartige Ermessensentscheidung kann den erforderlichen Nachweis der Entstehung oder Verstärkung einer marktbeherrschenden Stellung aber nicht ersetzen. Wenn daran Zweifel bestehen, dann ist die Kommission gem. Art. 2 Abs. 2 FKVO *verpflichtet*, den Zusammenschluß mit dem Gemeinsamen Markt für vereinbar zu erklären.[63] Demzufolge wurde auch der Zusammenschluß "Varta/Bosch" als mit dem Gemeinsamen Markt vereinbar betrachtet, weil es "*zweifelhaft* [war], ob ein Marktanteil von 44 % und der gegenwärtige Abstand zum nächstfolgenden Wettbewerber ausreichend sind, um eine marktbeherrschende Stellung zu belegen".[64]

(3) Abwägungskriterium ?

Nach einer Ansicht ist aus den Erklärungen der Kommission und aus dem Umstand, daß dieses Merkmal nicht der Feststellung einer beherrschenden Stellung dient, zu folgern, daß nunmehr im Rahmen der Vereinbarkeitsprüfung eine Möglichkeit zur Abwägung der mit einem Zusammenschluß einhergehenden Vor- und Nachteile besteht.[65]

---

61) Janicki WuW 1990, 195, 200.

62) Immenga WuW 1990, 371, 378; diese Auffassung wird offenbar auch in der Kommission vertreten, Ehlermann WuW 1991, 535, 543; vgl. auch Fine ECLR 1991, 148, 151 m.w.N.

63) Ebenso Fine ECLR 1991, 148, 151.

64) KomE IV/M 012 "VARTA/Bosch" Tz. 62.

65) Miersch, Diss., S. 182; vgl. auch Winckler/Gerondeau RevMC 1990, 541, 545; dagegen Janicki WuW 1990, 195, 199.

(4) Stellungnahme

Es ist höchst fraglich, ob die Regel-Ausnahme-Struktur, die den Art. 85 EWGV auszeichnet, Rückschlüsse auf die Auslegung der Fusionskontroll-VO zuläßt, die diese Struktur gerade nicht übernimmt. Auch wurde entgegen dem Verordnungsentwurf vom 30.11.1988 die ebenfalls bei Art. 85 Abs. 3 EWGV maßgebliche "Verbesserung der Warenerzeugung und -verteilung"[66] nicht in die Verordnung übernommen; damit wären schon Rationalisierungseffekte zum Rechtfertigungsgrund einer marktbeherrschenden Stellung geworden.[67]

Die Entwicklung des technischen und wirtschaftlichen Fortschritts darf nunmehr nur insoweit berücksichtigt werden, als dies "den Wettbewerb nicht behindert". Klar ist danach, daß die industriepolitischen Erwägungen von der vorliegenden Marktbeherrschung jedenfalls dann verdrängt werden, wenn diese zu einem Hindernis für den unverfälschten Wettbewerb wird und damit als solche mit Art. 3 lit. f EWGV unvereinbar ist.[68]

Eine Synopse des Art. 2 Abs. 1 lit. b und des Art. 2 Abs. 3 FKVO legt jedoch noch einen viel weitergehenden Schluß nahe: Zusammenschlüsse sind ohnehin nur dann mit dem Gemeinsamen Markt unvereinbar, wenn sie den Wettbewerb (erheblich) behindern (Art. 2 Abs. 3 FKVO), und zwar unabhängig davon, ob sie den wirtschaftlichen und technischen Fortschritt fördern oder nicht. Wenn sie den Wettbewerb nicht behindern, dürfen Zusammenschlüsse ohnehin nicht untersagt werden, auch wenn sie den technischen und wirtschaftlichen Fortschritt nicht fördern. Die Berück-

---

66) Siehe oben Fußn. 44.

67) Bechtold RIW 1990, 253, 258.

68) Ebenso Venit CMLR 1990, 7, 20; Kirchhoff BB-Beil. 14/1990, S. 7; Cook/Soames, Int. Business Lawyer 1991, 491, 495 Fußn. 19; ähnlich Albers CR 1990, 444, 447 (Keine Genehmigungsfähigkeit jedenfalls dann, wenn der Zusammenschluß ein Monopol oder sehr enges Oligopol im Gemeinsamen Markt zur Folge hätte).

sichtigung des technischen und wirtschaftlichen Fortschritts ist somit materiell bedeutungslos.[69]

Die erste Fallpraxis der Kommission scheint das hier vertretene Auslegungsergebnis eher zu bestätigen. Im bisher einzigen Fall einer Untersagung hat die Kommission Erwägungsgrund 13 und die Artt. 2, 130a EWGV überhaupt nicht erwähnt, auf eine mögliche Förderung des technischen und wirtschaftlichen Fortschritts ist sie nach einer ausführlichen Prüfung der beherrschenden Stellung nur sehr knapp eingegangen; die darauf bezogenen Argumente der Unternehmen wurden teilweise überhaupt nicht diskutiert. Die Kommission hat allerdings deren nähere Prüfung mit der Begründung vermieden, selbst wenn der Zusammenschluß einen Beitrag zur Förderung des technischen und wirtschaftlichen Fortschritts leisten würde, würde dies nicht den Verbrauchern zugute kommen. Die Wahlmöglichkeiten würden spürbar eingeschränkt; es bestünde ferner die Gefahr, daß die marktbeherrschende Stellung von ATR/de Havilland sich in absehbarer Zukunft in ein Monopol verwandeln würde.[70]

Diese wenigen Bemerkungen lassen zumindest den Schluß auf zweierlei zu: (1) Die Förderung des technischen und wirtschaftlichen Fortschritts kann eine Monopolisierung nie rechtfertigen, da diese den Verbrauchern nicht zugutekommt. (2) Die Kommission sieht in Art. 2 Abs. 1 lit. b FKVO nicht das Erfordernis einer gleichgewichtigen Abwägungsbilanz zwischen wettbewerblichen und außerwettbewerblichen Gesichtspunkten.

Auch das Votum der Minderheit des Beratenden Ausschusses kritisiert lediglich die von der Kommission vorgenommene Marktabgrenzung und ihre Beurteilung der beherrschenden Stellung der Parteien; außerwettbe-

---

69) Ebenso Huber, Europäische Fusionskontrolle, S. 16; Immenga WuW 1990, 371, 377; Fine ECLR 1991, 148, 150; a.A. Hölzler WM 1990, 489, 491; Rohardt WuW 1991, 365, 370 m.w.N.; Albers CR 1990, 444, 447 (weiter Beurteilungsspielraum der Kommission).

70) KomE IV/M 053 "Aérospatiale-Alenia/de Havilland" Tz. 69.

werbliche Kriterien des Art. 2 Abs. 1 lit. b FKVO werden nicht erwähnt.[71]

4. Ergebnis

Aus alledem geht hervor, daß auch die positiven Einflüsse auf den technischen und wirtschaftlichen Fortschritt keinen außerwettbewerblichen Rechtfertigungsgrund darstellen. Die allgemeinen Vertragsziele sollen durch Aufrechterhaltung und Entwicklung wirksamen Wettbewerbs, nicht mit Hilfe marktbeherrschender Unternehmen erreicht werden.[72]

Die außerwettbewerblichen Kriterien sind in die Struktur des Art. 2 FKVO insgesamt eingebunden. Wortlaut und systematische Auslegung des Art. 2 FKVO belegen ihre nachrangige Bedeutung.[73] In der Praxis haben sie bisher keine Rolle gespielt. Ein gesamtwirtschaftlicher "bilan économique" im Sinne einer Abwägung zwischen wettbewerblichen Nach- und außerwettbewerblichen Vorteilen, den die Kommission ursprünglich[74] vorgeschlagen hatte, ist nunmehr ausgeschlossen.[75]

---

71) ABl. L 334 v. 5.12.1991, abgedruckt in WuW 1992, 187 f = WuW/E EV 1699 f.

72) GTE[4]-Schröter Art. 87 II Rdnr. 270; vgl. auch Vonnemann DB 1990, 569, 574; van Empel, World Competition 1990, 5, 18; Ehlermann WuW 1991, 535, 543; Hawkes ECLR 1992, 34, 36; Janicki WuW 1990, 195, 199.

73) Im Ergebnis ebenso die ganz h.M., Cook/Soames, Int. Business Lawyer 1991, 491, 492; Feldmann WRP 1990, 557, 581; Immenga WuW 1990, 371, 377 f; Brittan ELR 1990, 351, 353; Dechery RTDE 1990, 307, 320; IM-Mestmäcker Vor § 23 Rdnr. 199; Janicki WuW 1990, 195, 199; Ebenroth/Lange BB 1991, 845, 849; de la Laurencie, Rec. Dal. Sir. 1990, 141, 145; ebenso, aber mit z.T. erheblichen Bedenken Röhling ZIP 1990, 1179, 1181 f; van de Walle de Ghelcke, Journal des Tribunaux 1990, 254, 253; Hölzler WM 1990, 489, 491; Rohardt WuW 1991, 365, 369; Weitbrecht EuZW 1990, 18, 20.

74) Siehe oben Fußn. 44.

75) GTE[4]-Schröter Art. 87 II Rdnr. 274; Kirchhoff BB-Beil. 14/1990, S. 7; Grabitz-Koch nach Art. 86 Rdnr. 30; Blank, S. 235; Immenga WuW 1990, 371, 374, 377 ff.

Die Analyse hat gezeigt, daß der Eingriffstatbestand der verabschiedeten Fusionskontroll-VO ist im Gegensatz zu früheren Entwürfen wettbewerbsorientiert ist. In den harten politischen Auseinandersetzungen um die "Philosophie" der europäischen Fusionskontrolle hat sich also die deutsche Linie durchgesetzt.[76] Mit allem Vorbehalt erscheint die auf Gemeinschaftsebene gefundene Lösung auch hinsichtlich der Struktur der Tatbestände mit den deutschen §§ 22, 24 Abs. 1 GWB vergleichbar.[77]

Indirekt mögen auch die politischen Turbulenzen nach der "De Havilland"-Entscheidung die vorstehend vertretene Auslegung bestätigen.[78] Gerade dieser Fall zeigt indes auch, daß der grundsätzliche Streit um den rechtspolitischen Sinn einer europäischen Fusionskontrolle (Entwicklung einer starken europäischen Industrie oder Erhaltung kompetitiver Marktstrukturen ohne industriepolitischen Einschlag) nunmehr bei der Anwendung der Verordnung weitergeht; die Kommission hat allerdings gerade bei einem Fall, der Staatsbetriebe und damit sensible Interessen einzelner Mitgliedstaaten betraf, ein Exempel statuiert. Das läßt auf eine weiter wettbewerbsorientierte Anwendung der Verordnung hoffen.

Andererseits macht die Einstufigkeit der Kontrolle die Kommissionsentscheidungen wenig transparent. Offen bleibt auch, ob politische Einflußnahmen und organisatorische Veränderungen innerhalb der Kommission zu einer veränderten Entscheidungspraxis führen können. Die durch Art. 2 FKVO beschriebene Rechtslage können sie jedenfalls nicht ändern.

Die Verordnung mit ihrer wettbewerblichen Zielsetzung steht demnach mit Art. 3 lit. f EWGV im Einklang. Sie verbessert oberhalb der Schwellenwerte den Schutz des Wettbewerbs; nach Auffassung von Schröter erweist

---

a.A. Winckler/Gerondeau RevMC 1990, 541, 545: Obwohl Art. 2 FKVO nicht als Regel-Ausnahme-System konzipiert ist, erlaube er es, "une sorte de théorie du 'bilan', semblable à celle des juridictions françaises" in die Verordnung einzuführen.

76) Ebenso Hölzler WM 1990, 489, 493; zu den Verhandlungen vgl. Janicki WuW 1990, 195 ff; Dechery RTDE 1990, 307 ff.

77) Ebenso Einsele RIW-Beil. 2/1992 Rdnr. 70 f.

78) F.A.Z. vom 7.10.1991; Hawkes ECLR 1992, 34.

sie sich gar "dem Wettbewerbsprinzip in stärkerem Maße verpflichtet, als die Fusionskontrollgesetze jedweden Mitgliedstaats."[79]

Daraus folgt, daß die Fusionskontroll-VO i.S.d Art. 235 EWGV das Ziel des Art. 3 lit. f EWGV zu verwirklichen objektiv geeignet ist. Art. 22 Abs. 1 FKVO ist daher insoweit mit dem EWG-Vertrag vereinbar, als er Zusammenschlüsse *mit* gemeinschaftsweiter Bedeutung betrifft. Für sie gilt *allein* die Fusionskontroll-VO. Doppelkontrollen sind ausgeschlossen.

5. Ausblick

Mit Inkrafttreten des Vertrages über die Gründung der Europäischen Union vom 7. Februar 1992[80] wird sich der Charakter der Gemeinschaft weiterentwickeln. Der Prozeß der europäischen Integration soll auf eine neue Stufe gehoben werden. Durch diese fortschreitende Integration wird sich die Europäische Gemeinschaft zunehmend zu einer politisch handelnden Gemeinschaft entwickeln.

Das Gewicht der Industriepolitik wird sich mit Inkrafttreten des Vertrages über die Europäische Union verstärken: Mit dem neuen Art. 130 EGV wird die Gemeinschaft aktiv "für die Wettbewerbsfähigkeit der Industrie der Gemeinschaft" zu sorgen haben. Auch in Art. 3 lit. j, l, m EGV werden sich industriepolitische Zielsetzungen der Gemeinschaft finden.

Dies alles läßt jedoch die wettbewerbsbezogene Fassung des Eingriffstatbestands der Fusionskontroll-VO und vor allem die für seine Auslegung unmittelbar maßgeblichen Erwägungsgründe und damit die Systematik der Verordnung insgesamt unberührt. Sie dient weiterhin allein dem Ziel des Art. 3 lit. f EWGV.

---

79) In: GTE[4], Art. 87 II Rdnr. 274.

80) Bundespresseamt, Bulletin 16/1992 vom 12.2.1992.

II. Zusammenschlüsse ohne gemeinschaftsweite Bedeutung

1. Das "Lochproblem"

a) Minderung der Kontrollstandards ?

Die Fusionskontroll-VO gilt gem. Art. 1 Abs. 3 FKVO grundsätzlich nur für Zusammenschlüsse mit gemeinschaftsweiter Bedeutung. Für die Fälle ohne gemeinschaftsweite Bedeutung wird daher auch nicht der Ausbau des Systems unverfälschten Wettbewerbs erreicht, wie ihn die Fusionskontroll-VO in ihrem Geltungsbereich gewährleistet.

Gem. Art. 22 Abs. 1 FKVO sind jedoch auch Artt. 85, 86 EWGV auf Zusammenschlüsse i.S.d. Art. 3 FKVO nicht mehr anwendbar. Dies hat prima facie zur Folge, daß unterhalb der Schwellenwerte bei "Zusammenschlüssen" i.S.d. Art. 3 FKVO keinerlei gemeinschaftsrechtliche Kontrolle mehr bestünde. Diese Konsequenz allerdings legt die fundamentale Frage nahe, ob der Ausschließlichkeitsanspruch des Art. 22 Abs. 1 FKVO auch unterhalb der Schwellenwerte vor dem Maßstab des Art. 235 EWGV, nämlich der objektiven Geeignetheit zur Verwirklichung eines Systems unverfälschten Wettbewerbs, bestehen kann.

Wird das bisherige Kontrollinstrumentarium vollständig ausgeschlossen, jedoch ebenso ausdrücklich die Geltung der Verordnung für diesen Bereich verneint, so werden die Kontrollstandards für Zusammenschlüsse ohne gemeinschaftsweite Bedeutung vermindert, und zwar unabhängig davon, wie weit die Möglichkeit einer Fusionskontrolle nach Artt. 85, 86 EWGV besteht. Wie schon mehrfach erwähnt gilt dies auch, wenn man entgegen der hier vertretenen Ansicht lediglich gem. Art. 22 Abs. 2 FKVO die Durchführungsverordnungen für unanwendbar hält. Artt. 88, 89 EWGV allein sind nicht geeignet, eine vollständige Anwendung von Art. 85 EWGV zu gewährleisten, solange nicht die Voraussetzungen geschaffen sind, die Bestimmung insgesamt, also auch Abs. 3, anzuwenden.[81] Schließlich sind in jedem Fall die Verfahrensrechte der Kommission und die Antragsbefugnis für Konkurrenten aus Art. 3 VO Nr. 17 ausgeschlossen, wodurch den Konkurrenten, wie gesehen, auch der Weg zum Europäischen Gerichtshof versperrt ist.

Eine Absenkung der Kontrollstandards durch Art. 22 Abs. 1, 2 i.V.m. Art. 1 Abs. 3 FKVO führt damit möglicherweise zu einer Rückführung des "acquis communautaire" und zu einer Entfernung vom "System unverfälschten Wettbewerbs". Die Regelung würde genau das Gegenteil dessen darstellen, was von Art. 235 EWGV gefordert und gedeckt ist. Der Ausschließlichkeitsanspruch der Fusionskontroll-VO für Fälle ohne gemeinschaftsweite Bedeutung ist daher nur dann mit dem EWG-Vertrag vereinbar, wenn die Verordnung, bzw. das Gemeinschaftsrecht insgesamt, Regelungen enthält, die diese Konsequenz einer Minderung der Kontrollstandards ausschließen.

b) Art. 87 Abs. 2 lit. e EWGV

Für das "Lochproblem" scheint Art. 87 EWGV eine ganz einfache Lösung bereitzuhalten: Gem. Art. 87 Abs. 2 lit. e EWGV kann durch Ratsverordnung das Verhältnis zwischen den innerstaatlichen Rechtsvorschriften einerseits und den Wettbewerbsregeln bzw. den zu ihrer Durchführung auf der Grundlage des Art. 87 EWGV erlassenen Bestimmungen andererseits festgelegt werden. Die Fusionskontroll-VO ist nun auch auf Art. 87 EWGV gestützt. Man könnte erwägen, für Zusammenschlüsse ohne gemeinschaftsweite Bedeutung sei die Festlegung des Verhältnisses in der Weise geschehen, daß das nationale Recht ausschließliche Geltung besitze, wie auch Art. 21 Abs. 2 FKVO für Zusammenschlüsse mit gemeinschaftsweiter Bedeutung die umgekehrte Festlegung trifft.

Diese Argumentation würde jedoch verkennen, daß Art. 87 EWGV im Dienste der Artt. 85, 86 EWGV steht und eine Modifizierung des materi-

---

81) Vgl. nur EuGHE 1962, 97, 112 "Bosch".

ellen Gehalts der Wettbewerbsregeln nicht zuläßt.[82] Art. 87 Abs. 2 lit. e EWGV ermächtigt lediglich dazu, das grundsätzliche Nebeneinander von Gemeinschaftsrecht und nationalem Recht zu Gunsten eines Vorrangs des Gemeinschaftsrechts aufzulösen.[83]

Da Art. 87 Abs. 2 lit. e EWGV nicht ausreicht, kann auch bei Zusammenschlüssen ohne gemeinschaftsweite Bedeutung eine Doppelkontrolle nur vermieden werden, wenn die Voraussetzungen der weiterreichenden Ermächtigungsgrundlage Art. 235 EWGV erfüllt sind.

2. Wettbewerbsschutz durch nationales Recht ?

Die Fusionskontrolle über Fälle ohne gemeinschaftsweite Bedeutung verbleibt zunächst in der ausschließlichen Kompetenz der Mitgliedstaaten. Zwar existiert zwischenzeitlich in neun Mitgliedstaaten[84] eine nationale Fusionskontrolle und orientieren sich gerade die neu eingeführten Systeme am Vorbild der Europäischen Fusionskontrolle. Daß diese Regelung auf Grund der hohen Schwellenwerte zur Folge haben kann, daß auch gemeinschaftsweit den Wettbewerb spürbar beeinträchtigende Zusammenschlüsse dem Gemeinschaftsrecht entzogen bleiben, wurde ebenso gezeigt, wie die möglichen wettbewerbsverzerrenden Wirkungen einer national segmentierten Fusionskontrolle.

Die Frage stellt sich hier aber nicht unter dem Aspekt der Vereinheitlichung der europäischen Fusionskontrolle, sondern muß lauten, ob der den Mitgliedstaaten durch Art. 22 Abs. 1 FKVO eingeräumte Freiraum zu einer Reduktion des acquis communautaire führt.

---

82) Siehe zur Reichweite des Art. 87 EWGV näher oben S. 181.

83) GTE^{4}-Schröter Art. 87 I Rdnr. 49 f; zu Art. 87 Abs. 2 lit. e EWGV in bezug auf die Fusionskontroll-VO vgl. GTE^{4}-Schröter Art 87 II Rdnr. 286: "Parallelverfahren ... sind nur ausgeschlossen, soweit es um Fälle von *gemeinschaftsweiter* Bedeutung geht" (Hervorhebung im Original).

84) Deutschland, Frankreich, Großbritannien, Irland, Spanien, Portugal, Griechenland, Belgien und Italien, vgl. im einzelnen GTE^{4}-Schröter Art. 87 II Rdnr. 177 ff.

Dies betrifft insbesondere die Mitgliedstaaten, die über eine nationale Fusionskontrolle überhaupt nicht verfügen oder deren nationales Recht unter wettbewerblichen Anforderungen unzureichend ist. Grundsätzlich steht es den Mitgliedstaaten jedoch frei, ob sie eine Kontrolle einführen bzw. aufrechterhalten, oder darauf verzichten. Auch die politische Zielrichtung und Ausgestaltung steht grundsätzlich in ihrem Belieben.

Das nationale Recht allein ist damit nicht geeignet, eine Absenkung der Kontrollstandards durch Art. 22 Abs. 1 FKVO auszugleichen.

3. Ersatz durch Art. 22 Abs. 3 FKVO

a) Bedeutung und Reichweite des Art. 22 Abs. 3 FKVO

aa) Grundsatz: Öffnung der Fusionskontroll-VO für Zusammenschlüsse ohne gemeinschaftsweite Bedeutung

Gem. Art. 22 Abs. 3 FKVO kann die Kommission auf Antrag eines Mitgliedstaates auch einen Zusammenschluß ohne gemeinschaftsweite Bedeutung aufgreifen und, wenn er eine beherrschende Stellung begründet oder verstärkt, durch die wirksamer Wettbewerb im Gebiet des antragstellenden Mitgliedstaates erheblich behindert wird, mit Auflagen versehen oder untersagen, sofern dieser Zusammenschluß den Handel zwischen Mitgliedstaaten beeinträchtigt. Hier wird ersichtlich das Abgrenzungskriterium aus Artt. 85, 86 EWGV übernommen.[85]

Art. 22 Abs. 3 FKVO ermöglicht damit grundsätzlich immer dann eine gemeinschaftsweite Fusionskontrolle, wenn ein Zusammenschluß den grenzüberschreitenden Bezug hat, den auch Artt. 85, 86 EWGV voraussetzen. Aus der Sicht des betroffenen Mitgliedstaates erweist sich die Fusionskontrolle nach Art. 22 Abs. 3 FKVO daher zwar verglichen mit einer rein nationalen Fusionskontrolle als weniger effektiv; aus *gemeinschafts-*

85) Van de Walle de Ghelcke, Journal des Tribunaux 1990, 245, 252.

rechtlicher Sicht zielt Art. 22 Abs. 3 FKVO jedoch darauf, eine Kontrollücke nicht entstehen zu lassen.

Gem. Art. 22 Abs. 6 FKVO soll diese Möglichkeit nur solange bestehen, bis die Schwellenwerte revidiert sind. Dies stellt den Zusammenhang zwischen Art. 22 Abs. 3 FKVO und den hohen Schwellenwerten her. Gerade Art. 22 Abs. 3 FKVO sollte hierfür einen Ausgleich schaffen, dessen subsidiärer und streng auf das Erforderliche begrenzter Charakter hervorgehoben wird, um die prinzipielle mitgliedstaatliche Zuständigkeit zu wahren.[86]

bb) Begrenzung auf unbedingt erforderliche Maßnahmen

Art. 22 Abs. 5 FKVO begrenzt die Eingriffsbefugnisse der Kommission in Anwendung des Art. 22 Abs. 3 FKVO auf "die Maßnahmen, die *unbedingt erforderlich* sind, um wirksamen Wettbewerb im Gebiet des Mitgliedstaates zu wahren oder wiederherzustellen", auf dessen Antrag sie tätig geworden ist. Dies umfaßt erst recht die Möglichkeit, im Gebiet des betroffenen Mitgliedstaates die erforderlichen Maßnahmen zur Aufrechterhaltung des Wettbewerbs im Gemeinsamen Markt zu treffen.

cc) Antragserfordernis

Die Kontrollbefugnis aus Art. 22 Abs. 3 FKVO steht unter dem zwingenden Vorbehalt eines mitgliedstaatlichen Antrags an die Kommission.[87] Diese kann nicht von sich aus tätig werden. Daher sind Fälle denkbar, die von nationalem Recht nicht oder im Hinblick auf den Schutz unverfälschten Wettbewerbs nur unzureichend erfaßt werden, alle Voraussetzungen des Art. 22 Abs. 3 FKVO erfüllen, aber von der Kommission gleichwohl nicht aufgegriffen werden können, weil es an dem erforderlichen Antrag des jeweiligen Mitgliedstaates fehlt. Auch grenzüberschreitende Ermittlun-

---

86) de la Laurencie, Rec. Dal. Sir. 1990, 141, 143.

87) Grabitz-Koch nach Art. 86 Rdnr. 24; GTE^4-Schröter Art. 86 Rdnr. 221 und Art. 87 II Rdnr. 292.

gen sind insoweit nicht möglich, als die betroffenen Mitgliedstaaten keinen Antrag gestellt haben.[88]

Dann und nur dann besteht weiterhin die Kontrollücke für subdimensionale Zusammenschlüsse, die den Handel zwischen Mitgliedstaaten spürbar beeinträchtigen. Hierbei handelt es sich ganz offensichtlich um Extremfälle, die allein schon wegen der Interessenlage der Mitgliedstaaten[89] kaum praktische Bedeutung gewinnen dürften.

b) Pflichten für die Mitgliedstaaten aus Art. 22 Abs. 3 FKVO ?

Art. 22 Abs. 3 FKVO selbst gibt den Mitgliedstaaten lediglich die Befugnis zur Antragstellung. Eine Verpflichtung dazu ist seinem Wortlaut nicht zu entnehmen. Auch aus der Entstehung der Vorschrift ergeben sich hierfür keine Anhaltspunkte.

Ebensowenig enthält Art. 22 Abs. 3 FKVO eine Bindung der Mitgliedstaaten etwa in der Weise, daß diese nach "pflichtgemäßem Ermessen" die Frage einer möglichen Antragstellung zu entscheiden hätten. Vielmehr beläßt es die Fusionskontroll-VO selbst im freien Belieben des betroffenen Mitgliedstaates, ob er die Kommission einschaltet oder nicht.

---

88) Daher ist auch der Ansicht nicht zu folgen, die Fusionskontroll-VO habe "fast unbemerkt eine umfassende europäische Fusionskontrolle für Zusammenschlüsse jeder Größenordnung eingeführt" (vgl. Heidenhain EuZW 1990, 84, 86; ihm folgend Miersch, Diss., S. 160 f; Einsele RIW-Beil. 2/1992 Rdnr. 17).

89) Siehe unten S. 256.

c) Entstehungsgeschichte und rechtspolitische Funktion der "Niederländischen Klausel"

aa) Interessenlage der Mitgliedstaaten

Der Kommission eine Befugnis zu geben, auch Zusammenschlüsse unterhalb der Schwellen aufzugreifen, geht auf einen Vorschlag zurück, den die niederländische Delegation in der Endphase der Beratungen in den Rat eingebracht hatte und der später vor allem von der belgischen und der italienischen Regierung unterstützt wurde.[90] In diesem Vorschlag war neben der Untersagungsbefugnis auf Antrag eines Mitgliedstaates auch vorgesehen, daß die Kommission ex officio tätig werden kann. Im Anschluß an diesen niederländischen Vorschlag hatte sich im Rat ein weitgehender Konsens darüber ergeben, daß der Kommission in Anbetracht der hohen Schwellenwerte auch unterhalb dieser Schwellen eine Interventionsbefugnis zugestanden werden sollte, die gleichzeitig mit den Schwellenwerten überprüft werden sollte.

Es lag jedoch im Interesse der großen Mitgliedstaaten, die über ein eigenes nationales Instrumentarium der Fusionskontrolle verfügen, eine Zuständigkeit der Kommission unterhalb der quantitativen Schwellen vollständig auszuschließen, während kleinere Mitgliedstaaten für die Möglichkeit einer subsidiären Kontrolle der Kommission auf Antrag betroffener Mitgliedstaaten in Fällen eintraten, die die Aufgreifschwellen nicht erreichen, etwa um feindliche Übernahmen durch ausländische Großunternehmen bekämpfen zu können.

Der entscheidende Streitpunkt bei Art. 22 Abs. 3 FKVO lag allein darin, daß auch durch die Öffnung der europäischen Fusionskontrolle die Schwellen nicht unterlaufen, insbesondere die nationale Kompetenz unterhalb der Schwellen nicht aufgeweicht werden sollte.

Der Kompromiß bestand schließlich darin, der Kommission nicht die Befugnis einzuräumen, von Amts wegen einzuschreiten. Den Mitgliedstaa-

---

90) Santa Maria, Dir. com. int. 1990, 127, 130.

ten, die nicht über eine eigene nationale Fusionskontrolle verfügen, wird die Möglichkeit eingeräumt, den bereits erreichten europäischen Standard auch im eigenen Land durchzusetzen.[91]

bb) Bewußtes Vermeiden einer Weiteranwendung der Artt. 85, 86 EWGV

Der ursprüngliche niederländische Vorschlag hatte eine Kontrolle nach Artt. 85, 86 EWGV durch die Kommission unterhalb der Schwellenwerte vorgesehen. Dieser Vorschlag wurde zu Gunsten einer Öffnung der Fusionskontroll-VO durch Art. 22 Abs. 3 FKVO verworfen. Man hatte zum einen die Gefahr des Unterlaufens der quantitativen Schwellen des Art. 1 FKVO und die Eröffnung neuer Gefahren einer Doppelkontrolle gesehen; zum anderen wären auf Grund der ungeklärten Reichweite der Artt. 85, 86 EWGV für Zusammenschlüsse weiterhin Kontrollücken und genau die Unsicherheiten verblieben, die man hatte beseitigen wollen.

Mit der ungewöhnlichen Vorschrift des Art. 22 Abs. 3 FKVO sollte eine Anwendung der Artt. 85, 86 EWGV über Art. 89 EWGV durch Schaffung eines neuen gemeinschaftsrechtlichen Instrumentariums nach Möglichkeit auch für den Zeitraum ausgeschlossen werden, in dem die Schwellenwerte noch auf der ursprünglichen Höhe liegen. Die Kommission kann nun gleichsam stellvertretend für nationale Behörden tätig werden.

cc) Folgerungen

Das "Lochproblem" wurde im Rat sehr wohl gesehen, wenn auch aus einer Perspektive, die der hier interessierenden genau entgegengesetzt ist: Den Mitgliedstaaten, insbesondere denen ohne eigene Fusionskontrolle, sollte nicht die Freiheit zu einer unkontrollierten Förderung von Zusammenschlüssen verschafft werden, sondern im Gegenteil die Möglichkeit ei-

---

91) Vgl. Elland ECLR 1991, 19, 24; Kirchhoff BB-Beil. 14/1990, S. 12; van Empel, World Competition 1990, 5, 16 ff; IM-Mestmäcker Vor § 23 Rdnr. 108; Bolze, Rev. des sociétés 1990, 207, 218; Niederleithinger EWS 1990, 73, 79; Pappalardo RIDE 1990, 3, 40; Alexander CahDE 1990, 529, 552; de la Laurencie DPCI 1992, 60, 64.

ner Kontrolle in ihrem Gebiet. Der Vorschlag einer Öffnung der Fusionskontroll-VO für Zusammenschlüsse ohne gemeinschaftsweite Bedeutung geht auf genau die Mitgliedstaaten zurück, die zum damaligen Zeitpunkt noch nicht über eine eigene Fusionskontrolle verfügten.

Bei der jetzt gefundenen Lösung besteht zwar weiterhin die Möglichkeit paralleler Kontrollen, da die Zuständigkeit der Kommission auf der Basis des Art. 22 Abs. 3 FKVO keine exklusive ist. Art. 22 Abs. 3 FKVO ist eine Ausnahme vom one-stop-shop-Prinzip; man ging jedoch davon aus, daß die Öffnung der Verordnung mit ihren klaren materiellen und verfahrensrechtlichen Bestimmungen einer Weiteranwendung der Artt. 85, 86 EWGV auf Zusammenschlüsse entschieden vorzuziehen sei.

d) Ergebnis

Wird ein Antrag gestellt, so deckt Art. 22 Abs. 3 FKVO *alle* Maßnahmen, die zur Aufrechterhaltung oder Wiederherstellung des Wettbewerbs unbedingt erforderlich sind. Damit aber erweist sich die Fusionskontroll-VO auch für diesen Bereich als zielkonform hinsichtlich der Schaffung eines Systems unverfälschten Wettbewerbs, wie Artt. 235, 3 lit. f EWGV dies fordern.

Art. 22 Abs. 3 FKVO überläßt es jedoch dem freien Belieben der Mitgliedstaaten, ob der Antrag gestellt wird. Weder die bestehenden nationalen Systeme, noch Art. 22 Abs. 3 FKVO, können daher eine Kontrollücke bei den subdimensionalen Zusammenschlüssen gänzlich ausschließen.

Da Art. 235 EWGV nur Vertragsdurchbrechungen zuläßt, die den acquis communautaire hinsichtlich der Verwirklichung eines Vertragsziels nicht beeinträchtigen, kann Art. 22 Abs. 1 FKVO vor diesem Maßstab nur bestehen, wenn auch theoretische Extremfälle ausgeschlossen sind.

4. Bindungen der Mitgliedstaaten durch das Gemeinschaftsrecht im übrigen

Auch wenn es die Fusionskontroll-VO selbst im freien Belieben der Mitgliedstaaten beläßt, wie sie ihr nationales Recht ausgestalten, ist fraglich, ob die Souveränität der Mitgliedstaaten so weit geht, daß sie Zusammenschlüsse ohne gemeinschaftsweite Bedeutung auch dann zulassen können, wenn dies zu einer Verfälschung des Wettbewerbs im Gemeinsamen Markt führt.[92] Die Mitgliedstaaten sind Adressaten einer Reihe von Vorschriften des EWG-Vertrages, die ihre Souveränität begrenzen:

a) Art. 30 EWGV

Eine Verpflichtung der Mitgliedstaaten, den Wettbewerb nicht zu beeinträchtigen, könnte sich aus Art. 30 EWGV ergeben. Nach dem "Dassonville"-Urteil[93] des EuGH ist jede Rechtsvorschrift, die den zwischenstaatlichen Handel auch nur mittelbar beeinträchtigen *kann*, mit Art. 30 EWGV unvereinbar. Dieser Effekt ist auch als Konsequenz einer mitgliedstaatlichen Konzentrationspolitik denkbar.

Die Vorschriften über den freien Warenverkehr einerseits und die Wettbewerbsregeln andererseits haben jedoch unterschiedliche Zielsetzungen: Art. 30 EWGV wendet sich gegen Beschränkungen des grenzüberschreitenden Handels, während Artt. 85 ff EWGV Eingriffe in den Wettbewerb verhindern wollen.[94] Artt. 30 ff EWGV dienen dem Wettbewerb zwischen den Volkswirtschaften, nicht wie Artt. 85 ff EWGV dem Wettbewerb zwischen Unternehmen. Hinzukommt, daß sich der Wettbewerbsschutz auf Grund der weitreichenden Ausnahmen von Artt. 30 ff (Art. 36 EWGV,

---

92) Vgl. zum ganzen Zuleeg EuR 1990, 123, 132 ff.

93) EuGHE 1974, 837, 852 Rdnr. 5.

94) Im einzelnen Bauer, S. 25 ff.

Rule of reason[95]) als unzulänglich erweist. So ist es denkbar, daß ein Mitgliedstaat eine von Art. 30 EWGV verbotene Maßnahme trifft, sich jedoch auf eine dort geregelte Ausnahme berufen kann, während die gleichzeitig bewirkte Wettbewerbsbeschränkung als Folge unternehmerischen Verhaltens von Art. 85 Abs. 1 EWGV erfaßt, nicht nach Art. 85 Abs. 3 EWGV freistellungsfähig und daher verboten wäre. Dies zeigt, daß staatliche Wettbewerbsbeschränkungen nicht über die Grundsätze des freien Warenverkehrs verhindert werden können.[96]

b) Art. 59 EWGV

Aus denselben Gründen vermögen die Vorschriften über den freien Dienstleistungsverkehr nicht die Lücken im Schutz des Wettbewerbs auf dem Dienstleistungssektor gegenüber staatlichen Eingriffen zu schließen.[97]

c) Artt. 100 ff EWGV

Gem. Artt. 100, 100a EWGV erläßt der Rat Richtlinien zur Angleichung derjenigen Rechts- und Verwaltungsvorschriften der Mitgliedstaaten, die sich unmittelbar auf die Errichtung oder das Funktionieren des Gemeinsamen Marktes auswirken. Wie oben gezeigt, wirken sich auch die jeweiligen (unterschiedlichen) nationalen Systeme der Fusionskontrolle auf das Funktionieren des Gemeinsamen Marktes aus, so daß diese Voraussetzung erfüllt wäre. Eine entsprechende Richtlinie existiert jedoch nicht. Der Rat ist den Weg der Rechtsangleichung bewußt nicht gegangen. Am Maßstab der Fusionskontroll-VO entwickeltes nationales Recht als wettbewerbsorientierte und diskriminierungsfreie Grundlage mag wünschenswert sein; das Gemeinschaftsrecht erstrebt jedoch ungeachtet der starken und wettbewerbsverfälschenden Divergenzen keine Harmonisierung der nationalen

---

95) EuGHE 1979, 649, 662 Rdnr. 8 "Cassis-de-Dijon".

96) Vgl. Bauer, S. 30 mit umfangreichen Nachweisen.

97) Vgl. Bauer, S. 31 ff mit umfangreichen Nachweisen.

Rechtsordnungen.[98] Das Ziel diskriminierungsfreier rechtlicher Voraussetzungen soll vielmehr durch einen Ausbau der gemeinschaftsrechtlichen Instrumentarien erreicht werden.

Der Fortbestand nationaler Systeme der Fusionskontrolle wird vereinzelt als wettbewerbsverzerrend und damit als ein Verstoß gegen Artt. 101, 102 EWGV angesehen, jedenfalls insoweit, als das nationale Recht materiell von der EG-Fusionskontrollverordnung abweicht.[99] Artt. 101, 102 EWGV enthalten jedoch keine materiellen Bindungen für die Mitgliedstaaten; sie geben der Kommission lediglich unter bestimmten Voraussetzungen Befugnisse zur Rechtsangleichung. Angleichungspflichten für die Mitgliedstaaten können sich erst aus einer auf Art. 101 EWGV gestützten Richtlinie des Rates ergeben.[100]

d) Zwischenergebnis

Aus alledem geht hervor, daß Artt. 30 ff, 59 ff, 100 ff EWGV sämtlich nicht geeignet sind, wettbewerbsverfälschendes staatliches Handeln zu verhindern.

5. Insbesondere: Bindungen aus Artt. 3 lit. f, 5, 85, 86 EWGV

Der Grundsatz der Gemeinschaftstreue, der teilweise in Art. 5 EWGV verankert ist, kommt als Anhaltspunkt für gemeinschaftsrechtliche Bindungen des nationalen Gesetzgebers auch in dem in seiner eigenen Souveränität verbliebenen Bereich in Betracht.

---

98) Dazu Bunte WuW 1989, 7, 10 f; Gert Meier WuW 1988, 723-732; Ebenroth/Parche BB-Beil. 18/1988, S. 15 f.

99) Gert Meier WuW 1988, 723, 728, bezogen auf das GWB.

100) Bach WuW 1992, 571, 572.

a) Stellenwert des Art. 5 EWGV in der Rechtsprechung des Europäischen Gerichtshofs

Der EuGH hat Art. 5 EWGV weit über seinen Wortlaut hinaus eine maßgebliche Rolle für die Entwicklung des Gemeinschaftsrechts beigemessen. Die Bestimmung enthält eine allgemeine Loyalitätsverpflichtung aller Beteiligten, insbesondere den Grundsatz der Kooperation der Mitgliedstaaten mit der Gemeinschaft und ihren Organen als eigenständige Rechtspflicht, welche dazu dient, die Funktionsfähigkeit der Gemeinschaft zu sichern.[101] Der Begriff der Gemeinschaftstreue wird im EWG-Vertrag selbst nicht genannt, sondern wurde in der Literatur entwickelt.[102] Der EuGH verwendet Termini wie "loyale Zusammenarbeit"[103] und "Solidarität".[104] Insgesamt läßt sich jedenfalls sagen, daß Art. 5 EWGV eine spezifische Ausprägung des allgemeinen Grundsatzes der Gemeinschaftstreue ist.[105]

Die Bedeutung des Art. 5 EWGV hat sich mit Fortschreiten der Integration der Gemeinschaft gewandelt und vergrößert. Wegen der allgemeinen Formulierung und des verbleibenden Entscheidungsspielraums der Mitgliedstaaten wurde zunächst noch eine unmittelbare Wirkung der Vor-

---

101) Grabitz-Grabitz Art. 5 Rdnr. 1 f; GTE[4]-Zuleeg Art. 5 Rdnr. 2; EuGHE 1982, 1449, 1463 Rdnr. 5 "Fromme"; Ipsen, S. 213.

102) Bleckmann DVBl. 1976, 483 m.w.N.; Söllner, S. 11 m.w.N.

103) EuGHE 1988, 4821, 4855 Rdnr. 34 "Frankreich./.EP"; EuGHE 1986, 89, 105 Rdnr. 16 "Kommission./.Belgien"; EuGHE 1983, 255, 287 Rdnr. 37 "Luxemburg./.EP".

104) EuGHE 1969, 523, 540 Rdnr. 14/17 "Kommission./.Frankreich"; EuGHE 1973, 101, 115 Rdnr. 25 "Kommission./.Italien"; vgl. auch GA Roemer in EuGHE 1973, 1135, 1171 "Schlüter": Pflicht der Mitgliedstaaten zu "gemeinschaftsfreundlichem Verhalten".

105) Umstritten, aber vorliegend nicht relevant ist die Frage, ob Art. 5 EWGV diesbezüglich eine abschließende Regelung ist, oder ob sich darüberhinaus aus einem allgemeinen Grundsatz der Gemeinschaftstreue noch weitere Verpflichtungen der Mitgliedstaaten ergeben.

schrift gegenüber den Mitgliedstaaten verneint.[106] In späteren Entscheidungen hat der Europäische Gerichtshof jedoch zunehmend konkrete Einzelpflichten aus Art. 5 EWGV abgeleitet und damit eine unmittelbare Wirkung mit Rechten und Pflichten gegenüber den Mitgliedstaaten im Grundsatz anerkannt.[107]

Auf Grund der Notwendigkeit einer Parallelisierung der nationalen Wettbewerbsrechte als Folge der Verpflichtungen aus dem allgemeinen Diskriminierungsverbot und der Verpflichtung der Staaten zur Erfüllung der Vertragsaufgaben nach Art. 5 EWGV könnte etwa auch ein Zwang zur Schaffung eines einheitlichen Regelungsgefüges aller nationalen Kartellrechte in Betracht zu ziehen sein.[108] Solange noch kein gemeinschaftlicher Akt zur Rechtsangleichung nach Artt. 100, 100 a EWGV ergangen ist, steht jedoch auch Art. 5 EWGV einer freien Gestaltung der nationalen Rechtsordnung grundsätzlich nicht entgegen.[109] Wohl aber kann sich aus Art. 5 EWGV die Verpflichtung ergeben, nationales Recht anzupassen oder aufzuheben, um zum Zweck der Einräumung des Vorrangs des unmittelbar geltenden Gemeinschaftsrechts eine einheitliche Anwendung in allen Mitgliedstaaten zu gewährleisten.[110]

Die Mitgliedstaaten sind aus Art. 5 EWGV verpflichtet, ihr innerstaatliches Recht im Lichte des Gemeinschaftsrechts auszulegen und fortzubilden.[111] Dies gilt sicher insoweit, als auf Gemeinschaftsebene Richtlinien

---

106) Grdl. GA Roemer in EuGHE 1969, 17, 27 "Walt Wilhelm" und EuGHE 1970, 844, 855; EuGHE 1971, 487, 498 Rdnr. 5 "Deutsche Grammophon"; EuGHE 1973, 1135, 1160 Rdnr. 39 "Schlüter"; EuGHE 1973, 1175, 1194 Rdnr. 26 "REWE"; EuGHE 1973, 865, 878 Rdnr. 4 "Geddo".

107) Grabitz-Grabitz Art. 5 Rdnr. 5; Pescatore EuR 1970, 307, 322; vgl. auch Söllner, S. 127, die darauf hinweist, daß die Kommission gem. Art. 169 EWGV zur Klageerhebung gegen einen Mitgliedstaat befugt ist, der seine Pflichten aus Art. 5 EWGV verletzt.

108) So Ebenroth/Parche BB-Beil. 18/1988, S. 12 f.

109) Steindorff, FS für "125 Jahre Jur. Ges. zu Berlin", S. 789, 799.

110) Grabitz-Grabitz Art. 5 Rdnr. 9 m.w.N.; GBTE[3]-Bleckmann Art. 5 Rdnr. 4.

111) Vgl. EuGHE 1984, 1891, 1909 Rdnr. 26 "Colson und Kamann".

bestehen und das nationale Recht deren Ausführung dient oder eigens dazu ergangen ist. Aber auch das übrige innerstaatliche Recht ist dieser Maßgabe unterworfen, welche auf Art. 5 EWGV beruht.

Mit fortschreitender Integration gestalten sich die aus Art. 5 EWGV abzuleitenden Pflichten umso intensiver.[112] Die Entwicklung von Praxis und Rechtsprechung zu Art. 5 EWGV ist ein typisches Beispiel für die dynamische Fortentwicklung der Gemeinschaft.[113] Daher besteht unabhängig von rechtsvereinheitlichenden Maßnahmen der Gemeinschaft in zunehmendem Maße die Verpflichtung der Mitgliedstaaten, das nationale Recht gemeinschaftskonform auszulegen und fortzubilden.

b) Einzelne Pflichten der Mitgliedstaaten

Der Gerichtshof bezieht sich selten auf einen bestimmten Teil des Art. 5 EWGV, sondern zieht die Vorschrift jeweils insgesamt heran. Die in Abs. 1 enthaltenen Verpflichtungen werden zusammengenommen als der Grundsatz der Mitwirkungspflicht der Mitgliedstaaten bezeichnet.[114]

aa) Handlungspflichten

Art. 5 Abs. 1 EWGV spricht ganz allgemein von "alle[n] geeignete[n] Maßnahmen allgemeiner oder besonderer Art zur Erfüllung der Verpflichtungen, die sich aus diesem Vertrag ... ergeben." Die Pflichten, die sich für die Mitgliedstaaten aus Art. 5 EWGV ergeben können, richten sich nach der jeweiligen Situation, in der die Vorschrift zur Anwendung kommt. Dabei kommt auch die Verpflichtung in Betracht, individuelle Entscheidungen zu treffen, die dem Vollzug des Vertrages und den dazu ergangenen Durchführungsvorschriften zu dienen bestimmt sind.[115] Die

---

112) Söllner, S. 7; van der Esch WuW 1988, 353, 354.

113) Man denke nur an den "Francovich"-Fall, EuGH NJW 1992, 165 ff.

114) Grabitz-Grabitz Art. 5 Rdnr. 9; EuGHE 1976, 2043, 2053 Rdnr. 11/18 "Comet".

115) GA Gand EuGHE 1970, 245, 246 "Kommission./.Belgien".

Mitgliedstaaten müssen im Einzelfall bei Untätigkeit der Gemeinschaft oder beim Fehlen einer gemeinschaftlichen Regelung aktiv tätig werden.[116]

bb) Unterlassungspflicht

Außerdem ergeben sich aus Art. 5 Abs. 2 EWGV Unterlassungspflichten, die jede Verletzung der Vertragsziele als Vertragsverletzungshandlung bewerten. Die Mitgliedstaaten sind verpflichtet, alle Maßnahmen zu unterlassen, die die Ziele des Vertrages gefährden können.[117] Allgemein hat der Gerichtshof Art. 5 Abs. 2 EWGV als die Pflicht bezeichnet, keine Maßnahmen zu ergreifen oder aufrechtzuerhalten, welche die praktische Wirksamkeit (effet utile) des Vertrages beeinträchtigen könnten.[118]

Dem in Art. 5 EWGV partiell verankerten Grundsatz der Gemeinschaftstreue ist auch ein Verbot des Rechtsmißbrauchs zu entnehmen, das sich gegen Maßnahmen richtet, die gegen den Geist des Vertrages verstoßen, weil sie seine Ziele unterlaufen.[119] Zwar richten sich die Bestimmungen über die Vertragsziele an die Gemeinschaftsorgane; dies schließt jedoch nicht aus, daß auch die Mitgliedstaaten sie zu beachten haben.[120] Art. 5 EWGV zieht der Ausübung nationaler Zuständigkeiten Grenzen und fordert die Gemeinschaftsverträglichkeit staatlicher Maßnahmen.[121] Die Mitgliedstaaten dürfen die Funktionsfähigkeit der Gemeinschaft und Verwirklichung ihrer Ziele nicht gefährden.[122]

---

116) Z.B. EuGHE 1978, 417, 449 Rdnr. 63/68 "Kommission./.Irland"; EuGHE 1977, 765, 777 Rdnr. 15/18 "Thieffry".

117) EuGHE 1981, 1045, 1075 Rdnr. 28 "Kommission./.Vereinigtes Königreich".

118) EuGHE 1969, 1, 14 "Walt Wilhelm".

119) GTE^4-Zuleeg Art. 5 Rdnr. 2.

120) EuGHE 1977, 765, 777 Rdnr. 15/18 "Thieffry"; GTE^4-Zuleeg Art. 5 Rdnr. 5 m.w.N.

121) Monopolkommission, Hauptgutachten 8 Tz. 1106; Bach WuW 1992, 571, 573; dies gilt auch im Bereich der Gesetzgebung, EuGHE 1977, 765, 777 Rdnr. 15/18 "Thieffry"; vgl. auch Bleckmann DVBl. 1976, 483 f.

122) GTE^4-Zuleeg Art. 5 Rdnr. 2.

c) Bindungen der Mitgliedstaaten bei der Beurteilung von Zusammenschlüssen ohne gemeinschaftsweite Bedeutung

Gerade im Bereich der Wettbewerbspolitik ist fraglich, ob die Souveränität der Mitgliedstaaten so weit geht, daß sie Zusammenschlüsse ohne gemeinschaftsweite Bedeutung auch dann zulassen können, wenn dies zu einer Verfälschung des Wettbewerbs im Gemeinsamen Markt führt. Ausweislich der Präambel des EWG-Vertrages streben sie die Gewährleistung eines redlichen Wettbewerbs an. Auch wenn die Mitgliedstaaten in ihrem Zuständigkeitsbereich die Konzentration in der Wirtschaft fördern, so unterliegen sie immer der Pflicht zur Gemeinschaftstreue,[123] die ihnen eine Beeinträchtigung der materiellen Ordnungen des Vertrages verwehrt. Art. 3 lit. f EWGV drückt das Ziel der Artt. 85 ff EWGV aus, den Wettbewerb in der Gemeinschaft gegen Eingriffe von Unternehmen, aber auch gegen staatliche Intervention zu schützen. Die Zielbestimmung ist kein bloßer unverbindlicher Programmsatz, ihr kommt vielmehr als einem der "grundlegenden Prinzipien des Gemeinsamen Marktes" unmittelbare Wirkung zu.[124]

Auch wenn die Wettbewerbsregeln des Vertrages in Art. 85 ff EWGV sich ausdrücklich an Unternehmen wenden, sind demnach die Mitgliedstaaten aus Artt. 3 lit. f, 5, 85, 86 EWGV verpflichtet, die Wirksamkeit des Gemeinschaftsrechts, insbesondere auch der Wettbewerbsregeln, nicht zu beeinträchtigen.[125] Die traditionelle und lange Zeit herrschende Interpretation

---

123) Zuleeg EuR 1990, 123, 133.

124) EuGHE 1973, 215, 245 Rdnr. 25 "Continental Can".
Zum Charakter des EWG-Vertrages als Wirtschaftsverfassung im materiellen Sinn vgl. Mestmäcker, FS für von der Groeben, S. 9, 17; zur marktwirtschaftlichen Ausrichtung der Gemeinschaft Grabitz-Koch Art. 85 Rdnr. 4.

125) EuGHE 1985, 17, 31 Rdnr. 14 "Leclerc I"; EuGHE 1985, 305, 319 f Rdnr. 15 ff "Leclerc II"; EuGHE 1986, 1457, 1471 Rdnr. 71 f "Asjes"; EuGHE 1987, 3821, 3826 Rdnr. 10 "Vlaamse Reisbureaus"; EuGHE 1987, 4808, 4815 Rdnr. 23 f "BNIC/Aubert"; EuGHE 1989, 803, 851 Rdnr. 48 f "Ahmed Saeed". Die Trennung zwischen den Verpflichtungen für Unternehmen aus Artt. 85, 86 EWGV und denjenigen für die Mitgliedstaaten aus Artt. 3 lit. f, 5 EWGV führt der EuGH auch klar durch, vgl. EuGHE 1988, 4769, 4791 Rdnr. 16 "van Eycke/Aspa".

war, daß lediglich staatliche Maßnahmen verboten seien, die die Unternehmen zu einem gegen Artt. 85, 86 EWGV verstoßenden Verhalten zwingen.

Der Europäische Gerichtshof hat jedoch in einer Reihe von Urteilen auf der Grundlage des Art. 5 EWGV und des Art. 3 lit. f EWGV die Verantwortung der Mitgliedstaaten für den Wettbewerb im Gemeinsamen Markt schrittweise erweitert und ihre Bindung an wettbewerbsrechtliche Verpflichtungen festgestellt, die der Ausübung staatlicher Befugnisse Schranken ziehen.[126] Im einzelnen sind mit Artt. 85, 86 EWGV i.V.m. Artt. 3 lit. f, 5 EWGV unvereinbar staatliche Maßnahmen, die wettbewerbsbeschränkende Verhaltensweisen von Unternehmen, die nach Artt. 85, 86 EWGV verboten sind, erleichtern oder fördern und solche, die die Auswirkungen von Vereinbarungen, die nach Artt. 85, 86 EWGV verboten sind, verstärken. Dies gilt auch und gerade für Art. 86 EWGV.[127] Die Reichweite dieser Rechtsprechung ist noch nicht geklärt, insbesondere nicht, ob die vom Gerichtshof bisher entwickelten Fallgruppen abschließend sind, oder der Gerichtshof darüber hinaus mitgliedstaatliches Verhalten generell an Artt. 3 lit. f, 5 EWGV messen wird, ohne dabei auf die Wettbewerbsregeln und unternehmerisches Verhalten Bezug zu nehmen.[128]

Auch von den einzelstaatlichen Zuständigkeiten im Bereich der Fusionskontrolle können Bedrohungen des gemeinschaftlichen Systems unverfälschten Wettbewerbs ausgehen.[129] Ein "Erleichtern" oder "Fördern" im Sinne dieser Rechtsprechung kann auch in einer staatlichen Konzentrationspolitik liegen, die Verstöße gegen Artt. 85, 86 EWGV tatenlos hin-

---

126) Von "Verpflichtungen der Mitgliedstaaten nach Artikel 5 in Verbindung mit den Artikeln 3 Buchstabe f und 85 ..." spricht der Gerichtshof erstmals in EuGHE 1986, 1457, 1472 Rdnr. 77 "Asjes".

127) EuGHE 1977, 2115, 2145 Rdnr. 30/35 "Inno/ATAB".

128) Vgl. Monopolkommission, Hauptgutachten 8 Tz. 1103 ff, 1149; Everling WuW 1990, 995, 1006.

129) Zuleeg EuR 1990, 123, 133; Bach WuW 1992, 571, 573 Fußn. 14.

nimmt oder die nationalen Unternehmen zu ihnen ermutigt;[130] Art. 5 EWGV behandelt positives Tun und Unterlassen gleich. Der Zusatz "allgemeiner oder besonderer Art" stellt klar, daß die von den Mitgliedstaaten zu treffenden Maßnahmen auch legislativer Art sein können.[131] So ist der Mitgliedstaat verpflichtet, verbotene Verhaltensweisen der Wirtschaftsteilnehmer, insbesondere einen Verstoß gegen Artt. 85, 86 EWGV zu verhindern, was erforderlichenfalls durch vorbeugende Gesetze zu geschehen hat.[132]

In der Literatur wird auf Grund dieser dynamischen Entwicklung des Integrationsprozesses in extensiver Auslegung des Art. 5 Abs. 2 EWGV vertreten, über den Anwendungsbereich der Verordnung hinaus die Anwendung nationaler Zusammenschlußkontrolle mit Wegfall der Handelshemmnisse mit den Kriterien einer aus der Verordnung abzuleitenden Gemeinschaftspolitik positiv zu verbinden.[133] Wenn schon aus der Fusionskontroll-VO - über ihren eigenen Anwendungsbereich hinaus - zumindest im Grundsatz die Manifestierung einer wettbewerbsorientierten gemeinschaftlichen Kontrolle von Unternehmenszusammenschlüssen erkennbar sei, so führe dies nicht nur zu einer Stillhalteverpflichtung der Mitgliedstaaten bei Änderung ihrer Wettbewerbsgesetze, sondern gleichzeitig zur Beschränkung der Anwendbarkeit nationaler Vorschriften.[134]

Angesichts des Verhältnisses zwischen Art. 5 EWGV einerseits und Artt. 100 ff EWGV andererseits[135] erscheint es zweifelhaft, ob aus Art. 5 Abs.

---

130) Zuleeg EuR 1990, 123, 133; Bach WuW 1992, 571, 573, insbes. a.a.O. Fußn. 14; nach EuGHE 1989, 803, 852 Rdnr. 49 "Ahmed Saeed" haben die Mitgliedstaaten demgegenüber alles zu unterlassen, was als Ermutigung wettbewerbsbeschränkender Verhaltensweisen angesehen werden kann; vgl. hierzu auch Monopolkommission, Hauptgutachten 8 Tz. 1134.

131) GTE[4]-Zuleeg Art. 5 Rdnr. 10.

132) GTE[4]-Zuleeg Art. 5 Rdnr. 10 unter Bezugnahme auf EuGHE 1977, 2115, 2145 Rdnr. 30/35 "Inno/ATAB".

133) Ebenroth/Parche BB-Beil. 18/1988, S. 17.

134) Zuleeg EuR 1990, 123, 133.

135) Siehe oben S. 263.

2 EWGV so weitgehende positive Verpflichtungen der Mitgliedstaaten zur Rechtsangleichung abgeleitet werden können.

Dies ist jedoch unter der vorliegenden Fragestellung nicht relevant: Hier geht es allein um eine negative Eingrenzung. Die Anwendung nationalen Rechts darf nicht hinter dem Prinzip des Art. 3 lit. f EWGV zurückbleiben und damit der Verwirklichung eines Gemeinsamen Marktes, deren hoher Stellenwert in Art. 8a EWGV hervorgehoben wird, diametral entgegenwirken. Art. 5 EWGV fordert nicht die Angleichung, sondern nur die Gemeinschaftsverträglichkeit nationalen Rechts.

Den Mitgliedstaaten ist es lediglich verwehrt, durch ihre nationale Gesetzgebung das Ziel des Art. 3 lit. f EWGV zu unterlaufen. Auch die ausschließliche Zuständigkeit der Mitgliedstaaten bei Zusammenschlüssen ohne gemeinschaftsweite Bedeutung darf nicht dazu führen, daß die Verwirklichung eines Systems unverfälschten Wettbewerbs im Gemeinsamen Markt gefährdet wird (vgl. den Wortlaut des Art. 5 Abs. 2 EWGV).

Die den Mitgliedstaaten unterhalb der Schwellen belassene Souveränität findet in Art. 5 EWGV ihre Grenze. Sie müssen ihre Spielräume der nationalen Fusionskontrolle mit gemeinschaftsfreundlicher Tendenz ausfüllen. Aus Art. 3 lit. f i.V.m. Art. 5 EWGV sind sie zur Rücksichtnahme auf die Gemeinschaft verpflichtet. Die Freiheit der Mitgliedstaaten geht nicht soweit, daß eine Schädigung des Systems unverfälschten Wettbewerbs in der Gemeinschaft zulässig wäre.

Daher kann auch die Regelung des Art. 22 Abs. 1 FKVO, die Beurteilung von Zusammenschlüssen ohne gemeinschaftsweite Bedeutung in der ausschließlichen Zuständigkeit der Mitgliedstaaten zu belassen, nicht zu einer Beeinträchtigung des Systems unverfälschten Wettbewerbs i.S.d. Art. 3 lit. f EWGV führen.

d) Umfang der Verpflichtung im einzelnen

Bei Zusammenschlüssen i.S.d. Art. 3 FKVO, die die Schwellen des Art. 1 Abs. 3 FKVO nicht erreichen, sind die Mitgliedstaaten nach alledem aus Artt. 5 Abs. 2, 3 lit. f, 85, 86 EWGV zum Einschreiten verpflichtet, wenn diese Zusammenschlüsse das System unverfälschten Wettbewerbs im Gemeinsamen Markt beeinträchtigen. Wie die Mitgliedstaaten ihre aus Art. 5 EWGV resultierenden Pflichten sachgerecht erfüllen, bleibt ihnen überlassen; Art. 5 Abs. 1 EWGV fordert lediglich "geeignete Maßnahmen".[136]

Dies kann Erlaß und Anwendung geeigneter nationaler Rechtsvorschriften zur Fusionskontrolle sein; sind diese nicht vorhanden, ist der jeweils betroffene Mitgliedstaat verpflichtet, gem. Art. 22 Abs. 3 FKVO der Kommission das Aufgreifen des Zusammenschlusses zu ermöglichen.[137]

6. Ergebnis

Die Beschränkung der europäischen Fusionskontrolle auf Fälle mit gemeinschaftsweiter Bedeutung kann nicht dazu führen, daß in Fällen ohne gemeinschaftsweite Bedeutung die Kontrolle so lückenhaft bleibt, daß das Ziel des Art. 3 lit. f EWGV beeinträchtigt wird.

---

136) Siehe auch EuGHE 1984, 2931, 2942 Rdnr. 20 "Rechnungsabschluß EAGFL"; EuGHE 1986, 1219, 1228 Rdnr. 16 "Kommission./.Niederlande"; EuGHE 1977, 137, 150 Rdnr. 32 "Amsterdam Bulb".

137) Vgl. zu den gemeinschaftsrechtlichen Grenzen der Ausübung von Ermächtigungen allgemein Bleckmann DVBl. 1976, 483, f. Da diese Verpflichtung aus dem EWG-Vertrag selbst und nicht erst aus Art. 22 Abs. 3 FKVO folgt, dürfte auch nach der hier vertretenen Auffassung die Befürchtung Heidenhains (EuZW 1990, 84, 85) nicht begründet sein, Art. 22 Abs. 3 FKVO könne zu einem Einfallstor für eine von den Schwellenwerten losgelöste gemeinschaftsweite Fusionskontrolle werden und damit die vom Rat gewollte Verteilung der Zuständigkeiten unterlaufen.

Daraus folgt, daß der Ausschließlichkeitsanspruch der Fusionskontroll-VO insgesamt objektiv zur Verwirklichung des Ziels des Art. 3 lit. f EWGV geeignet und daher mit Art. 235 EWGV vereinbar ist.

III. Abschließende Würdigung

Die Fusionskontroll-VO ist insgesamt ein großer Fortschritt für den Wettbewerbsschutz im Gemeinsamen Markt. Sie sorgt für ein sachgerechtes Nebeneinander von Verhaltenskontrolle (Kartellverbot und Mißbrauchskontrolle, Artt. 85, 86 EWGV) einerseits und Marktstrukturkontrolle (Fusionskontroll-VO) andererseits.[138] Da die Verordnung durch das System der zwingenden präventiven Kontrolle und vor allem durch das konsequent durchgeführte "one-stop-shopping" die seit Jahrzehnten bestehende Rechtsunsicherheit hinsichtlich der zuständigen Behörden, des anwendbaren rechtlichen Rahmens und der Bestandskraft von Genehmigungsentscheidungen beseitigt, trifft sie die für die Problematik der Fusionskontrolle einzig sach- und interessengerechte Regelung. Sie bewirkt eine große Ausweitung der Befugnisse der Kommission in bezug auf Zusammenschlüsse und konzentrative Gemeinschaftsunternehmen ohne Rücksicht darauf, ob diese horizontal, vertikal oder konglomerat sind.

Als Endergebnis bleibt festzuhalten:

Gem. Art. 22 Abs. 1 FKVO findet die Kontrolle von Zusammenschlüssen oberhalb der Schwellenwerte auf Gemeinschaftsebene (Ausnahme: Artt. 9, 21 Abs. 3 FKVO) und ausschließlich nach der Fusionskontroll-VO statt; unterhalb der Schwellenwerte wenden nationale Behörden nationales Recht an (Ausnahme: Art. 22 Abs. 3 FKVO).

Artt. 85, 86 EWGV sind auf Zusammenschlüsse i.S.d Art. 3 FKVO generell nicht anwendbar.

---

138) So auch K. Schmidt, FIW-Heft 134, S. 65, 76; Pathak ECLR 1990, 119, 125.

LITERATURVERZEICHNIS

ALBERS, Michael: Fusionskontrolle zwischen Wettbewerbs und Industriepolitik, in: CR 1990, 444.

ALEXANDER, Willy: Anmerkung zum Urteil Continental Can, in: CMLR 1973, 316.

ders.: Le contrôle des concentrations entre entreprises, in: CahDE 1990, 529.

ANDREAE, Clemens-August / KIRCHHOFF, Jochen / PFEIFFER, Gerd (Hrsg.): Wettbewerb als Herausforderung und Chance, Festschrift für Werner Benisch, 1989.

AREEDA, Phillip / KAPLOW, Louis: Antitrust Analysis - Problems, Text, Cases, 4th edition, Boston/Toronto 1988.

van ARNHEIM, Elke: Der räumlich relevante Markt im Rahmen der Fusionskontrolle, 1991.

AXSTER, Herbert: Art. 86 EWG-Vertrag als Instrument der Fusionskontrolle, in: WuW 1971, 758.

AXSTER, Oliver: Die europäische Fusionskontrolle, in: FS für Quack, S. 569.

BACH, Albrecht: Materielle Veränderungen der deutschen Fusionskontrolle durch die EWG-Fusionskontrolle, in: WuW 1992, 571.

BAUER, Günter: Wettbewerbsbeschränkungen durch Staaten ?, 1989.

BAUR, Jürgen F. / HOPT, Klaus J. / MAILÄNDER, K. Peter: Festschrift für Ernst Steindorff zum 70. Geburtstag am 13. März 1990, Berlin/New York 1990.

BECHTOLD, Rainer: Die EWG-Fusionskontrolle de lege lata unter Einbeziehung von Gemeinschaftsunternehmen, in: RIW 1985, 442.

ders.: Die Grundzüge der neuen Fusionskontrolle, in: RIW 1990, 253.

BEHRENS, Fritz: Rechtsgrundlagen der Umweltpolitik der Europäischen Gemeinschaft, 1976.

ohne Verf.: Beiträge zum EWG-Kartellrecht, erstattet für das internationale Kartellrechtsforum 1966 in Brüssel, 1967.

BELLAMY, Christopher / CHILD, Graham D.: Common Market Law of Competition, 3. Aufl., London 1987.

BENISCH, Werner: Verhältnis von Kartellverbot und Fusionskontrolle, in: FS für Rittner, S. 17.

ohne Verf.: Bericht der Delegationsleiter des von der Konferenz von Messina eingesetzten Regierungsausschusses an die Außenminister vom 21. April 1956, in: Schwarz, Der Aufbau Europas, S. 277.

BERNINI, Giorgio: Die Wettbewerbsregeln in der EWG, in: Kommission, 30 Jahre Gemeinschaftsrecht, S. 361.

ders.: Diskussionsbeitrag in: Coopérations, concentrations, fusions d'entreprises dans la C.E.E., in: RevMC 1968, 274.

BEUTLER, Bengt / BIEBER, Roland / PIPKORN, Jörn / STREIL, Jochen: Die Europäische Gemeinschaft - Rechtsordnung und Politik, 3. Aufl., 1987 (Zit.: "BBPS-[Bearbeiter]").

BIEBER, Roland / RESS, Georg: Die Dynamik des europäischen Gemeinschaftsrechts/The dynamics of EC-Law, 1987.

BIENAYMÉ, Alain: L'application de l'article 86 du traité de Rome dans la décision "Continental Can Company", in: RTDE 1972, 65.

BLAISE, Jean Bernard: Concurrence: Contrôle des opérations de concentration, in: RTDE 1990, 743.

ders.: Application des règles de concurrence du traité aux opérations de concentration, in: RTDE 1989, 471.

BLANK, Josef: Europäische Fusionskontrolle im Rahmen der Artt. 85, 86 des EWG-Vertrages, 1991.

BLECKMANN, Albert: Europarecht - Das Recht der Europäischen Gemeinschaft, 5. Aufl., 1990.

ders.: Art. 5 EWG-Vertrag und die Gemeinschaftstreue, in: DVBl. 1976, 483.

ders.: Teleologie und dynamische Auslegung des europäischen Gemeinschaftsrechts, in: EuR 1979, 239.

ders.: Zu den Auslegungsmethoden des Europäischen Gerichtshofs, in: NJW 1982, 1177.

BÖHM, Reinhard: Kompetenzauslegung und Kompetenzlücken im Gemeinschaftsrecht - Ein Beitrag zur Klärung und Abgrenzung von effet utile, implied powers, resulting powers und Lückenklauseln, 1985.

BÖRNER, Bodo: Gemeinschaftsunternehmen im Wettbewerbsrecht von EWGV und EGKSV, FIW-Heft 80, S. 179.

BOLZE, Christian: Le règlement (CEE) 4064/89 du Conseil relatif au contrôle des opérations de concentration, in: Revue des sociétés 1990, 207.

BORSCHETTE, Albert: Les contrôles européens des concentrations, in: RevMC 1973, 354.

BRIGHT, Christopher: The European Merger Control Regulation: Do Member States still Have an Independent Role in Merger Control? Part I, in: ECLR 1991, 139.

BRITTAN, Sir Leon: The Law and Policy of Merger Control in the EEC, in: ELR 1990, 351.

BUNTE, Hermann-Josef: Das Verhältnis von deutschem zu europäischem Kartellrecht, WuW 1989, 7.

v. CAEMMERER, Ernst / SCHLOCHAUER, Jürgen / STEINDORFF, Ernst*:* Probleme des europäischen Rechts, Festschrift für Walter Hallstein zu seinem 65. Geburtstag, 1966.

CANELLOS, Peter C. / SILBER, Horst S.: Concentration in the Common Market, CMLR 1970, 5 ff, 138 ff.

CARSTENS, Karl: Die kleine Revision des Vertrages über die Europäische Gemeinschaft für Kohle und Stahl, ZaöRV 21 (1961), S. 1.

CASPARI, Manfred: Subventions- und Antisubventionspolitik der Europäischen Gemeinschaften, FIW-Heft 114, S. 49.

CASPARI, Manfred / SCHWARZ, Dieter: Europäische Fusionskontrolle - Ein Historienspiel, in: FS für Benisch, S. 383.

CECCHINI, Paolo: Europa '92: Der Vorteil des Binnenmarkts, 1988.

COING, Helmut / KRONSTEIN, Heinrich / MESTMÄCKER, Ernst-Joachim: Wirtschaftsordnung und Rechtsordnung, Festschrift zum 70. Geburtstag von Franz Böhm, 1965.

CONSTANTINESCO, Léontin-Jean: Recht der Europäischen Gemeinschaften, Band I, 1977.

COOK, John / SOAMES, Trevor: EEC Merger Regulation: A Practical View, in: International Business Lawyer 1991, 330.

dies.: EEC Merger Regulation II: The Apprisal Process, in: International Business Lawyer 1991, 491.

DECHERY, Jean-Luc: Le règlement communautaire sur le contrôle des concentrations, in: RTDE 1990, 307.

DEGAN, V. P.: Procédés d'interprétation tirés de la jurisprudence de la Cour de Justice des Communautés européennes, in: RTDE 1966, 189.

DEIMEL, Albert: Rechtsgrundlagen einer europäischen Zusammenschlußkontrolle, 1992.

DERINGER, Arved: Das Wettbewerbsrecht der europäischen Wirtschaftsgemeinschaft, WuW-Loseblattkommentar, 1962-1965.

ders.: Auf dem Wege zu einer europäischen Fusionskontrolle, in: EuR 1974, 99.

DORN, Dietrich-W.: Art. 235 EWGV - Prinzipien der Auslegung. Die Generalermächtigung zur Rechtsetzung im Verfassungssystem der Gemeinschaften, Diss. Kehl/Straßburg/Arlington, 1986.

DUBOIS, Jean-Pierre: La position dominante et son abus dans l'article 86 du traité de la CEE, Paris 1968.

DUESBERG, Peter: Unternehmenszusammenschlüsse und Art. 86 EWGV, in: WuW 1971, 30.

EBENROTH, Carsten / LANGE, Knut Werner: Die Auswirkungen der Europäischen Fusionskontrollverordnung auf das bundesdeutsche Recht der Unternehmenszusammenschlüsse, in: BB 1991, 845.

EBENROTH, Carsten / PARCHE, Ulrich: Der Verordnungsentwurf einer europäischen Fusionskontrolle und seine Auswirkungen auf nationales und internationales Kartellrecht, in: BB-Beil. 18 zu Heft 33/1988.

EHLERMANN, Claus-Dieter: Die europäische Fusionskontrolle - erste Erfahrungen, in: WuW 1991, 535.

ders.: Neuere Entwicklungen im europäischen Wettbewerbsrecht, in: EuR 1991, 307.

ders.: Mitgliedschaft in der Europäischen Gemeinschaft - Rechtsprobleme der Erweiterung der Mitgliedschaft und der Verkleinerung, in: EuR 1984, 113.

EINSELE, Dorothee: Auswirkungen der europäischen Fusionskontrollverordnung auf Gemeinschaftsunternehmen, in: RIW-Beil. 2 zu Heft 8/1992.

EISELSTEIN, Claus: Europäische Verfassunggebung - Einige grundsätzliche Überlegungen im Vorfeld der Regierungskonferenz, in: ZRP 1991, 18.

ELLAND, William: The Mergers Control Regulation (EEC) No. 4064/89, in: ECLR 1990, 111.

ders.: The Merger Control Regulation and its Effect on National Merger Controls and the Residual Application of Articles 85 and 86, in: ECLR 1991, 19.

EMMERICH, Volker: Die Auslegung von Art. 85 Abs. 1 EWG-Vertrag durch die bisherige Praxis der Kommission, in: EuR 1971, 295.

ders.: Kartellrecht, 5. Aufl., 1988.

ders.: Kartellrecht, 6. Aufl., 1991.

ders.: Europäische Fusionskontrolle nach dem Zigaretten-Urteil, in: FS für Steindorff, S. 951.

ders.: Fusionskontrolle 1988/89, in: AG 1989, 369.

van EMPEL, Martijn: Merger Control in the EEC, in: World Competition 1990, 5.

ERDMANN, Willy / MEES, Hans-Kurt / PIPER, Henning: Festschrift für Otto-Friedrich Frhr. v. Gamm, 1990.

ohne Verf.: Europees Kartelrecht, Antwerpen/Utrecht 1969.

van der ESCH, Bastiaan: Der Stellenwert des unverfälschten Wettbewerbs in der Rechtsprechung des Europäischen Gerichtshofs und der Verwaltungspraxis der Kommission, in: WuW 1988, 353.

EVERLING, Ulrich: Die allgemeine Ermächtigung der Europäischen Gemeinschaft zur Zielverwirklichung nach Art. 235 EWG-Vertrag, in: EuR-SH 1/1976, S. 2.

ders.: Probleme atypischer Rechts- und Handlungsformen bei der Auslegung des Europäischen Gemeinschaftsrechts, in: Bieber/Ress, S. 417.

ders.: Zur Wettbewerbskonzeption in der neueren Rechtsprechung des Gerichtshofs der Europäischen Gemeinschaften, in: WuW 1990, 995.

EVERLING, Ulrich / SCHWARZ, Ivo E. / TOMUSCHAT, Christian: Die Rechtsetzungsbefugnisse der EWG in Generalermächtigungen, insbesondere Art. 235 EWGV, EuR-SH 1/1976.

FAULL, Jonathan: Joint Ventures Under the EEC Competition Rules, in: ECLR 1984, 358.

FELDMANN, Wolfgang: Die europäische Fusionskontrolle - Ein Überblick für die Praxis, in: WRP 1990, 577.

FIKENTSCHER, Wolfgang: Kooperation und Gemeinschaftsunternehmen im Lichte der Art. 85 und 86 EWGV, in: Europees Kartelrecht, S. 177.

ders.: Systemfragen im europäischen Recht der Wettbewerbsbeschränkungen, in: FS für Franz Böhm zum 70. Geburtstag, S. 261.

FINE, Frank L.: EC Merger Control: An Analysis of the New Regulation, in: ECLR 1990, 47.

ders.: The Apprisal Criteria of the EC Merger Control Regulation, in: ECLR 1991, 148.

ders.: The Commission's Draft Guidelines for Joint Ventures: On the Road to Transparency ?, in: ECLR 1992, 51.

FOCSANEANU, Lazar: L'abus de position dominante après l'arrêt "Continental Can" (21 février 1973), in: RevMC 1973, 145.

FREES, Christian-Peter: Das neue industriepolitische Konzept der Europäischen Gemeinschaft, in: EuR 1991, 281.

Frhr. v. GAMM, Otto Friedrich: Kartellrecht (Kommentar), 2. Aufl., 1990.

GERICKE, Hans-Peter: Allgemeine Rechtssetzungsbefugnisse nach Art. 235 EWGV, 1970.

GESSLER, Ernst / SONNENBERGER, Hans-Jürgen: Internationaler Gleichordnungskonzern und der französische groupement d'interêt économique aus der Sicht des Art. 85 EWGV, in: WuW 1971, 159.

GLEISS, Alfred: Fusionskontrolle im EWG-Kartellrecht ? Zum Continental Can-Urteil des Europäischen Gerichtshofs, in: AWD 1973, 268.

GLEISS, Alfred / HIRSCH, Martin: Kommentar zum EWG-Kartellrecht, 3. Aufl., 1978.

GOLDMAN, M. Berthold: Europäisches Handelsrecht, 1973.

GOYDER, D. G.: EEC Competition Law, Oxford 1988.

GRABITZ, Eberhard (Hrsg.): Kommentar zum EWG-Vertrag, Loseblattsammlung 1983 (Zit.: "Grabitz-[Bearbeiter]").

von der GROEBEN, Hans / THIESING, Jochen / EHLERMANN, Claus-Dieter: Kommentar zum EWG-Vertrag, 4. Aufl., 1991 (Zit. je nach

Auflage: "GTE⁴-[Bearbeiter]", "GBTE³-[Bearbeiter]" oder "GBT²-[Bearbeiter]").

GROGER, Thomas / JANICKI, Thomas: Weiterentwicklung des Europäischen Wettbewerbsrechts, in: WuW 1992, 991.

GYSELEN, Luc: Le règlement du Conseil des Communautés Européennes relatif au contrôle des opérations de concentration entre entreprises, in: RTDcom 1992, 5.

HABERKORN, Kurt: Können konzernmäßige Zusammenschlüsse unter § 1 GWB fallen ?, in: WRP 1967, 39.

HALLSTEIN, Walter: Die Europäische Gemeinschaft, 5. Aufl., 1979.

HARMS, Wolfgang: Konzerne im Recht der Wettbewerbsbeschränkungen, 1968.

HAWKES, Leonard: The EC Merger Control Regulation: Not an Industrial Policy Instrument: The De Havilland Decision, in: ECLR 1992, 35.

HEFERMEHL, Wolfgang: Beurteilung von Fusionen und Konzernbildungen nach Art. 85 und 86 des EWG-Vertrages, in: FS für Nipperdey Bd. II, S. 771.

ders.: Marktbeherrschende Unternehmen und Zusammenschlüsse im Lichte der Art. 85 und 86 EWG-Vertrag, in: Europees Kartelrecht, S. 161.

HEIDENHAIN, Martin: Europäische Fusionskontrolle für Zusammenschlüsse ohne gemeinschaftsweite Bedeutung, in: EuZW 1990, 84.

ders.: Zur Klagebefugnis Dritter in der Europäischen Fusionskontrolle, in: EuZW 1991, 590.

HELMRICH, Herbert (Hrsg.): Wettbewerbspolitik und Wettbewerbsrecht, 1987.

Graf HENCKEL von DONNERSMARCK, Guidotto: Planimmanente Krisensteuerung in der Europäischen Wirtschaftsgemeinschaft, 1971.

HERDEGEN, Matthias: Auslegende Erklärungen von Gemeinschaftsorganen und Mitgliedstaaten zu EG-Rechtsakten, in: ZHR 155 (1991), S. 52.

HERMANNS, Ferdinand: Konzentration, Marktbeherrschung, Mißbrauch - eine internationale Diskussion, 1976.

HESSE, Konrad: Grundzüge des Verfassungsrechts der Bundesrepublik Deutschland, 16. Aufl., 1988.

HEYNEN, Klaus-Jörg: Konzentrationskontrolle für die Europäische Wirtschaftsgemeinschaft, in: NJW 1973, 1526.

HILF, Meinhard: Maßnahmen zur Erweiterung des Wirkungsbereichs der Verträge, in: Bieber/Ress, S. 251.

HITZLER, Gerhard: Systeme der Fusionskontrolle, 1979.

HÖLZLER, Heinrich: EG-Fusionskontrolle: Konzepte und Konsequenzen, in: WM 1990, 489.

HÖLZLER, Heinrich / ROHARDT, Klaus-Peter: Deutsche und europäische Fusionskontrolle, in: FS für Benisch, S. 399.

HOLCH, Georg: Der Bundesrat zur Rechtsetzung der Europäischen Gemeinschaften, in: EuR 1969, 215.

HUBER, Ulrich: Europäische Fusionskontrolle, Referat im Rahmen der Vortragsreihe "Europäisches Wirtschaftsrecht", Bonn 1990.

ders.: Gemeinschaftsunternehmen im deutschen Wettbewerbsrecht, in: FIW-Heft 80, S. 1.

ders.: Aktuelle Probleme des Gemeinschaftsunternehmens im deutschen und europäischen Wettbewerbsrecht, in: WuW 1978, 677.

HUBER, Ulrich / BÖRNER, Bodo: Gemeinschaftsunternehmen im deutschen und europäischen Wettbewerbsrecht, FIW-Heft 80, 1978.

ILIOPOULOS, Constantin: Gemeinschaftsunternehmen im EGKS- und EWG-Kartellrecht, 1986.

IMMENGA, Ulrich: Die Sicherung unverfälschten Wettbewerbs durch Europäische Fusionskontrolle, in: WuW 1990, 371.

IMMENGA, Ulrich / FUCHS, Andreas: Art. 85 EWG-Vertrag als Grenze für Unternehmensbeteiligungen, in: NJW 1988, 3052.

IMMENGA, Ulrich / MESTMÄCKER, Ernst Joachim: GWB - Kommentar zum Kartellgesetz, 2. Aufl., 1992 (Zit.: "IM-[Bearbeiter]").

IPSEN, Hans-Peter: Europäisches Gemeinschaftsrecht, 1972.

JANICKI, Thomas: EG-Fusionskontrolle auf dem Weg zur praktischen Umsetzung, in: WuW 1990, 195.

ders: Perspektiven der Fusionskontrolle im gemeinsamen Binnenmarkt, in: WuW 1989, 193.

JICKELI, Joachim: Marktzutrittsschranken im EG-Kartellrecht (Teil 1), in: WuW 1992, 101.

ders.: Marktzutrittsschranken im EG-Kartellrecht (Teil 2), in: WuW 1992, 195.

JOLIET, René: Der Begriff der mißbräuchlichen Ausnutzung in Art. 86 EWGV, in: EuR 1973, 97.

ders.: Lord Bethell devant la Cour de Justice: en avion ou en bateau...?, in: CahDE 1982, 552.

KAISER, Joseph H.: Die Grenzen der EG-Zuständigkeit, in: EuR 1980, 97.

KAMBUROGLOU, Panagiotis: Erste Untersagungsentscheidung im Zusammenschlußvorhaben ATR/de Havilland, in: WuW 1992, 305.

KANTZENBACH, Erhard: Die Funktionsfähigkeit des Wettbewerbs, 1966.

KAPTEYN, P.J.G. / VERLOOREN VAN THEMAAT, P. / GROMLEY, Laurence W.: Introduction to the Law of the European Communities, Boston/London u.a. 1990.

KARL, Joachim: Zur Rechtswirkung von Protokollerklärungen in der Europäischen Gemeinschaft, in: JZ 1991, 593.

KARTTE, Wolfgang: Zwischen Konzentration und Marktbeherrschung, in: Der Volkswirt 1963, 344.

ders.: Unternehmensgröße und internationale Wettbewerbsfähigkeit, in: Helmrich (Hrsg.), Wettbewerbspolitik und Wettbewerbsrecht, S. 199.

ders.: Fusionskontrolle in der Marktwirtschaft, in: Raisch/Sölter/Kartte, S. 87.

KEPPENNE, Jean-Paul: Le contrôle des concentrations entre entreprises, in: CahDE 1991, 42.

KEVEKORDES, Johannes: Zur Rechtsstellung Drittbeteiligter im EG-(Kartell-) Verfahrensrecht, in: DB 1989, 2521.

KIRCHHOFF, Wolfgang: Europäische Fusionskontrolle, in: BB-Beil. 14 zu Heft 11/1990.

KLEINMANN, Werner: Die Anwendbarkeit der EG-Fusionskontrollverordnung auf Gemeinschaftsunternehmen, in: RIW 1990, 605.

KLEINMANN, Werner / BECHTOLD, Rainer: Kommentar zur Fusionskontrolle, 1977.

KOCH, Eckart: Kartellverbot und Fusionskontrolle nach der zweiten Novelle des Gesetzes gegen Wettbewerbsbeschränkungen, in: WiR 1974, 29.

KOCH, Norbert: Die neuen Befugnisse der EG zur Kontrolle von Unternehmenszusammenschlüssen, in: EWS 1990, 65.

KOENIGS, Folkmar: Neuere Entwicklungen des EWG-Rechts, insbesondere des Kartellrechts, in: FIW-Heft 135, S. 137.

KOMMISSION DER EUROPÄISCHEN GEMEINSCHAFTEN: Berichte über die Wettbewerbspolitik 1971-1992.

dies.: Das Problem der Unternehmenskonzentration im Gemeinsamen Markt, Studien - Reihe Wettbewerb 3, Brüssel 1966.

dies.: Dreißig Jahre Gemeinschaftsrecht, Brüssel/Luxemburg 1981.

KOPPENSTEINER, Hans-Georg: Fragen der Kokskohlesubvention, in: AWD 1967, 373.

KORAH, Valentine: The Control of Mergers under the EEC Competition Law, in: ECLR 1987, 239.

dies.: An Introductory Guide to EEC Competition Law, 4. ed., Oxford 1990.

KORAH, Valentine / LASOK, Paul: Philip Morris and its aftermath - Merger Control ?, in: CMLR 1988, 333.

KOVAR, R.: The EEC Merger Regulation, in: Yearbook of European Law 1990, 71.

KULKA, Michael: Das Verhältnis von Art. 85 und 86 EWG-Vertrag, in: Festschrift für Rittner, S. 343.

LACHMANN, Per: Some Danish Reflections on the Use of Article 235 of the Rome Treaty, in: CMLR 1981, 447.

LANGEHEINE, Bernd: Juridical Review in the Field of Merger Control, in: Journal of Business Law 1992, 121.

LANGEN, Eugen / NIEDERLEITHINGER, Ernst / RITTER, Lennart / SCHMIDT, Ulrich: Kommentar zum Kartellgesetz, 1982.

LASOK, D. / BRIDGE, J.W.: Law and Institutions of the European Communities, 5. Aufl., London 1991.

De la LAURENCIE, Jean-Patrice: Le nouveau règlement communautaire sur les concentrations: Comment un bon compromis politique produit un nid à contenieux, in: Rec. Dal. Sir. 1990, 141.

ders.: Le contrôle communautaire des acquisitions internationales: l'application du nouveau règlement européen sur les concentrations, in: DPCI 1992, 60.

LAUWAARS, R. H.: Artikel 235 als Grundlage für die flankierenden Politiken im Rahmen der Wirtschafts- und Währungsunion, in: EuR 1976, 100.

LEISNER, Walter: Die Zulässigkeit der Subventionierung deutscher Steinkohle zur Verstromung nach europäischem Recht, in: GewArch 1990, 377.

LEVER, Jeremy / LASOK, Paul: Mergers and Joint Ventures in the EEC, in: Yearbook of European Law 1986, S. 121.

LINDEMANN, Jürgen: Der Verordnungs-Entwurf einer europäischen Fusionskontrolle aus der Sicht der deutschen Wirtschaft, in: FIW-Skript 10, 1988.

LÖWISCH, Manfred / SCHMIDT-LEITLOFF, Chr. / SCHMIEDEL, Burkhard (Hrsg.): Beiträge zum Handels- und Wirtschaftsrecht, Festschrift für Fritz Rittner, 1991.

LOUIS, Jean Victor: L'ordre juridique communautaire, 2. Aufl., Bruxelles 1983.

ders.: Le fonds européen de coopération monétaire, in: CahDE 1973, 255.

MARENCO, Giuliano: Les conditions d'application de l'article 235 du Traité CEE, in: RevMC 1970, 147.

MARKERT, Kurt: Beurteilung von Unternehmenszusammenschlüssen und Gemeinschaftsunternehmen als Kartelle, in: AWD 1964, 186.

MÉGRET, Jacques / WAELBROECK, Michel / LOUIS, Jean-Victor / VIGNES, Daniel: Le droit de la Communauté Economique Européenne: Vol. 4, Concurrence, Bruxelles 1972; Vol. 15 Dispositions générales et finales, Bruxelles 1987 (Zit.: "MWLV-[Bearbeiter]").

von MEIBOM, Hanspeter: Lückenfüllung bei den europäischen Gemeinschaftsverträgen - Zur Anwendung des Art. 235 EWGV, in: NJW 1968, 2165.

MEIER, Gert: GWB-Novelle und Europäischer Binnenmarkt, in: WuW 1988, 723.

ohne Verf.: Mélanges Fernand Dehousse, Vol. I, Paris/Bruxelles 1979.

MERTENS de WILMARS, J.: Réflexions sur les méthodes d'interprétation de la Cour de Justice des communautés européennes, in: CahDE 1986, 5.

MESTMÄCKER, Ernst-Joachim: Auf dem Wege zu einer Ordnungspolitik in Europa, in: FS für von der Groeben, S. 9.

ders.: Die Beurteilung von Unternehmenszusammenschlüssen nach Art. 86 des Vertrages über die Europäische Wirtschaftsgemeinschaft, in: FS für Hallstein, S. 322.

ders.: Europäisches Wettbewerbsrecht, 1974.

ders.: Fusionskontrolle im Gemeinsamen Markt zwischen Wettbewerbspolitik und Industriepolitik, in: EuR 1988, 349.

MESTMÄCKER, Ernst-Joachim / MÖLLER, Hans / SCHWARZ, Hans-Peter: Eine Ordnungspolitik für Europa, Festschrift für Hans von der Groeben zu seinem 80. Geburtstag, 1987.

MIERSCH, Michael: Die europäische Fusionskontrolle, Diss. Regensburg, 1991.

ders.: Kommentar zur EG-Verordnung Nr. 4064/89 über die Kontrolle von Unternehmenszusammenschlüssen, 1991.

MÖSCHEL, Wernhard: Recht der Wettbewerbsbeschränkungen, 1983.

MONOPOLKOMMISSION: Fusionskontrolle bleibt vorrangig, Hauptgutachten 3 (1978/78), 1980.

dies.: Konzeption einer europäischen Fusionskontrolle, Sondergutachten 17, 1989.

dies.: Wettbewerbspolitik vor neuen Herausforderungen, Hauptgutachten 8 (1988/89), 1990.

dies., Wettbewerbspolitik oder Industriepolitik, Hauptgutachten 9 (1990/91), 1992.

MONTAG, Frank: Grundlagen der EG-Fusionskontrollverordnung, in: IWB 1990, 681.

MÜLLER-HENNEBERG, Hans / SCHWARTZ, Gustav (Hrsg.): Gesetz gegen Wettbewerbsbeschränkungen und Europäisches Kartellrecht, Gemeinschaftskommentar, 4. Aufl., seit 1980 (Zit.: "MHS-[Bearbeiter]").

NERI, Sergio: Observations. Le contrôle des concentrations dans le Traité CEE, in: CahDE 1973, 339.

NICOLAYSEN, Gert: Europarecht, 1991.

ders.: Zur Theorie von den implied powers in den Europäischen Gemeinschaften, in: EuR 1966, 133.

NIEDERLEITHINGER, Ernst: Das Verhältnis nationaler und europäischer Kontrolle von Zusammenschlüssen, in: WuW 1990, 721.

ders.: Grundfragen der neuen europäischen Zusammenschlußkontrolle, in: EWS 1990, 73.

ders.: Vier Prognosen zur europäischen Fusionskontrolle, in: FS für Quack, S. 645.

NIEMEYER, Hans-Jörg: Die Anwendbarkeit der Art. 85 und 86 EWG-Vertrag auf Unternehmenszusammenschlüsse nach Inkrafttreten der EG-Fusionskontrollverordnung, in: RIW 1991, 448.

ders.: Europäische Fusionskontrolle - Erste Umrisse einer Verwaltungspraxis der EG-Kommission, in: BB-Beil. 25 zu Heft 35/36/1991.

ders.: Die Europäische Fusionskontrollverordnung, Sonderveröffentlichung zum Recht der Internationalen Wirtschaft, 1991.

OLMI, Giancarlo: La place de l'Art. 235 CEE dans le système des attributions de compétence à la Communauté, in: Mélanges Dehousse, S. 279.

van OMMESLAGHE, Pierre: Die Anwendung der Art. 85 und 86 des Rom-Vertrages auf Fusionen, Gesellschaftszusammenschlüsse und Gemeinschaftsunternehmen, in: Beiträge zum EWG-Kartellrecht, S. 41.

ders.: Le règlement sur le contrôle des opérations de concentration entre entreprises et les offres publiques d'acquisition, in: CahDE 1991, 259.

OPPERMANN, Thomas: Europarecht, 1991.

PAPPALARDO, Aurelio: Le règlement CEE sur le contrôle des concentrations, in: RIDE 1990, 3.

PATHAK, Anand S.: EEC Concentration Control: The foreseeable Uncertainties, in: ECLR 1990, 119.

ders.: The EC Commission's Approach to Joint Ventures: A Policy of Contradictions, in: ECLR 1991, 171.

PECHSTEIN, Matthias: Die Bedeutung von Protokollerklärungen zu Rechtsakten der EG, in: EuR 1990, 249.

PESCATORE, Pierre: Das Zusammenwirken der Gemeinschaftsrechtsordnung mit den nationalen Rechtsordnungen, in: EuR 1970, 307.

PRIEBE, Reinhard: Entscheidungsbefugnisse vertragsfremder Einrichtungen im Europäischen Gemeinschaftsrecht, 1979.

QUADRI, Rolando / MONACO, Riccardo / TRABUCCHI, Alberto: Trattato Istitutivo della Communità Economica Europea - Commentario, Milano 1965.

RABE, Hans-Jürgen: Das Verordnungsrecht der Europäischen Wirtschaftsgemeinschaft, Diss. Hamburg, 1963.

RAISCH, Peter / SÖLTER, Arno / KARTTE, Wolfgang: Fusionskontrolle - Für und Wider, 1970.

RIESENKAMPFF, Alexander: Auswirkungen des Urteils des EuGH vom 17.11.1987 ("Philip Morris"), in: WuW 1988,465.

ders.: Perspektiven und Probleme der europäischen Fusionskontrolle, in: FS für Rittner, S. 491.

RITTER, Lennart / BRAUN, W. David / RAWLINSON, Francis: EEC Competition Law - A Practitioner's Guide, Deventer/Boston 1991.

RITTER, Lennart / OVERBURY, Colin: An Attempt at a Practical Approach to Joint Ventures under the EEC-Rules on Competition, in: CMLR 1977, 601.

RITTNER, Fritz: Wirtschaftsrecht, 2. Aufl., 1987.

RIZZA BAJARDO, Giulio: La normativa comunitaria sul controllo delle concentrazioni tra imprese, in: Giu. it. 1990, IV, 390.

RÖHLING, Andreas: Offene Fragen der Europäischen Fusionskontrolle, in: ZIP 1990, 179.

ROHARDT, Klaus-Peter: Die Europäische Fusionskontrolle beginnt Gestalt anzunehmen, in: WuW 1991, 365.

RUPPELT, Hans-Jürgen: Der Verordnungsentwurf für eine europäische Fusionskontrolle im EG-Ministerrat, in: WuW 1989, 187.

SANTA MARIA, Alberto: Il regolamento comunitario N. 4064/89 sul controllo delle concentrazioni, in: Dir. com. int 1990, 127.

SATZKY, Horst: Fusionskontrolle nach Art. 85 EWG-Vertrag, in: DB 1988, 379.

SAUTER, Herbert: Ein Nachwort zur europäischen Fusionskontrolle, in: FS für Rittner, S. 657.

SCHEIBE, Roland: Die Anleihekompetenzen der Gemeinschaftsorgane nach dem EWG-Vertrag. Zu den Möglichkeiten und Grenzen der Kreditfinanzierung der EWG sowie zur "Allgemeinen Ermächtigungsklausel" des Art. 235 EWG-Vertrag, 1988.

SCHLIEDER, Willy Christoph: Coopérations, concentrations, fusions d'entreprises dans la C.E.E., in: RevMC 1968, 215.

ders.: Schwerpunkte der Verwaltungs- und Gerichtspraxis im Kartellrecht der EG 1975/76, in: FIW-Heft 77, S. 79.

ders.: Die Anwendung von Artikel 86 des EWG-Vertrages auf Zusammenschlüsse und der Verordnungsentwurf der Kommission zur Konzentrationskontrolle, in: Hermanns (Hrsg.), Konzentration, Marktbeherrschung, Mißbrauch - eine internationale Diskussion, S. 109.

SCHMIDT, Karsten: Europäische Fusionskontrolle im System des Rechts gegen Wettbewerbsbeschränkungen, in: BB 1990, 719.

ders.: Die europäische Fusionskontrolle und ihr Verhältnis zum nationalen Recht, in: FIW-Heft 134, S. 65.

SCHÖDERMEIER, Martin: Auf dem Weg zur europäischen Fusionskontrolle, in: WuW 1988, 185.

SCHRÖTER, Helmuth: Gemeinschaftsunternehmen im EWG-Kartellrecht, in: FIW-Heft 122, S. 67.

SCHULTE, Ine Marie: Die Kontrolle von Unternehmenszusammenschlüssen nach Art. 86 EWG-Vertrag, Diss. Köln, 1975.

SCHUMACHER, Detlef: Die Ausfüllung von Kompetenzlücken im Verfassungsrecht der Europäischen Gemeinschaften, in: AWD 1970, 539.

SCHWARTZ, Ivo: EG-Rechtsetzungsbefugnisse, insbesondere Artikel 235 - ausschließlich oder konkurrierend ?, in: EuR-SH 1/1976, S. 27.

SCHWARZ, Jürgen (Hrsg.): Der Aufbau Europas, Pläne und Dokumente 1945-1980, 1980.

SCHWARZE, Jürgen (Hrsg.): Der Gemeinsame Markt, Bestand und Zukunft in wirtschaftsrechtlicher Perspektive, 1987.

ders.: Das allgemeine Völkerrecht in den innerstaatlichen Rechtsbeziehungen, in: EuR 1983, 1.

SCHWEITZER, Michael / HUMMER, Waldemar: Europarecht, 3. Aufl., 1990.

SEDEMUND, Joachim / MONTAG, Frank: Europäisches Gemeinschaftsrecht, in: NJW 1988, 601.

SEIDL-HOHENVELDERN, Ignaz: Völkerrecht, 6. Aufl., 1987.

SEIDL-HOHENVELDERN, Ignaz / LOIBL, Gerhard: Das Recht der Internationalen Organisationen einschließlich der supranationalen Organisationen, 5. Aufl., 1992.

SIRAGUSA, Mario / SUBIOTTO, Romano: Ein Jahr EG-Fusionskontrolle - Eine Zwischenbilanz aus der Sicht des Praktikers, in: WuW 1991, 872.

SMIT, Hans / HERZOG, Peter E.: The Law of the European Economic Community, New York 1976; Release N° 22 (January 1992).

SÖLLNER, Renate: Art. 5 EWG-Vertrag in der Rechtsprechung des Europäischen Gerichtshofs, 1985.

SÖLTER, Arno: Wider die nationale Fusionskontrolle, in: Raisch/Sölter/Kartte, S. 45.

STAUDENMAYER, Dirk: Das Verhältnis der Art. 85, 86 EWGV zur EG-Fusionskontrollverordnung, in: WuW 1992, 475.

STEINDORFF, Ernst: Chaos der europäischen Fusionskontrolle nach Philip Morris ?, in: FIW-Skript 10, 1988.

ders.: Kooperativer Unternehmenszusammenschluß und Kartellverbot, in: ZHR 152 (1988), S. 57.

ders.: Konzentrationskontrolle und Niederlassungsfreiheit. Ein Beitrag zur Konsultationspflicht der Staaten nach Art. 5 EWGV, in: FS 125 Jahre Jur. Ges. Berlin, S. 789.

STERN, Klaus: Das Staatsrecht der Bundesrepublik Deutschland, Bd. I, 2. Aufl., 1984.

STUMPF, Cordula: Die Reichweite des Beihilfenverbots aus Art. 4 c des EGKS-Vertrages, in: RIW 1991, 1017.

TILMANN, Winfried: Zur EG-Fusionskontroll-VO 1989, in: FS für v. Gamm, S. 663.

TIZZANO, Antonio: Die Befugnisse der Gemeinschaft, in: 30 Jahre Gemeinschaftsrecht, S. 45.

ders.: Lo sviluppo delle competenze materiali delle Communità europee, in: Riv. Dir. Eur. 1981, 139.

TOMUSCHAT, Christian: Die Rechtsetzungsbefugnisse der EWG in Generalermächtigungen, insbesondere in Art. 235 EWGV, in: EuR-SH 1/1976, S. 45.

ULMER, Peter: Gemeinschaftsunternehmen im EG-Kartellrecht, in: WuW 1979, 433.

VANDAMME, Jacques: L'arrêt de la Cour de Justice du 21.2.1973 et l'interprétation de l'article 86 du traité CEE, in: CahDE 1974, 112.

VENIT, James S.: The "Merger" Control Regulation: Europe Comes of Age ... or Caliban's Dinner, in: CMLR 1990, 7.

VERDROSS, Alfred / SIMMA, Bruno: Universelles Völkerrecht, 3. Aufl., 1984.

VONNEMANN, Wolfgang: Doppelkontrolle von europaweiten Unternehmenszusammenschlüssen und ihre Vermeidung, in: DB 1988, 2085.

ders.: Die neue europäische Fusionskontrolle, in: DB 1990, 569.

WAGNER, Heinz: Grundbegriffe des Beschlußrechts der Europäischen Gemeinschaften, 1965.

van de WALLE de GHELCKE, Bernard: Le Règlement C.E.E. sur le contrôle des concentrations, in: Journal des Tribunaux 1990, 245.

WEIDES, Peter: Gemeinschaftliche Koordination und Kontrolle mitgliedstaatlicher Beihilfen im Rahmen des Gemeinsamen Energiemarktes, in: AWD 1967, 329.

WEITBRECHT, Andreas: Zusammenschlußkontrolle im Europäischen Binnenmarkt, in: EuZW 1990, 18.

WILKE, Dieter (Hrsg.): Festschrift zum 125jährigen Bestehen der Juristischen Gesellschaft zu Berlin, 1984.

WINCKLER, Antoine / GERONDEAU, Sophie: Étude critique du règlement CEE sur le contrôle des concentrations d'entreprises, in: RevMC 1990, 541.

von WINTERFELD, Achim: EG-Fusionskontrolle durch Richterrecht ?, in: RIW 1988, 958.

WISSEL, H.: Gemeinschaftsunternehmen im EWG-Kartellrecht, in: FIW-Heft 122, S. 85.

WISSMANN, Helmut: Die Anwendung von Art. 85 des EWG-Vertrages auf Gemeinschaftsunternehmen, 1974.

de WITTE, Bruno: The scope of Community powers in education and culture in the light of subsequent practice, in: Bieber/Ress, S. 261.

WOHLFARTH, Ernst / EVERLING, Ulrich / GLAESNER, Hans-Joachim / SPRUNG, Rudolf: Die Europäische Wirtschaftsgemeinschaft - Kommentar zum Vertrag, 1960.

WYATT, Derrick / DASHWOOD, Alan: The Substantive Law of the EEC, 2. Aufl., London 1987.

ZULEEG, Manfred: Die Auslegung des Europäischen Gemeinschaftsrechts, in: EuR 1969, 97.

ders.: Der Rang des europäischen im Verhältnis zum nationalen Wettbewerbsrecht, in: EuR 1990, 123.

Hans-Georg Pelster

Wettbewerbsverbote in Unternehmensveräußerungsverträgen nach EG-Recht

Frankfurt/M., Berlin, Bern, New York, Paris, Wien, 1992. 356 S.
Europäische Hochschulschriften: Reihe 2, Rechtswissenschaft.
Bd. 1260
ISBN 3-631-45029-X br. DM 89.--

Vertraglich vereinbarte Wettbewerbsverbote stellen sich im Rahmen von Unternehmensveräußerungen als zwingende Notwendigkeit dar. Sie dienen dazu, dem Erwerber den gesamten Geschäftswert des veräußerten Unternehmens zu übertragen. Anhand von Art. 85 EWGV wird die Zulässigkeit derartiger Konkurrenzklauseln untersucht. Die Entscheidungspraxis der EG-Kommission wie auch des EuGH wird dargestellt und einer kritischen Würdigung unterzogen. Das Kartellverbot ist eng verbunden mit der Zielbestimmung des Art. 3 lit. f) EWGV. Danach ist ein System zu errichten, "das den Wettbewerb innerhalb des Gemeinsamen Marktes vor Verfälschungen schützt". Vor diesem Hintergrund steht die Frage der extraterritorialen Anwendung der EG-Wettbewerbsregeln. Daneben stellt sich das Problem des Verhältnisses von Gemeinschaftsrecht zu nationalem Recht. Ziel muß es sein, der EG-Wettbewerbspolitik die Durchschlagskraft zu verleihen, welche notwendig ist, die Vorgabe des Art. 3 lit. f) EWGV zu realisieren.

Aus dem Inhalt: Extraterritoriale Anwendung der EG-Wettbewerbsregeln – Verhältnis von Gemeinschaftsrecht zu nationalem Recht – Das Kartellverbot des Art. 85 EWGV und seine Ausnahmen – Die Entscheidungspraxis von EG-Kommission und EuGH

